中世を旅する人びと

ヨーロッパ庶民生活点描

阿部謹也

筑摩書房

目次

わが著書を語る

四月とはいっても風の冷たいある日、おそい春を待ちきれなくなってヴェーゼル河畔に出かけていったことがあった。いくつかの村を通り、林をすぎて、昼近くとある村の旅籠を兼ねている居酒屋で昼食をとろうと思い、大きながっしりしたドアをあけて中に入っていった。

柱も梁《はり》も太く、堂々とした建物だった。広々とした客室にはだれもいなかったので、隅のテーブルに近づいて座ろうとしたところ、いつの間にか老主人が背後に居て「そこは予約席ですよ」という。それではとその近くの別の席の方をみると、そこも予約席だという表情をした。そこで「どの席ならいいのですか」と聞くと、河に面した窓側の席二三を示し、「あそこは空いているよ」という。もちろんそこに座り、簡単な食事をすませたのだが、なんでもないこの経験があとまで頭から離れなかった。食事が終わるまでただ一人の客もわれわれの他には現れなかったからである。

ヨーロッパに旅をする東洋人特有の一種のひがみの感情も多少手伝って、あれは一体何だったのだろうか、と頭のすみにわだかまっていたのである。ところがそれからかなりたったある夜、ドイツ人の友人に誘われて、別な村の居酒屋に立ち寄ったところ、人いきれでむんむんする程混雑していて、ほとんどすべてのテーブルに村人が座ってトランプやその他の遊びをしながらビールを飲んでいたのである。そのとき思い出してヴェーゼル河畔の居酒屋の話をしたところ、それはシュタムティッシュ（常連用に予約してある食卓）であることを説明してくれた。

村人は大抵居酒屋に常連としての席をもっていて、土曜日の夜などそこに集まって食事をし、カードに打ち興ずるのである。このような村に外国からの余処者《よそもの》がふらりと立ち寄ることは珍しいから、余処者のための席はほとんど予定していないのであった。このことを知ったとき、村人と居酒屋の関係に大変興味を惹《ひ》かれたのである。

ブリューゲルに結婚披露宴の絵があるが、あの頃は集会の人数が制限されていたため、居酒屋に入りきれない人々が窓から中をのぞきこんでいる姿が描かれている。ドイツの居酒屋は実にブリューゲルの時代よりも古い歴史をもち、居酒屋を中心として都市が成立した事例も、東ドイツ地域にはかなりあることをその後研究してゆくなかで知ることができた（拙著『ドイツ中世後期の世界』未来社、二五四頁参照）。

ところで村の居酒屋は特定の行商人や旅人以外の余処者に対して常に全面的に開かれているわけではない。それは主として村の人々の生活の中心なのであった。しかし自給自足しえず、商業を中心とする都市は外から来る人々に開かれていなければやってゆけない。都市は村と違って余処者を受け容《い》れる顔を、案内板やホテルのフロントの笑顔などのいたるところに示している。にもかかわらず都市に住む人も村人と同じく、自分たちの生活をもっていて、その生活は余処者に侵されたくないのである。村にも都市にも余処者を心から歓迎する側面と余処者に邪魔されたくないという側面の両面があり、都市においてはその両面が極端にへだたっている。つまり本音と建て前との距離が大きいのである。そこに都市のもつ矛盾と魅力の根源がある。

　ドイツの居酒屋で知り合った人々や隣人たちをみるにつけても、私はヨーロッパの庶民というべき人々が日本のどこにでもいる普通の人と少しも変わらない人々であることを肌で感じとっていた。にもかかわらずヨーロッパの歴史には、私たちが学んだ限りで日本の歴史とは大きな違いがあり、とくに人と人との関係が社会化された側面において彼我の違いが著しい。その違いは一体どこからくるのだろうか。それをみるためにはまず違いのないところ、つまり、ごく一般の庶民の生活をとらえるところからはじめなければならない。このように考えたことが本書のはじまりであった。

　私たちが学んできたヨーロッパ史研究は政治体制、社会制度、経済制度について、すぐれた概念を生み出してきた。それはヨーロッパの庶民の生活を前提として成立したものであった。学問は常に抽象化された概念を用いなければならない。研究をはじめた頃の私がヨーロッパの概念にどうしてもなじめなかったのは、その概念が抽出される母胎としてのヨーロッパ庶民の生活を全く知らなかったためであった。

近代学問の概念といえども多数の庶民の生活を根幹として成立しており、そこからのみ抽象が許されるのである。その庶民のあり方は様々であって、本書で扱った農民、浴場主、居酒屋の主人、粉ひき、牧人、羊飼、渡し守、肉屋、遍歴職人、乞食、放浪者、ジプシーなどにつきるものではない。賤視された多くの人々、刑吏、皮剝《は》ぎ、道路掃除人、煙突掃除夫、その他多くの人々がいる。

名も知られず、地味な努力をつづけ、さしたる栄誉もなしに死んでいったわれわれの父祖と同じく、無数の庶民の一生が歴史の実体をなしていて、近代学問もその上にあやうく立っている。その学問をがっしりと立つところまでおし進めるためには、これらの無数の庶民の生き方をとらえるところからはじめるしかない。そのうえではじめて近代学問における概念の抽象化の実体と限界も明らかになるだろう。私の書物はそのためのほんのわずかの試みにすぎない。

これからも都市史研究を通じてこの道を進めてゆきたいと考えている。

中世を旅する人びと——ヨーロッパ庶民生活点描

I

道・川・橋

1　村の道と街道

ひとつの社会における人間と人間の関係のあり方に関心を抱いたときには、その社会における道のあり方を観察することからはじめるとよい。道は人と人、人と物を結びつける絆である。だからひとつの時代における人と人の関係のあり方は道のあり方に表現されている。

マルク・ブロックはヨーロッパ封建社会において街道の整備が悪く、危険であったにもかかわらず、多くの人びとの移動がみられたことを説明し、次のように述べている。「どんな土地の一角もほとんどすべて、社会全体を貫く恒久的であると同時に変動し易いある種のブラウン運動となんらかの接触を間歇的に保っていた。反対に、近接する二聚落の間では接触はもっと稀であり、敢えていうならば、人びとは今日と比べて無限に疎遠であった。見る角度によって、封建時代のヨーロッパ文明が、時には驚くばかり普遍的に見えたり、時には極端に局地主義的に見えたりするとすれば、この矛盾の源はなによりも非常に一般的な影響の流れが遠くに及ぶことを助長し、同時に、近隣の諸関係の画一化を細部では妨げていたコミュニケイションの体制に起源があった」(新村・森岡・大高・神沢訳『封建社会』第一巻、六三頁)。

この短い文章のなかで、中世ヨーロッパ文明の特質が道に即して簡潔に語られている。ヨーロッパの辺境に位置する小さな山村の茅屋に、ある夜ひとりの旅人が訪れ、一夜の宿を求めた。質素な食事と一夜の接待をうけて、翌日旅立っていったこの旅人が高名な聖職者であったりする話は各地に伝えられ、さまざまな伝説の源泉となっている。このように辺境の聚落もなんらかのかたちで、間歇的にもせよ社会全体を貫く人間と文化のブラウン運動に接触していた反面、隣接する村の人びとの間での人的交流が大変疎遠で、村はずれの森や谷が村を他の世界からへだてる境界をなしていた。遠方のものとの間歇的ではあるが心の奥底にしみこむような接触と、近隣の社会からの孤立。こうした条件が中世農村において伝説やメルヘンを育ててゆく背景をなしていた。

「国王の道」としての街道

このような人的交流の特異なあり方はまさに当時の道の社会的なあり方に対応したものであった。中世の人びと、とくに農村に住む人びとにとって、街道 Straße と村の道 Weg und Steg とは別の世界にあり、異なった原理のもとにあった。

街道は何よりもまずできるだけ集落との接触をさけて、ひたすら遠くをめざす道であった。主として経済上の目的と軍事上の目的のために建設され、名誉ある者なら誰でも自由に通行できた。すでにローマ時代にゲルマニアの森や湿地帯を貫いてバルト海や北海と北イタリアを結んでいた琥珀《こはく》の道には、琥珀の産地であるザムランドから船でヴァイクセル(ヴィスワ)河口に運ばれた琥珀を、南のブレスラウを経て、メーレンを通り、ドーナウ河を下ってウィーンのそばまで運び、そこからさらに北イタリアまで運ぶ街道と並んで、いくつかのルートがあった。そのほかに塩や銅やワインを運ぶ道が遠くはなれた各地域をつないでいたし、ローマ時代にすでにバーゼル～シュトラースブルク～ケルン～ライデンへとライン河沿いの道がつくられていた。この道はコブレンツ～マインツ間では幅六メートルもある立派なものであった。

フランク族の渡河地という意味のフランクフルトは、カロリング時代にはニーダーザクセン、チューリンゲンへの道の出発地点となり、九〇〇年ころにはすでにキエフの商人が訪れている。またスラヴ商人がレーゲンスブルクで馬の買付けをしているし、アラビア人もこれらの道を通ってドイツに入っている。こうした事実はこのころの東西・南北間の交易が活発におこなわれていたことを物語っており、それは十二、三世紀以後各地に都市が生れるさいの原動力となり、また都市の誕生によって商取引がいよいよ盛んに営まれることにもなった。

ヨーロッパ全域にわたる遠隔地間交易はすべてこれらの街道あるいは河川を利用してお

こなわれたものであった。街道はときに国王の道 Königsstraße とよばれる。街道や河川は国王の所有権のもとにあると考えられていたからであり、そこで皇帝・国王は関税・通行税などを徴収し、護衛権を行使した。一一五八年に皇帝フリードリッヒ一世はロンカリアで、公道と船舶航行可能な河川とその支流が皇帝の支配権下にあることを宣言した。中世法書のひとつザクセンシュピーゲルにも、「国王の道路は一台の車が他のそれを避けることができるだけ幅広くあるべきである。空《から》の車は荷積みの（車）に、そして荷積みの少ないのは重いのに、道を譲るべきである。騎行者は車を、歩行者は騎行者を、待避するべきである。彼らがしかし狭い路もしくは橋の上にいるか、または人（車）が騎行者もしくは歩行者の後についているならば、車は彼らが通り過ぎてしまうまで停止するべきである」（II‐59‐3、久保・石川・直居訳）と規定している。このように街道の利用について詳しい規定が示されている。

一二三五年にフリードリッヒ二世はマインツの「平和令」（ラントフリーデ）において、これらの帝国街道に対する皇帝の権利を放棄した。帝国は帝国街道を維持することができなくなったのである。十四世紀にカール四世が再び街道を王権の支配下におこうとしたが、うまくゆかなかった。街道は以後領域君主（ランデスヘル）の支配下におかれ、領域君主が関税や通行税を徴収し、旅人を護衛する役目を担うことになる。いずれの支配下にあろうとも街道はつねに「平和」の支配するところでなければならないとされ、公道上での犯罪は国王や領域君主の裁判所で裁かれることになっていた。

さまざまな階層の人びとが街道を歩み去った。ときに王侯、貴族の華美な行列がにぎやかに通りすぎたあとの静寂のなかを巡礼地詣での老若男女がとぼとぼと杖をひき、遠隔地商人の隊列が埃をたてて通りすぎた直後を遍歴楽師や遍歴学生たちの群れが行きすぎる。ときに放浪の乞食や娼婦の小グループが嬌声をあげて通りすぎ、騎士が馳けぬけ、また飛脚が走り去る。十五世紀ころからは、褐色の肌と輝くような瞳のジプシーの一団が街道にみられるようになる。厳冬期にもしばしば裸足の子どもたちが元気な顔をのぞかせていた。

中世の旅人は今日とは比較にならないほど多くの危険にとりまかれていた。道路の整備、修理は近隣の共同体に課されていたが、つねに不十分であり、倒木や土砂崩れ、結氷、洪水などに悩まされ、また盗賊に襲われる危険も多かった。道標も不備であったから、分れ道で右へ行くか左へ行くかで、そのつどその人の運命が左右されもしたのである。また馬の飼葉を手に入れるのも困難であった。だからザクセンシュピーゲルによると、旅人は道からとどくかぎりの畑の穀物や草を馬に喰わせることができる、としている(II-68)。しかし、これでは村人との間で問題が起らないはずはなかった。いずれにしても定住者がやむをえず稀におこなう旅は、まさに決死の覚悟で出発しなければならないものであった。だから旅立ちの日には金曜日を避け、吉日を選んだ。

R・シュメーケルによると、近代においてもドイツの馭者は出発のまえに馬の鼻さきで鞭で十字を切る。それはあたかも、かつて遠い昔にシーザーが旅立ちのまえに三回ずつ口のなかで祈りの言葉をつぶやいたのと同じだという。また旅立ちのまえに馬の守護者聖レオンハルトの教会に蹄鉄を打ちつけ、旅の安全を祈った。

道の霊と十字路

旅人は他国の森や林を通って未知の街道を歩かねばならない。それはさまざまな霊が支配する空間を通過することを意味する。村の入口や古い街道に大きな目の黒犬が現われるとき、人びとはそれを自殺者の霊あるいは魔法にかけられた人間の別の姿とみた。これらは永遠のユダヤ人のように村や道をさまよい歩いていると考えられたのである。夜街道を歩いていると、死者や死者を運ぶ車がみえることがあるという。そのようなとき無事にやりすごすには道から三歩離れなければならない。このような死者への恐怖はとくに十四世紀の黒死病の流行時にみられた。黒死病が流行していたときには、旅人はつねに道の端を歩かねばならないといわれた。道の真中は死の天使が歩む場所と考えられていたからである。

街道は道の霊の支配するところであったから、それぞれの霊に供え物をしなければならなかった。なんらかの飲食物を道に埋めるのである。お供えをしたのに不運な事故に出会ったとき、人びとは道の霊がたまたま酔っぱらっていたのだといった。旅人は恐怖にかられながらも、未知の霊を信頼しなければ旅をつづけられなかったのである。

このような道の霊をめぐる信仰や慣行は十字路に最もきわだったかたちで集中していた。十字路は良き霊と悪しき霊の集まるところとして、いろいろな迷信の対象となっていた。十字路に立つと霊の力で未来がみえるといわれた。そこでは幸運や不運、愛(結婚の相手)や死、病気の治癒、災難からの保護など起りうる出来事について超自然的な力が働いて、あらかじめ知ることができるといわれた。

A・ヴットケによると道標が不十分であった時代に、夜十字路にさしかかった旅人が右に行くべきか左に行くべきかに迷い、なんらかの暗示を求めたことが、こうした十字路への迷信を生んだのだという。エルツ山地の慣習によれば、大晦日の真夜中に十字路に来て円を描いてそのなかに立ち、一定の呪文を唱えて死者の名を呼ぶと、死者が現われて新年に起る出来事を語ってくれるという。十字路に死者が埋められたことがこのような慣行のもとにあった。古来十字路に立つと死者を導くヴォータンの軍勢をみることができるといわれていた。十字路をこれらの霊が通過するからである。

復讐の慣行が正式に認められていた中世においては、正当防衛で殺した犯人の死体を十字路に埋め、処刑された者の死体や自殺者の死体も十字路に埋めた。しばしば町の入口の十字路は処刑場でもあり、絞首台が立ち、死体がぶらさがっていた。そこを通る人びとへのみせしめのためというよりは、この世への未練を残して死んだ者の霊を十字路に閉じこ

琥珀の道（H.スカルビーナの絵による）

アルプス越えの途中，悪路のため転倒する教皇ヨハンネス23世の馬車

中世の旅（ルードルフ・フォン・エムズ『世界年代記』1383年）

め、死者による復讐を避けるためであった。死者が使用した容器なども砕いて十字路にまいた。

十字路は死者や霊との接触において重要な役割を果たしていただけではない。ランゴバルド法や古イギリスの法では、奴隷の解放は十字路でおこなわれたという。以後どの方向へ行くのも自由であるしるしとして、十字路が解放の場所となったのである。また十字路は放浪するジプシーにとっては、偶然そこで縁者や仲間と出会う場所であり、また家族や仲間と別れる場所でもあった。遠くの道に砂埃のたつのを見て胸ときめかせていたジプシーは、十字路に近づくにつれ仲間の姿を認めたとき、大歓声をあげ近くの緑地でパチーヴとよばれる大宴会を開いた。ジプシーはパチーヴとパチーヴの間を旅しているともいわれた。これは十字路と十字路の間が彼らの旅のすべてであるということにほかならない。

街道を通る旅人は国王の保護下におかれており、街道は平和領域とされている。しかしそれは法理念上のことにすぎず、現実に安全であったわけではない。しかもこれは名誉ある人びとのことであって、名誉を失った賤民が名誉ある人びとと街道上で出会ったときには道を譲らねばならなかった。ときには自由を喪失した人間の道路使用制限を示す十字架が立っていることすらあった。名誉をもたない人びとにとっては、街道は一体何であっただろうか。旅をすみかとしたジプシーにとっては、街道は目的地から自分たちをへだてるものではなかった。彼らにとって街道にある今の生活がすでに目的の一部だったのである。

街道は本来遠隔地商業と軍事目的のためにつくられたものであり、そのかぎりでつねに統治者の治安立法の対象となった。中世末から近代にかけて中央集権化がすすみ、国家が末端の民衆にまで直接支配を及ぼそうとするとき、まず街道を整備することからはじめた。支配者による民衆統治の有効な手段として街道が重視されるようになると、その影響はそれまで街道から離れて存在し、それとは別な原理のもとにあった村のなかの道にも及んでくる。統治のための治安維持という原理は、それまでの村落社会における共同体的原理とは異なった人間の関係を、具体的な道路の整備というかたちで強制することになる。

では村の道 Weg und Steg はどのような状態だったのだろうか。

村の道は生きている

ヨーロッパ中世農村の道を考えるときには、何よりもまず三圃農法の仕組みを知らなければならない。わが国の水田耕作においては水田や畑がほぼ恒久的に畔で区切られていて、私有地の観念が目にみえるかたちで存在している。しかし三圃農法においては耕作地が毎年移動したために、私有地を区切る畔という観念がつねに目にみえるかたちでは存在しえなかった。村のなかの道も同様に目にみえるかたちで空間的にはっきり区別されたものはわずかで、大部分の道は季節によって、また年ごとにそのつど新たに設定された。ここに村の共同体的規制が道のあり方に反映している姿をみることができる。

三圃農法について要領よくまとめた増田四郎氏の説明を聞こう。「領主または荘司の邸館を中心に、農民の家宅および家屋敷がおのおの小規模な菜園地 Garten をともないつつ密集して存在し、その部分が全体として垣 Etter, Zaun をもってとりかこまれ、狭義の〈村〉をなしている。その周囲には幾つかの大きな開放耕地がひろがり、耕作地または秣地として利用される。開放耕地はその運営上、夏穀地 Sommerfeld、冬穀地 Winterfeld および休閑地 Brachfeld の三つにほぼ等分せられ、年々順次にこれが〈輪作〉rotation of crops されることとなっている。夏穀地には大麦・燕麦等が、冬穀地には小麦・裸麦等が作付けせられ、休閑地は地力の恢復をはかる目的で一年間犂を入れるだけで放置されるのが普通である。各ゲワン〔耕地群〕は多数の並行的な地条すなわち Flur, Streifen に分割せられ、直営地と農民保有地とが地条として混在している。そしてこの一つの地条が、大体四頭だての牛による有輪犂で、午前中および午後の若干時間中に鋤耕されるだけの面積であったため、これを漠然たる意味においてではあるが、一モルゲン Morgen（イギリスでは acre）の土地単位と呼んだ。そして大体三つのゲワンに散在した三〇モルゲンの地積が、農民一家族の保有単位と考えられ、のちには三〇モルゲンをもって一フーフェ Hufe と称するにいたった。しかしフーフェの本来の意味は、そのように単純なものではなく、農民の家屋敷および菜園地、個別用益地（すなわちゲワン内部の耕地や秣地）、アルメンデと呼ばれる共同用益地（森林および牧地）等に対するいわば標準農家としての権利を一体として観念したものの表現であった」（『西洋経済史概論』九三頁以下）。三つの耕地群（ゲワン）における個々の農民の持分地（地条）は、他の農民の持分地と目にみえるようには区別されてはいない。耕作がはじまるたびに改めて確認されなければならない。なぜなら三年に一度休閑地となると、そこに家畜が放たれ、地条は消滅するからである。

耕地群のなかには目にみえるかたちでは道がつけられていなかったから、耕作もきまった日時に共同でおこなわねばならなかった。もし勝手に耕作をはじめると、自分の持分地へ行くのに他人がすでに種子を蒔いた土地の上に、牛や馬を走らせることになってしまうからである。こうして耕作、種子蒔き、収穫、乾草のとり入れなども共同でおこなわれねばならず、さまざまな耕作規制がしかれていた。中世の農村においては個々の農民の持分地がかなり私有に近いかたちをとっていたから、各個々人の利害の衝突が共同体全体の経済を危険に陥れないように強い規制措置をつくらねばならなかったのである。このような状況のもとでは村落内部、とくに耕作地に農道をつくる必要は最初は小さかった。しかし人口が増加し、農業が集約化してくるにつれて、村落内部での道路の不足は大きな問題となっていった。

道路不足に対処するには二つの方法があった。道路を新しくつくるか、道路をつくらずに耕作規制を強めて道路不足を補うかである。道路の新設は耕地の減少を意味したから、ほとんどの農村は後者の方法をとった。中世後期においては多くの農村の農民持分地はかなり細分化されており、耕地群内の農民持分地（地条）の数は増加していたからである。

耕作のための農道は冬道・夏道にわかれていたが、そのほかに乾草刈り用の道が六月だけひらかれ、秋の堆肥道、冬のそり道、休閑中のゲワンにひらかれる道など、特定の時期、季節につくられる道があった。家畜に水を飲ませたり、牧地に追いこんだりするための道、木を伐りだす道、泉への道、死んだ家畜を埋める場所への道なども村の重要な道であった。そのほかに水車小屋への道もあった。これは村落共同体の規制から半ばはずれていたから、ある村では村から水車小屋への道のうち水車小屋の流れまでは村が修理し、そこから水車までは粉ひきが維持することになっていた。また村の居酒屋と水車小屋とには、しばしば深い関係があったから、そのようなばあいは村の居酒屋が水車小屋への道を整備した。そこでは水車小屋まで二頭の牛で走れるだけの道幅がなければならないと規定している。しかし通常は一頭の驢馬が袋を積んで通れるだけの幅があればよかった。

このほかに教会への道がある。これも村落共同体が維持すべきものであって、「誰でも自家のかまどから教会へは何ものにも妨げられずに通行できなければならない」。しかも教会への道幅も具体的に規定されていて、「花嫁の左右をつきそい人が並んで歩けるだけの幅」をもたねばならない。あるいは「死者の遺体を四人がかついで歩めるだけの幅」でなければならないとされている。墓地は教会のそばにあるからである。

ここにみられるように中世においては道幅を規定するばあいに、近代のような抽象的な尺度によることなく、具体的な人間の営為に必要な幅によって計られていた。村落共同体内部の道はそれぞれの用途がほぼきまっていたからである。道幅を定める基準は、だから人間の歩みに障害とならない（接触しない）幅であった。一定の長さの物をもってその両端が道の両側の家や木に接触しない幅が求められた。たいていは乾草を車に締めつけるときに用いる棒 Wiesebaum（二四フス。一フスは二四センチくらいから三四センチくらいまでさまざまであった）が基準となった。伐採用の道 Holzweg も一本の橅《ぶな》の木をもってその枝の長さによって幅を定める。都市などでは一定の長さの棒を役員が横にもって小路を歩き、これに触れるものはすべて取りのぞくことになっていた。さもないと公共の利益が私人の勝手のために損われるからである。歩道は二人の人間が並んで歩ける幅でなければならず、スイスでは女が手に牛乳の入ったバケツをもって楽に歩ける幅が必要とされている。

道路は村落共同体員が総出で整備し、維持するから、道路使用上の違反に対しても村落共同体内部で裁判がおこなわれた。最も重い罪は、いうまでもなく道をなくしてしまうことであり、チロルのシュランダースでは道を耕した者には五〇プフントという重い罰金が課されている。そのほか使用禁止となっている道路を使用したばあいも、村落共同体規制にもとづく罰金が定められている。

年に一回または数回、村中の者がそろっておこなう境界まわりのさいには道路も検査される。隣村との境界線を確認するために、全員あるいは代表が大勢の子どもを正装させて境界に集まる。境界線上の石を隣村の住民とともに確認するのである。確認が終るとその石の上に子どもを坐らせて、いきなり頬に平手打ちをくわせる。あるいは耳や髪の毛をひっぱったり、小川におとしたりする。子どもは痛さと恐怖のあまり泣きだしてしまうが、幼いころのこうしたショッキングな体験のなかで境界の石の記憶は終生忘れられぬ出来事としてのこり、ひとたび境界争いが起ると七〇歳をこえる老人が半世紀以上もまえの石の位置を明確に証言しうるのである。境界線が測量されず、文書に記録されなかった中世社会においては、こうしてすべては記憶に頼るしかなかったから、境界確認の行事のなかでは子どもの役割は大変重要なのであった。こうした意味においても村落共同体内部の道は大人と子どもを一体とした人間の肌のふれあう関係のなかで結ばれた絆であり、その絆はいくつもの世代を貫いてひとつの共同体の絆を形成していた。

村落共同体内部の道はごくわずかの道をのぞいて恒常的な道ではなく、村落共同体規制によってようやく運用されえたから、外部の者に開かれた道とはいえなかった。それどころか共同体には規制を強化することによって道を減少させようとする傾向すらあった。だから道路を開放しようとする動きは村落共同体内部からは起らず、領主や領域君主の政策として展開された。領主や領域君主は関税収入の増大、商取引の活発化、統治のための必要などの理由から街道の整備に力をそそぎ、村落内部にもその影響を及ぼそうとした。道路政策が中央集権的方向において展開されるのと同時に村落内部の共同体規制がゆるみ、かつて街道と村内の道をへだてていた異なった原理がひとつのものになってゆく。そのとき、中・近世における社会諸集団の自立性が破れ、個々人が市民として国家に直接に掌握される道が開かれることになる。

2 川と橋

河川は十二、三世紀以降、人や物の大量交通の重要な手段となってゆくが、それまではむしろ人間と自然、神的世界との交流の重要な舞台であった。「小川のひそやかなせせらぎ、大河の激しい奔流、砕け散る波のざわめき、大洋のはてしない波頭、ものみなに生気を与えるやさしい露から、突然の激しい豪雨など天地の水のはたらきは、自然が人間に与える言葉として、太古の人びとに神の存在を告げるものであった」(J・ブロホヴィッツ『文化史研究』二頁)。

集落も都市も川のほとりにつくられ、河川を生命の源泉としていた。雨は耕地に恵みを与え、草や木を緑にする。水こそ人びとの生活の源であった。だからガンジス河、ナイル河など世界各地の河川と同じく、ヨーロッパにおいても河川は神性をもつものと考えられていた。オーデンヴァルトのミムリングバッハや、古伝説に彩られたウンストルト河のミミレバ(メムレーベン)、そのほかドイツに数多いミムルゼーやムンメルゼーなどの湖沼は、今でも太古の水の神ミミルの名を伝えている。

一三三〇年にペトラルカはヨハネ祭の日の水浴についてドイツ最古の記録をのこしている。ちょうど夏至の日にケルンの宿についたペトラルカは友人に誘われてライン河に出かけてゆき、日の入りとともにおこなわれる古来からの行事を見物したのである。「岸辺は大勢の婦人で埋められていた。私はよくみえるように丘の上にあがった。群衆の数は信じられないほどであった。ある婦人たちは良い香りのする草花の蔓で身を飾り、袖をまくって一斉に白い腕を流れのなかに入れて洗いはじめた。私にはわからない言葉で彼女たちは笑いながらいくつかの言葉をたがいに交しあっていた。友人は私に、これがケルンでは古くからの婦人の慣習で、この年のすべての苦しみがこの日にライン河で洗い流され、それからは思いどおりになると信じられていると説明してくれた。いわば浄めの年中行事で、毎年必ず守られているという」(A・マルチン、二一頁)。

水の精のすみかから「帝国の公道」へ

すべてのものを流しさる河川は、病いや不幸をも流しさる治癒力をもっていると考えられていた。患者がもってきた小さな枝に特定の刻み目をつけて、うしろむきに川に投げ、あとをふり返らず家に走って戻ると病いが治るとされていた。歯痛のときや熱のあるときも小川に行って口に水を含み、川にはき出すと治るといわれた。ブロホヴィッツによると古ゲルマン人のあいだでも、家長が(家の司祭として)新生児を膝に抱き、水をそそぎ、このときに名をつける。この儀式によって新生児は一族の一員となるとされ、この儀式をリグス・マル Rigs-Mal とよんだ。その儀式のあいだ、時と運命の女神ノルネが子どもの運命を編んでおり、この洗礼の儀式が終ると子どもはその運命のなかに入りこむ。だから子どもの腕にまきつける(アンビンデン)誕生日の贈物をアンゲビンデ、洗礼の贈物をアインゲビンデとよぶのだという。

しかし河川は人間に恵みを与えるだけではない。河川は両岸に住む人びとを決定的にへだて、ときに大氾濫を起して村を襲い多くの人びとを未知の世界へさらってしまう。当時の人びとにとっては不可抗力であったこれらの災難も水神の業と考えられ、多くの水の精が登場した。男の水の精は年をとり、醜く、陰険で人間に害をなし、女の水の精はつねに魅惑的な美しさと、誘うような美しい声をもち、人間に恵みを与えるといわれていた。水の精への信仰は多くの民話のなかにのこされており、人間と深い交流があったことを伝えている。ザクセンの水の精は普通は緑と赤の上着を着ているが、ときには陰険な顔つきの老人となり蹴爪をもっているという。アインベックやダッセルの水の精、鉤男ハーケンマンは岸辺に坐っていたり、早瀬のなかに棲み、歌で子どもを誘い、長い鉤で子どもを引きよせるという。一五二五年のヘッヒンゲンの布告では、水の精を捕えた者には五フローリンの報償が約束されていた。

水の精のいる川には石を投げてはならず、投げると祟りがあるとされていた。ベーメンの子どもたちは今でも池などの水面に石を投げると叱られる。水のなかには神様の目があると信じられていたからである。夏至の日にはネッカー、エルスター、ザーレ、ウンストルト、ボーデ、エルベ、シュプレー、オーデル、ドーナウなどドイツの多くの河の岸辺から水の精に供物が捧げられた。ラーンでは昼の一二時に川に大きな波がたつのは川が供物を要求しているので、やがて人が溺れるといわれた。このように人間の犠牲を要求するような水の精は毎年のように洪水をくり返す。ときには子どもの犠牲を防ぐために、人びとは両岸から子どもの服を川に投げこんだ。やがて人の形をしたパンがその代りをするようになった。

河川や湖沼をめぐる多彩な民間伝承は近代にいたるまで各地で守り伝えられてゆくが、人間と人間との関係にとって河川の意味は十二、三世紀以来大きく変貌してゆく。

いわゆる商業の復活とともに、大きな河川の分岐点や渡河地点などにこのころに数多くの都市が成立した。十一世紀以来北部ヨーロッパではライン、マース、シェルトの河口地帯にまず商業中心地が生れ、それが河川沿いに各地に広がっていったのである。ランペルト・フォン・ヘルスフェルトは一〇七四年に前述のケルンに豊かな商人が六〇〇人もいたことを記している。それぞれの都市でこのような多数の商人が各地と取引をしていたことを考えるとき、このころの商取引の展開の規模を想像することができる。ところで商人はそれまで商品をせいぜい馬の背で運ぶしかなかったのだが、十二、三世紀には河川が重要な交通手段として浮びあがってきた。各種の平底船や引き綱船が開発され、大量の商品の輸送が可能となった。引き綱船のための堤防には家などを建てることは禁じられた。水涸れどきや冬の凍結による障害も大きかった。とくに浅瀬などのために積荷を小舟に積みかえたり、荷を軽くして舟を引き、浅瀬を越してから再び荷を積み込んだりしなければならなかった。このように積荷を降ろしたり再び積んだりするところに、やがて町が発展してゆくことにもなった。ハノーファー、ブラウンシュヴァイクなどがその典型といえよう。

街道と同じく河川も、商業活動に大きな意味をもちはじめると同時に国王の支配下におかれるようになった。カール大帝は商業交通の意味をよく知っており、すでに七九三年にマイン河とドーナウ河を結ぶ運河の建設に着手した。これはフォッサ・カロリナとよばれるが、当時の技術では完成できなかった。しかし今でもそのあとをみることができる。カールの計画は後にルードヴィッヒ・デア・バイエル（一二八七〜一三四七）によって実現された。すでにふれた一一五八年のロンカリアの立法では、船舶航行可能な河川とその支流は国王大権（レガーリエン）のなかに数えられ、一一六五年にも皇帝フリードリッヒ一世はライン河を「帝国の自由なる公道」としている。河川についての国王大権には渡し場、橋梁、港湾、運河などの建設や、渡橋賃、港湾使用料、渡し賃などを徴収する権利など数多くの特権がふくまれていた。ところが街道のばあいとほぼ同様に、ここでも河川にかんする国王の大権はやがて領域君主の手に移り、それにつれて大権の実体をなす個々の権利も地域の諸侯や都市によって行使されることになった。

橋――人間性の証し

国王の大権の実状がどうであろうと、河川の整備や道路の建設、修理はすでに早くから各地域の住民の労働によってなされていた。十二、三世紀以来の商業交通の繁栄のなかで、橋梁の不足が各地で痛感されはじめていた。そしてまさに橋梁の建設こそ地域住民の切実な願いに発するものであったから、ここには街道と村道について観察したのとは異なった事情が生れていた。つまり地域(とくに都市)の共同体が橋梁建設にのりだすことによって、地域と街道を結びつけるエネルギーが地域の側から生れてきたのである。こうした違いが生れた原因はもとより橋の位置にあった。橋を必要とするような地点にはほとんど例外なく都市あるいは都市的集落が建設され、そこでは商人が遠隔地貿易を営んでいたから、これらの都市は何よりも外部の世界と結ぶ道路をみずからの手で確保しなければならなかったからである。一本の橋を架けることによって、ひとつの都市には対岸の一帯を経済的に掌握する道が開けたのである。

このように考えるとき、橋の建設は何よりもまず経済上の目的にそったものとみることができる。しかし、すべての事柄を霊的な目的に結びつけて正当化し納得していた中世世界においては、橋の建設にあたっても経済上の理由よりも、むしろ宗教的な目的が掲げられていた。

十二世紀初頭にホノリウス・フォン・レーゲンスブルクは、「どんな富もこの世に遺してゆかなければならないのだから、貧者の手をとおして天国での富を集めるよう急ぎ心がけよ……。教会に書物や衣服、装飾品などを贈り、崩れ落ちたり無人となった教会を再建し……運河や橋をつくり、かくして天国への汝の道を開け」と富者に呼びかけている。このように各地で聖界諸侯が橋梁建設に積極的な姿勢を示した。カライスとシュミーダーによると、一二二五年にバーゼル司教ハインリッヒ二世はバーゼル市参事会の希望にこたえてラインに橋を架け、そのために教会財産を質入れしている。またそれよりも前にマインツ大司教ヴィレギス(一〇一一年没)は、アシャッフェンブルクでマイン河に橋を架けている。聖界諸侯ばかりでなく都市や世俗諸侯による橋の建設のさいにも、目的として「商人と巡礼のため」とか、「対岸の教会への道を確保するため」といった理由が掲げられている。

皇帝フリードリッヒ一世が一一八二年にレーゲンスブルクに橋の特許状を与えたときにも、また国王ヴェンツェルが一三九三年にシュトラースブルクに与えた特許状にも、いずれも「公益のため」とあり、橋の公共的性格が強調されている。

しかしマシュケ教授がいみじくも指摘しているように、橋の建設には表面に掲げられない隠された目的もあった。「一一三五〜四六年にかけてレーゲンスブルクが架けた橋によ

ライン下りの船。ケルン市壁にて（アントン・フォン・ヴォルムスの木版画，1531年）

ラインフェルデン市門前の木橋と商人の積荷おろし（D.シリング『スイス年代記』1484年）

って、北フランスからドーナウ諸国への商品の流通はヴュルツブルク〜ニュールンベルク〜レーゲンスブルクの街道に移った。かつて橋がなかったときには、ヴォルムス〜ヴィムプフェン〜パッサウの街道が使用されていたのである」。このように重要な地点に橋を架けることは、都市や領域君主の領域支配圏形成のための重要な政策の一環ともなっていった。

橋の宗教的性格については、今日でも子どもたちの歌で知られるアヴィニヨンの橋についてひとつの話がのこされている。聖ベネゼ（ベネディクト）が一二歳の少年だったときに、羊の番をしていると突然幻覚に襲われ、「アヴィニヨンへ行きて、ローヌ河に橋を架けよ」という声が聞えた。時あたかも日食の日に（一一七七年九月一三日）早速アヴィニヨンに出かけてゆき、神の命を実行するよう人びとに説いた。人びとの嘲笑やアヴィニヨン司教の脅迫・暴力にもめげず、少年はローヌ河に三〇人の男がようやくもちあげられるほどの石を投げこみ、橋桁の最初の基礎とすることができた。この奇蹟によって人びとは動かされ、橋の建設にとりかかることになる。橋の建設には一一年を要した。一一八四年にベネディクトは死んだといわれるが（別の記録では六〇年後まで生きたといわれる。いずれも伝承でたしかとはいえない）、その後も橋梁建設兄弟団の手で橋の建設や管理がすすめられてゆく。これは半俗の兄弟団で橋の建設のための資材を購入したり、保管したりするための組織であった。この兄弟団は一一八九年教皇のクレメンス三世に承認され、やがて全フランス、イタリア、スペイン、スコットランドに広がってゆき、多くの所領と特許状をえたといわれる（M・N・ボイヤーによる）。このような橋梁建設兄弟団はマシュケ教授によるとドイツにはなかったという。

橋の建設には莫大な費用がかかっただけでなく、中世の橋梁技術の水準では維持にも大変な費用が必要であった。バーゼルの橋は、一二六八、一二七四、一二七五、一三〇二、一三四〇、一三四三の各年に雪どけ水の洪水でこわれ、一四〇八、一四二一、一四二四の各年には杭が流されている。同教授によると、木橋のときには小舟から杭を川底に打ちこんだというし、石橋ですらまず木杭で四角い基礎をつくってそのなかに石を埋めて基礎としたというから（コブレンツの古橋が第二次大戦で爆撃をうけ、往時の建設方法が明らかになった）、つねに修理の手を加えねばならなかったのである。

すでに十二世紀なかごろには橋の建設にあたって、資金調達のためにしばしば贖宥符が使用された。ドイツで最古の橋建設のための贖宥符は、一二二〇年にフリードリッヒ二世がドナウヴェアトの木橋を石橋に改修するよう命じたときに出され、それ以後各地で出されるようになった。

一二八六年にエスリンゲンでネッカー河に橋を架けるときには、当時ローマに滞在していた数人の司教が共同で一通の証書を作成し、橋のために寄進したり労力を提供する者に各司教が四〇日間の贖宥を与えている。贖宥符の作成者の数が多ければ多いほど、その贖宥符の価値は高くなるのである。同様に一三四三年にトリール大司教バルデヴィンがコブレンツでモーゼル河に橋を架けようとしたときには、教皇クレメンス六世が贖宥符を作成し、橋の建設に協力した者には一年と四〇日の贖宥を与えた。贖宥符とは教会の権威によって、祈りや喜捨、教会詣でをする者に軽い罪の赦しを与えるものであり、四〇日間の贖宥とは教会の贖宥規定による四〇日間の罪の赦しを意味する。贖宥符についての後の非難がどのようなものであれ、この段階では少なくとも人びとの日常の罪の赦しの代価が公共の利益に向けられていたのである。

このような贖宥符のほかにも似たようなかたちの資金調達方法があった。トールガウでは一四九一年に選挙侯フリードリッヒ賢侯は教皇インノケンティウス八世に斎日の特別許可をうけ、バターとミルクの使用を禁止した。とはいえバターとミルクなしでは生活に大変不自由なので、この禁止は毎年一〇分の一グルデンを橋に附属する小聖堂に寄進する者には免ぜられた。これははじめ一〇年の期限つきであったが、のちに二〇年に延長された。いわば橋建設のための「特別税」のようなものであるが、キリスト教的禁欲を守る者は納めなくてもよい税金である点に面目がある。

橋の維持には多額の費用がかかった。橋の使用料が人、車、騎馬の者、家畜についてそれぞれ定められ、ウィーンのドーナウ橋では処女の花嫁の通行料は一二プフェニヒ、寡婦の再婚のさいには二四プフェニヒと定められていたという。市民権獲得のさいにも橋のための費用が徴収された。また同職組合の規定に反した製品が没収されたとき、あるいは盗伐された木材を没収したとき、それらが橋の費用に向けられ、各種の罰金も橋の修理にまわされた。

ときには橋に耕地や家、森、水車、浴場などが寄進されることもあり、そのようなばあいには橋は法人格をもつことになる。橋を「領主」とする農民が橋に賃租を納め、これが橋管理官の手で管理されて橋の修理にあてられることもあった。レーゲンスブルクやコンスタンツの橋は美しい印章をもっていたという。

こうして橋は来世を想う人びとのこの世における善行のシンボルとして多くの寄進の対象となった。橋は何よりも貧民のために役立ったうえ、豊かな未亡人が橋を渡る貧民にワインやパンを寄進したりした。これらの寄進物を管理し、橋の修理をする団体として看護兄弟団がたいていは橋のたもとに建物をもっていた。これは前述の橋梁建設兄弟団と似た組織で、法人格をもち、財産と印章をもっており、病人、貧者の看護と橋の維持にあたっていた。また橋には小聖堂が建てられていたが、そのほかにユダヤ人が橋の上に家を建てて住むこともコブレンツなどではみられたし、市場に近い橋の上に屋台が開かれることもあった。

橋は他の土地とは異質な空間をなしていたから、裁判集会の場となったり、刑場となったりもした。バーゼルでは自堕落な女や子ども殺しの女が手足を縛られて橋から川に投げ込まれた。ヨハンニス門のところまで流れてきたときに拾いあげ、生きていれば釈放された。ところが生存者の数が多かったので一六三四年には斬首刑にかえられたという。また重婚罪を犯した者が橋の中央から蓆につつまれたまま川へ投げ込まれた。橋の上で耳そぎなどの刑も執行されたという。今でも大きな橋の中央に十字架が建てられていることがある。この十字架は刑場であった橋の名残りなのである。さらに裁判集会の場でもあったことと関連して、橋はときに避難所（アジール）の機能をもつこともあったという。

中世の技術では橋の建設には多くの困難があったから、施工にさいして犠牲を捧げる慣習もあったとみられる。捕虜や犯罪者が人柱とされた。今日でも橋をめぐる子どもの遊びのなかにこの人柱の慣習がのこされているとJ・グリムはみている（*Deutsche Mythologie,* I-37）。

かつて水の精は浅瀬を渡る人びとに犠牲を要求し、水のなかに引き込んだりして貢物を手に入れていたが、橋の建設によってその貢物が手に入らなくなる。彼らが怒って橋に危害を加えることのないように、橋の建設のさいには水の精に貢物を捧げる習慣があったといわれる。一八二四年にロンドン橋が修理されたとき、橋の土台にはアウグストゥスやヴェスパシアヌスからニュールンベルクの貨幣にいたるまで、さまざまな貨幣が発見されたという。

このように橋梁建設技術が未熟で財政も不十分であったために、中世の橋は今日のわれわれが現代の橋について感じているように堅固で恒久的なものではなく、一人一人が支えなければ維持しえないものと考えられていた。財政面での助力はいうまでもなく、河の霊や水の精をなだめたり、橋のたもとに小聖堂を建てて神に祈ることによって、辛うじて橋を維持しうると考えられていたのである。河川は冥府への入口であり、橋を通って死者が冥府に入るとも考えられていたから、橋はたんに現世における人と人の絆であるだけでなく、人と彼岸とを結ぶ絆でもあった（同上、II-692）。村では葬儀のときに死体を運んだ板に死者の名を彫り、それを小川の板橋とした。死者が川を越えて生者と生者のあいだを結ぶ絆となり、その上を渡る人は死者の冥福を祈るのである。こうして中世における橋はマシュケ教授のいうように、「精神的・霊的な人間の活動の結晶点であり、人間性の証しとして、人間の多様な本質とその分つことのできない一体性」を示しているといえよう。

II

旅と定住の間に

3　渡し守

橋はかなり大きな街道が河と交叉するところにしか建設されなかったから、多くのばあい旅人や河岸の住民はもっぱら渡し舟を利用して対岸に渡った。ライン河、エルベ河、ヴェーゼル河、ドーナウ河などの大きな河川が国土を縦横に走っているドイツでは、近代にいたるまで渡し舟が河川横断の事実上の担い手であった。しかも街道や河川、橋とちがって、渡し舟はつねに人間（渡し守）によって運用されねばならなかった点で、前述の三つの交通手段とは異なった性格をもっていた。つまり最初から「法的制度」として発展していったのである。

公的な街道においては渡し場を設ける権利も国王の大権に属していた。しかし渡し舟の実際の運用は、この大権を手に入れた修道院や都市、諸侯から臣下などに委ねられていた。こうしたばあい渡し守は渡し場の権利を有する主君に賃租を支払ったのである。また渡し場の運用が都市や村落共同体などに委ねられるばあいもあり、このばあいには共同体が渡し守を任命した。

中世の屋根つき木橋。1000年ころ
(H.スカルビーナの絵による)

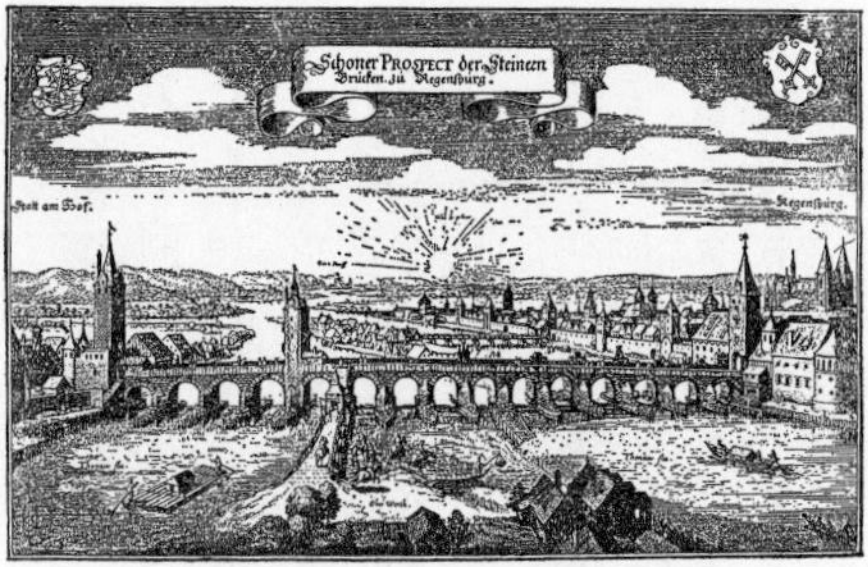

レーゲンスブルクの石橋（メリアンによる）

渡し舟と引き綱舟
(H.スカルビーナの絵による)

その威勢と渡し場強制権

交通量が多く、渡し守が大勢必要なところでは渡し守仲間団体が同職組合として結成されていた。渡し守は地域間交通の重要な担い手として、かなりの力をもっていた。渡し守仲間の大きな組合では、裁判集会をも開くが、この集会では教会詣で、会食、清算、法の判告、別れの会食などがおこなわれる。清算とは河川の両側の住民が渡し賃を年額でとりきめているばあい、その清算のことである。ラインのボンとボイエルの渡し守たちは、マルチン祭（一一月一一日）の前後に新任の市長に一夜宴席に招待される。そのさいの規定が詳しく記されている。

日時が定まるとボンとボイエルの渡し守親方は市長の招待に応ずる。まずカッセルの教会に行き、礼拝をし、そののち市長の家に行く。市長が握手をしてキスをしたのち、寒すぎも暑すぎもしない部屋に案内される。そこには正式のテーブルクロスをかけた食卓に美味しいワインと壺があり、ほかに塩と燕麦パン、白パン、さらに乾肉、えんどう、新鮮な肉とキャベツ、あるいは季節にふさわしいもの、辛子、胡椒をふりかけた焙り肉、チーズとバター、そしてどの料理にも新しい皿をそえる。司祭が立って感謝の言葉を述べたあと、渡し守親方は立って料理が古来からのとりきめにのっとって用意されているかどうかを検討する。そののちボンとボイエルの親方たちはオーベルカッセルの住民と渡し賃の清算をする……

この文章の原文はおそらくこの宴席の最中に書かれたものらしく、いささか酒気を帯びた文章で、ろれつがまわらないところもあるが、ラインの渡し守たちの威勢がよくよみとれる内容である。

実際、中世の渡し守の地位については「ニーベルンゲンの歌」(一五五〇詩節)にも描かれている。豪勇の士トロネゲのハゲネも渡し守に山吹色の金の腕輪を与えてドーナウ河を渡してもらおうとした。「渡し守は裕福な男で渡世のため働くような身分ではなかった。それで人から報酬などうけたこともなかったのである」(相良守峯訳)。もとより渡し賃をとらない渡し守はいなかったが、ここでは渡し守の重要な地位が強調されているのである。

ここに描かれているように、渡し賃ははじめは渡し守と客との話し合いできめられた。しかし法外な渡し賃を請求されることもしばしばだったので、渡し賃を話し合い、値切ったりするために障害が生じ、やがて渡し賃が定められるようになった。人の渡し賃と馬や車などの渡し賃がそれぞれ定められたのである。しかし荒天のときや夜など特別の事情のときには割増し賃を請求できた。ノーマルな状態とは河の水が堤防の内側にある状態、あるいは渡し守の棹が河底にとどく水位とされ、これ以上に水嵩がふえると渡し賃が高くなった。

渡し賃はすでにみたように近在の住民のばあいは、共同体が一年払いとしているケースもあったが、現物で支払うことも多かった。K・ランプレヒトが十五世紀のモーゼルの渡し場（トリール）について調査した表によると、馬をもっている家は燕麦一・五束、もっていない家は〇・五束、ほかにパンを渡し賃として払っているばあいもある（*Dt. Wirtschaftsleben*, II-246）。共同体が一年分の渡し賃を払い、それがそれぞれの家に馬のあるなしによって割りふられているのである。

また渡し守は裁判集会の構成員をその職務のために渡したときには、裁判費用の分前に与ったという。クリスマスと復活祭には渡し守にパンが配られた。このほか卵やワインも渡し賃とされていた。

このように渡し場は近隣の農村や都市と密接な関係にあったから、市場が立つ日や教会献堂式、結婚式の日にやってくる手工業者や靴屋、仕立屋などは、余処者《よそもの》であっても無料で渡すことがあった。渡し場が特定の領主の支配下にあるときは、その領主と従者、家臣も無料であった。

渡し場の設置権も本来は国王大権に属していたから、それを手に入れた領主や共同体もできるだけ渡し場の独占権を強化しようとしていた。つまり隣りの渡し場との距離をできるだけ遠くし、近隣に渡し場の設置を認めようとはしなかったのである。これを渡し場強制権という。ランプレヒトによると二十世紀初頭においてもモーゼル河のトリール〜コブレンツ間には一六カ所の渡し場があり、その大部分はすでに中世に存在していたという。

またこの渡し場強制権は、渡し守以外の者が勝手に客の運送をすることを禁じていた。しかし土地の者なら、渡し守がたまたま不在のとき自分で漕いで渡ることもできた。ただし使用料として金を船のなかにおくことになっていた。自分の船をもっている者はもちろん自分で対岸に渡ることができた。このばあいも客を乗せてはならない。この強制権を破った例が一四五〇年にヌスドルフで報告されている。

ある漁師が客を対岸に渡したために、アムトマン（渡し守親方の頭領）がハンマーをとって漁師の船に最初の一撃を加え、渡し守たちがそれにつづいて船をこわしてしまう。そして木片を持ち去ってしまう例もほかに報告されている。E・ゴータインはこれを「船の処刑」と述べている。

渡し場強制権を破った者が逃亡したときには渡し守は大声で呼ばわり、村の住民が総出で不正を働いた者を追跡しなければならない。

ところで河の流れが厳冬期に凍結したり、水量がへって徒歩で渡河できるようになったときは、渡し場強制権はどうなるのだろうか。常識的には渡し賃は徴収されないと考えられるところだが、渡し場が強制権によって大きな収入源となっていたところから、そう簡単な問題ではなかった。河が凍結したときでも渡し賃をとることがあった。キュンスベルクはこうした事態が、まさに渡し場の渡し賃が通行税に移行する背景としてあったとみている。夏の水涸れどきと冬の凍結期にも渡し場を維持するための費用として、諸侯は通行税の徴収に踏み切ったのである。

渡し場使用強制権は近隣在住の者にとっても厄介な強制であったが、遠隔地の商人や一般の旅人にとっては旅の大きな障害ともなった。だから特権とともに渡し守は厳しい義務も課されていた。キュッセンベルクの判告録には面白い例があげられている。

余処者であれ、土地の者であれ、何人かが渡し場に来て三時間呼ばわっても渡し守が現われないときには、その者は近くの居酒屋に入って、渡し守のつけで一マース〔一～二リットル〕のワインを飲むことができる。そののち渡し場にもどり、呼ばわってもいまだ渡し守が現われないときには、再び従前のごとく飲食し、その代金を渡し守が払うものとする。

また農民が渡し守の怠慢のために市場開催時間に間に合わなくなり、収穫物を売りそこなったときには、渡し守が損害を補償しなければならない。

渡し場は都市の門と同じく朝開かれ、夕方には閉じられた。領主などの要求があるばあいを除いて原則として夜間は運行されなかったのである。とくに市場開催日、献堂式の日、巡礼行の日、裁判集会の日、収穫日などには渡し場はにぎわった。渡し守にはこれらの会合に間に合うよう人びとを運ぶ義務があったのである。

船の大きさはさまざまであるが、馬二頭を積載できるか、あるいは人間一六人を乗船させられるだけの最低限の大きさが定められているばあいもあった。大きなものでは二〜八頭の馬を同時に積載できた。渡し守が棹で漕ぐ形式のものから、両岸に張られたロープにそって河の流れを利用して渡河する形式のものなどがあった。

アジールとしての渡し場

ところで、「法的制度」としての渡し場の特徴は以上のような近隣の住民や旅人との関係においてだけでなく、アジール（避難所）としての性格にも示されていた。

アジールは現代では政治亡命や野戦病院（赤十字）などにその姿を残しているにすぎないが、古代・中世においては大変大きな意味をもった社会的制度であった。現在のように裁判権、警察権が国家に独占されていなかった中世社会においては、各地域の領主や都市共同体が流血裁判権をもち、村落共同体にもそれ以外の下級裁判権があった。しかしこれらの裁判権にはそれに必要な警察力が伴っていなかったから、結局各人は皆みずから自分の体と財産を守らねばならなかった。家は城と同じであり、無断で侵入すれば家長に殺されても仕方がなかった。また自分の縁者を殺された者が、下手人またはその氏族の者に復讐をすることも公的に認められていたのである。

しかしこのように復讐が公的に容認されると、そこにはどうしても行き過ぎが生ずる。故意にではなく、過って人を殺してしまった者が死者の縁者から仇として狙われ、逃げまどわねばならなくなる。このようなとき、裁判において過失であることが明らかにされれば、被害者の縁者と示談の交渉が命ぜられる。しかし裁判が開かれるまでに縁者によって仇と狙われる者が殺され、復讐の輪がひろがってしまうこともある。

このような事態を防ぐためにアジール（フライウング）があった。家のなかや教会、墓地などがアジールとされ、そこに逃げこんだ者を実力で連行してはならない掟があった。このアジールの慣習は人類の歴史のなかでも古いもので、すでに古代のイスラエル、ギリシア、ローマに明確なアジールの規定がある。わが国でも縁切り寺として名高い東慶寺はアジールのひとつである。つまり古来、森や墓地など、未知の霊などの支配する空間への畏怖から生れた聖域を神聖視する慣習が、法的・社会的制度に転化したものがアジールであると考えられるのである。

ところが渡し場の史料のなかには渡し場がフライウング（アジール）とされている例がある。最も有名な例をひとつあげよう。一三八四年オーベルエルザスのケムズの判告録には次のような記述がある。

人を殺してしまったり、その他の犯罪を犯した者がライン河に辿りつき、「船頭さん、渡してくれー」と叫んだとする。そのとき渡し守はこの男を渡すべきである。もしこの男のあとから何者かがつけてきたり、追跡してきて「向う岸へ渡してくれ」と叫んだとき、もし船が岸を離れていれば渡し守は最初に着いた者をまず渡し、しかるのちとってかえしてあとから着いた者を渡す。もし追跡してきた者が岸から船がまだ離れていないときに着いたばあいには、渡し守はさきに着いた者を船の舳先にのせ、あとから来た者を船尾にのせて、自分はその真中に立つ。対岸に着いたときはまず舳先の客をおろし、そののち船尾の客をおろす。かくすることによって渡し守はいかなる犯罪にも加担することなし。

同様な史料はほかの地域にもある。それらすべてに共通なことは渡し守は追われる者、追う者いずれにも味方をしてはならない、中立的な立場を貫くべきだという考え方である。しかるに一四六〇年のウィーンの近くレオポルトシュタットの判告録には、「追われている者が過って人を殺したりしたばあい」とアジール享受権が限定されており、このほか十五世紀なかごろには裁判所は渡し船を呼び戻す権利をもつが、追われている客が船を戻すのを妨げたときには渡し守に責任はないとしている。別の史料では船が河の中央に来るまでは追跡者には呼び戻す権利があるとされている。一五六三年には渡し守は「国の住民に害をなす者を知っていて渡したばあいは重罪に問われる」(ホルレンベルク)とあり、渡し船のアジールとしての性格は否定されている。

アジールの機能は時代によって変化しているのである。キュンスベルクは以上のような事例をあげて、渡し船のアジールには本来宗教的な核はなく、たんに公共の施設として船内の平和(フリーデ)が求められたにすぎないとしている。たしかに支配者は中央集権的国家を形成してゆく過程で、渡し船もほかの街道、水車小屋、居酒屋、旅籠、橋などの公共的施設と同様に、「平和領域」としてそこでの争いを禁じ、治安の要としようとしていた。このときの「平和領域」にはすでにアジールとしての機能は十全なかたちでは認められず、他方で裁判権の組織化、刑法の客観化、警察力の強化をはかってアジールを廃止しようとしていた。

しかし民衆の目には渡し船はたんに公共の施設であるだけではなかった。渡し船はすでに河中に漕ぎだしたとき、水の精、川の神の支配下にあった。犯人を追跡することによってこれらの霊を騒がせてはならないと考えられていたとみることもできるのである。ドーナウを渡る渡し船のなかで客は笛を吹いてはならなかった。水の精が風を起すと考えられていたからである。

とくに渡し船は冥府に死者を送りとどける役割をもつと考えられていた。このモチーフの伝説が各地に数多く伝えられている。

夜中に渡し守は激しく戸をたたく音で目をさます。どうしても向う岸へ渡してほしいといわれ、いやいやながら船を出す。一人または数人の客しかみえないのだが、実際に船は満員になっていることが吃水が深くなっていることからわかる。

シュパイエルの三人の渡し守は一五三〇年七月一八日から三晩にわたって修道士たちを順に渡さねばならなかった。はじめの二人の渡し守は病気になったため、三人目の渡し守が新しい船で姿のみえない大勢の修道士を運んだ。向う岸に着いたあと船はひとりでにシュパイエルに戻り、渡し守はどのようにして家に帰ったのか記憶がなかったといわれる。このような伝説に日付が残されている例は大変珍しい。

ときに渡し守は小人を渡すこともある。ナイセ河で大勢の小人を渡した渡し守は、渡し賃として一人一枚の木の葉を貰った。彼はそれを帽子のなかに入れてふせておいた。腹立ちまぎれに帽子をナイセ河の上でふるったのだが、帽子にくっついて残った一枚の葉は家に帰ってみたら金貨だったという。

洪水や凍結の危険が多く、船の設備も貧弱だった中・近世の渡し船には、このようにさまざまな伝説が残されていた。これらの伝説は川でさえぎられた二つの世界の人びとを結びつけ、人と人とのふれあいに大きな役割を果たしていた渡し船についての、人びとの期待と畏怖を表現するものであったとみることもできるであろう。

4　居酒屋・旅籠

ドイツの鄙びた農村を歩いていると、村の中心近く、教会のかたわらに驚くほど堅固で立派な建物がどっしりと立っているのに気付く。庇の下から屋号にちなんだ独特な模様の看板がでているので旅なれた人ならすぐにそれとわかる。そこには夕暮れともなると質素だが清潔な身なりの老人が三々五々集まってくる。一歩そのなかに足を踏み入れると、梁の太い素朴だが歳月の重みを感じさせる室内にこれも堅牢な食卓があり、隅の食卓にはさきほどの老人たちが集まってトランプなどに打ち興じているのがみられる。彼らは指定の食卓をもっており、毎夕集まっては飲みながら語りあうのである。この建物こそドイツ農村生活の中心をなす居酒屋＝旅籠なのである。

それぞれの村の中心にある教会がローマ教会の農村支配の拠点であったとすれば、居酒屋は村民が生活の喜びと苦しみを語り、慰めあう、本来キリスト教布教以前からあった共同生活の中心なのである。しかも居酒屋の多くは旅籠をも兼ねていたから、そこで村人は異国の旅人と言葉を交し、見知らぬ国の生活にふれることができた。いわば自分の村しか知らない農民たちを他の世界とつなぐ居心地よい窓、これが居酒屋なのであった。だから居酒屋の歴史を探ってゆくと、中世の農民生活の喜びや夢などを育んだ共同生活の場にふれることになる。旅籠に泊ることは旅人の側からみるとドイツの農村生活と直接にふれる機会であり、彼らの書きのこした記録から、私たちは異国人がドイツの生活をどのようにみていたのかも知り、はからずも各国の比較論への足がかりさええられるように思える。このような居酒屋＝旅籠は都市にもあり、同じような役割を果たしているのだが、ここでは村の居酒屋についてみることにしよう。

村の溜り場、治安の要

居酒屋の多くは村の中心にあり、大きな道路に面していた。建物は農家よりかなり大きく、ある記録では間口一九メートル、奥行約二三メートルもあった。旅人の馬を休ませるため母屋のほかに厩、小屋、納屋があり、菜園や小さな牧地などがついていた。

居酒屋ではビールが売られ、畑仕事を終えた農民はそこで一杯やったのだが、居酒屋の多くはビールのほかにもさまざまな商品を扱い、田舎のよろず屋のような役割も兼ねていた。居酒屋の特許状をみると、そこではパン、塩、肉、鰊、バター、チーズ、油、布、乾し草、燕麦、ビール、葡萄酒、蜜酒、ミルク、鉄製品などが売られていた。その多くは旅人のためのものであったが、村人もそこで自給できない商品を買った。とくにビールの醸造には許可が必要だったから、居酒屋で買うしかなかった。居酒屋はこうして農村内での小さな交易所の役割を果たしており、シュレージエンやプロイセンでは居酒屋の前の広場がやがて市場となり、のちに都市市場に発展していった。

居酒屋は村人がなにかというと集まり、世間話や噂話に花を咲かせる場であったし、ブリューゲルの「結婚祝い」に描かれているように結婚披露宴などが開かれる場所でもあったから、村落を支配する領主からみると油断のできない治安の要とみられていた。だから居酒屋の主人は村落内において重要な地位をもっていた。未知の他国者が宿泊したばあいは、居酒屋の主人が都市なら市長に、村なら村長に報告しなければならなかった。また他国者に不審な点があったときは逮捕することもできた。もし報告を怠ると主人が罰をうけた。

居酒屋の主人はいわば支配者たる領主と村民団体との接点にいたのである。領主の規制が厳しいところでは、日没後に居酒屋にとどまって飲酒に耽っている者があると主人が罰せられたし、村人などが領主、官憲に対して叛乱を企てる集会をそこで開いたばあい、主人は死刑に処せられることになっていた。一五二五年の農民戦争のさいには、実際に各地で居酒屋を中心にして蜂起の準備がすすめられたのである。農繁期には農民は居酒屋に一時間以上とどまってはならない、という規制が出されたこともあった。あちこちと渡り歩く放浪者や娼婦を宿泊させたばあいも主人に高額な罰金が課されているのも、同様な治安上の理由によるものであった。

だから支配者たる領主は貢租の徴収、村裁判の開催などに村長を使って村を経済的・法的に掌握しようとしたように、居酒屋の主人を掌握することによって、農民の日常生活と商品流通、憩いと遊びから生れる会話をも支配せんとしたのである。そのために居酒屋にはビール醸造権のほか商品流通における独占的な地位が与えられ、さらに村内に別の居酒屋を許可しないような配慮も加えられていた。居酒屋の主人は領主と村長の両方に貢租を払うばあいが多かったが、たいていのばあいは一マルク程度であり、そのほかに現物として鶏二羽、鵞鳥、胡椒、サフラン、穀物などを納めた。また村司祭に一〇分の一税として大麦を納めていた。辺地のプロイセンではそのほかに軍役や賦役も課されていたから、その負担は決して軽くはなかったが、それにもかかわらず居酒屋の収入はかなりのものであり、村のなかでは最も富裕な階層に属していた。十五世紀になると各地で居酒屋が扱う商品の価格高騰に不満が向けられてゆく。

こうして村落共同体の溜り場として村の生活の中心にありながら、旅人の世話をすることによって外の世界の出来事を誰よりも早く知り、商品流通の要となる地位に立つことによって経済世界の論理と貧富の差の由来をも知ることができた居酒屋の主人は、支配者と村落共同体成員とのあいだで板挟みの状態にあった。ときに領主の陰険な手先であるかと思えば、ときには村人の不満に耳を傾ける良き理解者ともみえた。実際領主に対する一揆の企てを密告したのも彼らだし、みずから農民一揆の先頭に立って、一揆敗北ののち、首を刎ねられたのも居酒屋の主人であった。中世を通じて居酒屋は村落共同体成員である村人がたがいに飲み、祝い、遊ぶ場所であり、また外の世界と接する唯一の窓であったが、それゆえに飲酒や馬鹿騒ぎのなかでもつねにひそかな緊張感が流れつづけている場所でもあったのである。

「旅籠についての対話」

もとより村人は居酒屋についてなにひとつ書きのこしてはいない。しかし旅籠でもあったから旅人、特に外国人による記録がわずかだがのこされている。そのうち最も古く有名なのがエラスムスの『対話集』(一五二三年版)に収録されている「旅籠についての対話」Colloquia diversoria である。そこではイギリスかロンバルディア、あるいはスペインあたりの出身とみられる男(甲)がフランス(リヨン)の宿のすばらしさ、とくに婦人による歓待がユリシーズのサイレンのように旅人の心をひきとめて離さないありさまを語ったあと、ドイツ旅行の経験のある男(乙)からドイツの宿について聞く、という趣向になっている。

乙——待遇がどこでも同じかどうかは知らないが、僕が見たことを話そうか。到着した客を迎える者は誰もいない。客に媚びている、と思われたくないためなのだ。そうした振舞いは穢らわしく下賤で、ドイツ人の品位にふさわしくないとみているのだ。長いあいだ呼びつづけていると、ついに暖房のきいた客間〔彼らはヨハネ祭までそこで暮すから〕の小さな窓が開いて男が顔を出すが、それはまるで亀が甲羅からそっと頭を出すような感じだよ。この男に泊めてもらえるかとたずねなければならない。拒絶されなければ君の頼みが聞きとどけられたとみてよい。厩はどこかね、と聞くと手で教えてくれる。それで勝手に馬の世話をすればよいわけさ。下男はまったく手を動かさない。もしそれが有名な宿だと下男が厩に案内してひどい場所しか割りふってくれない。良い場所はあとから到着する客、とくに貴族のためにとっておくというわけさ。ちょっと文句でもいおうものなら、すぐに「気に入らなければほかの宿を探しな」とくる。都市では乾し草を手に入れるのに苦労するし、少ししか貰えず、しかも燕麦のように高い金を出さなければならない。馬の手当てがすむと脛当てと荷物、そして埃といっしょに客間に行く。埃ばかりは皆に共通のものだからね。

甲――フランスでは着物を脱いで乾かしたり、身体を暖め、くつろげる部屋があてがわれるがね。

乙――ここではそれどころではないよ。客間で長靴を脱ぎ、室内ばきをはき、必要なら肌着を着替え、雨に濡れた衣服を暖炉のそばにかけて自分で乾かすのだ。手を洗う水は用意してあるが、たいていはあまりきれいすぎて、そのあとでこの洗い水をすすぎおとすために別の水を貰わなければならないほどだ。

甲——贅沢のために脆弱にされていないそういう人びとはたいしたものだと思うよ。

乙——午後四時ころに到着しても九時前は、ときには一〇時前は夕食にありつけないんだ。

甲——それはまたどういうわけだね。

乙——客が皆揃わなければ何も用意しないのさ。一度の労力で皆の分を済ませてしまう魂胆なんだ。

甲——まあおちつけよ。

乙——わかったよ。ときには同じ客間に八、九十人もの新しい客が来ることがある。兵隊や騎兵、商人、船乗り、馭者、農民、見習い職人、女たちや健康な者も病人も来る。

甲——それじゃまるで木賃宿だね。

乙——髪を梳いている者もいれば、汗を拭っている者、大蒜《にんにく》の匂いをまきちらす者、長深靴や脛当てを磨いている者もいて、てっとりばやくいえばまるで昔のバベルの塔のように言葉と人間のごちゃまぜさ。外国人が現われて、その素振りから身分の高さがうかがわれようものなら、皆の目はそちらに釘付けになって、まるでアフリカから運ばれてきたばかりの動物でもみるようにまじまじとみつめる。食卓に坐っても振り向

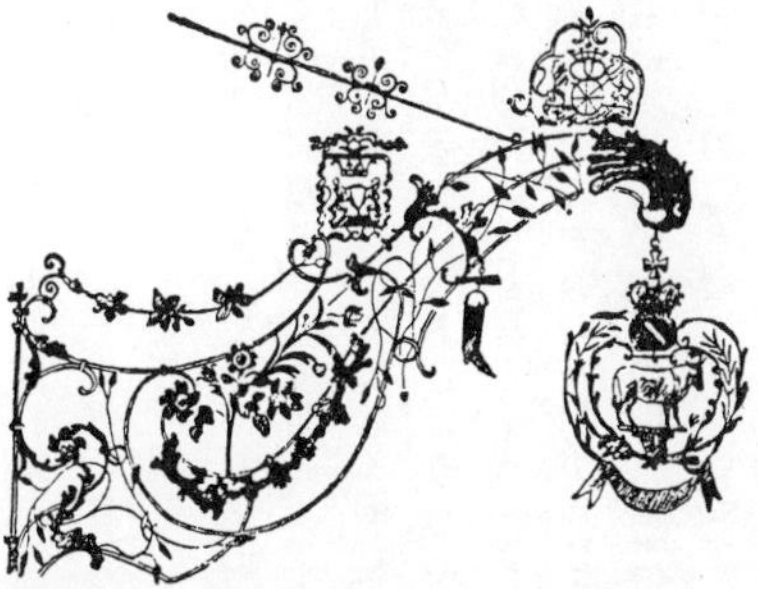

旅籠ツーム・オクセン（ハイデルスハイム）の看板

中世の旅籠。左上に突き出ているのが旅籠のしるし

中世の旅籠。裸でベッドに入っている

いて目を離さず眺めつづけ、食事もそっちのけだよ。
甲――ローマやパリ、ヴェネツィアでは誰も珍しがらないがね。
乙――そうしている間も何も注文できないのだ。かなり夜も更けて到着する客もなくなると、ようやく老いぼれた召使が出てくる。灰色の髭を生やし、髪を短くかってうす汚れた服を着た陰気な顔の年寄りだ。
甲――そいつはローマの枢機卿のところで酌男をした方が似合いだね。
乙――この男は黙って皆を見渡して頭数を数える。数が多ければ、その分だけ暖炉に火をくべる。たとえ温度が高くてもそうするのだ。連中には皆が汗をぐっしょりかけば、厚くもてなしたことになるのさ。熱気に我慢できなくなって、息がつまらないようにと誰かが窓を少しあけようものなら、すぐに「閉めろ」という声がかかる。「我慢できないのだよ」と答えると「それなら別の宿へ行け」とくる。
甲――そんなに大勢の人間が同じ空気を吸い、疲れきった身体でそこで食事をし、何時間もいっしょにいるのは危険この上ないではないか。大蒜の匂いのするゲップやオナラや口臭のことなんかをいっているのではないよ。人にはいえない病気をもっている者は多いし、病気は皆うつるものなのだ。間違いなく多くの者はスペイン病、人によるとフランス病〔梅毒〕ともいうやつに罹っている。それはもうどこの国にもみられるからね。こいつは癩に劣らず恐ろしい病気だよ。ペストの恐ろしさを考えてもみろよ。

乙――連中は強健でそんなことは笑いとばし、問題にもしていないんだ。

甲――でも連中に勇気があっても、とばっちりを食うのは大勢の者なんだからね。

乙――それではどうしろというんだ。連中はこうしたことに慣れているし、思いこんでいることは強いものだよ。

甲――だが二五年前にブラバントで公衆浴場はずいぶん人気があったのに、今ではどこも冷えきっている。新しい病気〔梅毒〕がさびれさせた原因だよ。

乙――まあもっと先を聞けよ。そこへあの髭のガニュメデス〔トロイア王の子で、美男だったので神々が天界へ連れていってゼウスの酌人にしたという〕が戻ってきて、客の数に足りると考えただけの食卓に布をかける。ところがこの亜麻織物はミレトス産どころではなく、まるで帆桁からひっぱがしてきたようなやつさ。ひとつの食卓に彼は少なくとも八人の客を割りふる。土地の習慣を知っている者はすきなところに坐る。貧乏人も金持も主人も下僕も区別なしだからだ。

甲――それこそついさきごろ暴君を追い払ったあの古き平等精神だな。キリストもそのようにして弟子と暮したのだろうな。

乙――皆が席につくと、またあの陰気なガニュメデスがやって来て食卓の人数を数え、戻って木皿を皆の前におく。同じく銀製〔実は木製〕のスプーンと硝子の酒杯をおき、しばらくしてパンが出る。間がもてないから皆それをきれいにする。その間に粥が煮られている。こうしてほぼ一時間も坐っているのだ。

甲——客は誰も料理を注文しないのかね。

乙——土地の習慣を知っている者はそんなことはしない。ついにワインが運ばれてくる。決して強いワインではない。ソフィストにはほかの酒は飲ませられないような水っぽく酢っぱいやつだ。誰かが別に金を出すからほかの銘柄のワインをもってきてくれというものなら、はじめは聞えぬふりをしているが、その客をしめ殺しかねないような顔つきになる。重ねて頼むと「大勢の伯や辺境伯がここに泊ったが、うちのワインに文句をつけた人は一人もいないよ。お前さんの気にいらないなら、別の宿を探しな」という返事がかえってくる。連中は自分の国の貴族だけを人間とみているのだ。貴族の紋章を彼らは誇らしげにみせる。やっとグーグーという胃袋をなだめる料理が出てくる。にぎやかに次から次へ皿が運ばれてくるからだ。はじめはたいてい肉入りスープつきパンだが、魚の日〔斎日〕であれば野菜スープがつく。それから別のスープ、そして煮た肉あるいは塩漬魚を温めたもの、そのつぎに粥、つづいていく分かためのの料理が出て、ひもじさがたっぷりいやされるまで炙り肉または煮た魚が運ばれてくる。それもなかなかのものだ。連中はまったく健啖でそれもやがてたいらげてしまう。食事どきはこういった調子なのだ。ちょうど俳優が芝居の合間に合唱をはさむように、連中は料理と粥を順にくり返す。しかしフィナーレが一番良いように気を配ってはいる。

甲――それこそ立派な詩人にふさわしいね。

乙――食事のときに誰かが「皿を片付けてくれ。もう誰も食べないから」といったら大変な不作法とされる。まるで水時計で計っているのではないかと思えるほど一定の時まで皆じっと坐っていなければならないのだ。やがてあの髭男か主人が出てくるが、衣服だけからはどちらも区別がつかないのだ。そして気にいったかどうか尋ねる。しばらくしてやや上等のワインが運ばれてくる。彼らはたっぷり飲むのを好む。どうしてかというと、一番たくさん飲んだ者も少ししか飲まなかった者と同じだけしか払わないからだ。

甲――この国の人の考え方は奇妙だな。

乙――ときには食事代として払う倍ものワインを飲む者もいる。ところで食事どきの話を終える前に、皆がワインで身体がポカポカしてくると爆発する騒ぎと叫び声のことも話しておかなければね。要するに聾になるほどなのだ。連中のなかには阿呆を振舞う者がまじっていて、とにかくいやらしい種類の人間なのだが、信じられないことにドイツ人はこうした連中のことを大変楽しみにしているのだ。連中は唱ったりしゃべったり、叫んだり踊ったりして宿もこわれんばかりの大騒ぎをやらかす。けれども彼らはまったく楽しんでいるらしく、こうして否でも応でも夜おそくなってしまう。
甲――食事の話はもういいよ。長すぎて僕も退屈だ。
乙――そうだね。チーズが出て、それが臭くて虫食いでないと皆歓迎しないのだが、やがて髭男がひとつの盆をもってきて、それにチョークで二、三の円と半円を描き、黙って食卓の上において厳粛な顔をする。まるで冥府の渡し守みたいにね。その絵がわかる者は金をおき、次から次へと盆がいっぱいになるまでにする。誰が払ったかを認めると、彼は無言でまとめて数え、不足がないと肯く。
甲――でも多すぎたらどうするのかね。
乙――きっと返すのだろう。実際そういうこともしばしばあるんだ。
甲――そんな不公平な計算に誰も文句をいわないのかね。
乙――分別ある者ならそんなことはしないね。「お前さんは一体どういう人なのかね。他人より多くは払わないとでもいうのかね」とすぐにいわれるからさ。
甲――君の話はまったく自由な人びとの話だね。
乙――旅の疲れで食事のあとすぐに寝たいと思っても皆が寝るまで待たされる。
甲――まるでプラトンの国家をみているような気がするね。
乙――それからそれぞれの塒《ねぐら》が割当てられるが、実際のところはただの寝室で、ベッド以外は使えるものも盗めるものも何もないのさ。

甲――そこは清潔かね。
乙――食事のときと同じさ。亜麻布があるが半年以上洗っていない代物さ。
甲――馬はどうなっているのかね。
乙――馬も人間と同じ待遇さ。
甲――待遇はどこでも同じかね。
乙――僕が話したよりも親切なところも乱暴なところもあるが、おしなべていえばこんなものさ。

(*Desiderii Erasmi Opera.* Tomus 1 (1703), Hildesheim 1961, S.716 ff.)

このころのドイツの旅籠の内部や食事・風俗についてエラスムスは貴重な報告をのこしてくれた。しかしいつでもそうだが、旅行者の言葉を全面的に信用するわけにはいかない。まして逆説や皮肉のちりばめられたエラスムスの文章をまにうけるのは危険である。だがこの対話はかなりの程度エラスムスの体験にもとづいていると考えてよいだろう。それが具体的な体験にもとづくトゲのある記述であったから、ヨーハン・アグリコラ（一四九四?～一五六六）は反論して、エラスムスがドイツの宿をけなし、フランスなどの宿をほめているが、ドイツの宿はどこの国よりも旅人の生命・財産にとって安全なところで、自分の家にいるのと同じだ、と書いている。

しかしこの時代のドイツの宿がそれほど安全ではなかったことは他の多くの記述からも想像しうることなのである。十七世紀前半にはグアリノニウス（生没年不詳、『人間荒廃の恐怖』〔一六一〇〕の著者）もエラスムスと同じく、鼻糞や唾などのべったりついた寝台や、さまざまな病気の巣になっている不潔な台所について伝えている。しかしサストロウ（一五二〇〜一六〇三）は素晴らしい宿を経験したらしい。旅人の記述はすべてこういったあんばいなのである。ひとつの寝台に数人が寝なければならなかったこともしばしばで、そこから二人の婦人と寝台を共にする楽しげな経験をしたヘルマン・フォン・ヴァイスベルクなどの話が伝えられている。

食事がおそいという実感あふれるエラスムスの言葉にしても、ここに示されているたくさんの料理を考えれば用意に手間どっていたとも考えられるし、いずれにせよ旅をすみかとしたようなエラスムスが、ドイツのどこかの宿で腹をへらして食事を今か今かと不機嫌な顔をして待っていた様子を想像すると、ホルバインの描く謹厳なエラスムス像などと重ね合せてなんとも親しみがわいてくる。それがドイツ人論にまでゆきかねないのだから、やはり食物の恨みはおそろしいというべきか。

これらの旅行者の記事に共通していることは、当然のことだが、旅籠が地域の住民にとってもっている役割・意味がまったく見落されていることである。旅籠の主人が召使と同じ粗末な服装をしていたことも、召使がほとんど口をきかず、陰鬱な顔をして客にサービ

居酒屋で遊びに興ずる人びと（1517年）

スしていたことも、一五二五年に全ドイツを席巻した農民戦争が領主側の圧倒的な勝利に終り、居酒屋を中心にして長年のあいだ培われてきた農民の帝国改革への夢が無惨に破られてゆく前夜のことであるという事情を考えると、見すごすわけにはいかないのである。

「対話」の最初の稿が書かれたとみられる一四九〇年代末にはドイツの全域で庶民の政治への期待は裏切られ、爆発寸前の状態であった。一四九三年にはブントシューの一揆が起っている。居酒屋についての対話は一五二三年増補版に加えられているのだが、エラスムスはその間にオランダからバーゼルに移っており、一五二〇年にケルンを訪れたこととあわせて、その間にドイツの旅籠の生活を経験したのであろう。そしてオランダからバーゼルへの途上にある地域では大農民戦争の導火線にすでに火がついていたのである。旅籠に客が着いたとき、小さな窓から客の人相・風体を確かめなければなかに入れず、主人も召使もできるだけ無愛想にし口をきかなかったのも、このころの険悪な政治情勢のなかでの居酒屋の主人というむずかしい地位を考えれば別に不思議ではないし、いわんやドイツ人の風習であったわけではないと思われるのである。

Ⅲ　定住者の世界

5　農民

旅行者にとっては土地の人を知ることは大変難しい。ことに日本人にとってはヨーロッパの農民を知ろうとすれば二重の困難がある。私たちは何よりもまずヨーロッパを都市文化として理解しているからである。こころみにヨーロッパに旅した人に、かの地の農民についてたずねてみるとよい。農民と付き合った人がいかに少ないかをあらためて知るだろう。

だがこうした事情はヨーロッパの都会人にとっても本質的には大差なかったのである。十八世紀まで人口のほとんど八割以上を占めていた農民の大部分は文盲であり、自分を語ることがほとんどなかった。また都市に住んだ市民やそのなかの知識人にとっても、農民をまともにみるようになったのは比較的のちのことであって、中世中期においてすら市場を訪れた農民を目にするのが、ほとんど唯一の機会でしかなかった。市民は都市のなかで独自な文化を築きあげ、都市の人文主義を生みだしていった。市民の都市的教養が都市文化の擡頭とともに教養のすべてを意味するようになって、市民的教養から排除されていた農民は無教養な存在として、人間的価値においても劣るものとみなされたのである。都市の住民の目には農民は泥くさい者として皆の嘲笑をあびる存在であり、おかしな格好をして、馬鹿な振舞いをする奇妙な者たちであった。このように農民を馬鹿にすることによって、農民が都市の住民のために働いていること、そして都市の住民が農民を搾取していることをみずから覆いかくしていたのであった。

都市的文化が生んだ市民的教養のゆきついたところは、たしかに農民的思考世界からはるかに離れた異質な世界であった。しかしどんなに田舎者を馬鹿にしてみたところで、ヨーロッパ中・近世都市の住民は本来農村の出身者であり、都市の原理すら農民的思考世界のなかから生れたものであった。農民的思考世界とは一体どのようなものだったのだろうか。簡潔にそのあり方を展望してみよう。

農民身分とは何か

ヨーロッパの農民の歴史をふりかえってみたとき、なんといっても決定的な画期のひとつは都市が成立する十二、三世紀にあったといえよう。十一世紀末ころまでは農民という身分はまだはっきりと形成されてはいなかったからである。一〇八二年のリュッティヒの「神の平和」においても自由人と不自由人(liber, servus)の二つの区分しかなかったし、一〇八三年のケルンの「神の平和」においても貴族 nobiles と自由人 liberi と不自由人

servi の三つの区別しかなかった。フランク時代には自由人と不自由人の身分上の区別があったのみで、まだ農民という社会的身分はなかったのである。

カロリング時代の領主の多くはすでにみずから農耕には従事しない騎士であったから、もっぱら農耕を営む自由人との間には事実上の違いがあった。しかしひとたび戦争が起ると、いずれも武装して出陣したのである。武装権という点では騎士も、農耕に従事する自由人も対等なのであった。事実上、騎馬軍役には費用がかかったから貧しい者には負担しきれないことも多く、そのようなばあい財産の大小によって軍役の内容が違い、貧しい者が相応の負担金ですませるという処置もとられたらしい。すでに八〇八年や八二五年の勅令などでは、貧困のために他の者の助力なしには遠征に参加しえない者を劣位の自由人として区別している。ここにはのちの農民身分の萌芽がみられるのである。

フランク時代には武装権をもっていることが臣民団体の構成員となる資格をも意味していた。だから自由人のみが武装権をもっていたのであって、武装権をもつ者のみが名誉ある存在なのであった。名誉を失った者、名誉をもたない者には当然武装権はなかったのである。武装能力ある者だけが、武器を必要とする特定の名誉ある権能を保持していた。

その権能とはハンス・フェールによると次の五つであった。㈠平時に武器を携行する権利、㈡武装して戦闘に参加する権利、㈢フェーデ権(私闘権。これは本来は武装権には属さず、誰にでもあった権利だといわれる。しかし、私闘と復讐とが区別されるようになってからは武装権ある者のみがフェーデ権をもつとされた)、㈣決闘権、㈤犯人の追跡逮捕など。

これらの権利が公的存在としての人間の尊厳にかかわる重要な権利であったことを知るためには、当時の国家、社会秩序のあり方についてある程度の知識が必要である。中世ヨーロッパの社会は近代社会とまったく異なった仕組みをもっていた。当時の人間の生活にとって基本的なことは国家権力がいまだ弱体で、その支配権力が民衆の生活の奥深くにまでは及んでいなかったことである。とくに裁判権が個別領主権のもとにあり、警察権力が存在しなかったことは大きな違いであった。殺人などの犯罪が起っても、警察が動きだし、犯人を追跡して、逮捕し、裁判所に引渡して、判決を出させ、刑を執行するという仕組みは確立していなかった。殺人がおこなわれたときには殺された者の縁者が犯人を追跡し、殺す権利があり、それが復讐権とよばれる本来誰でも行使しうる基本権であった。現行犯でないばあいは裁判所が調べて犯人を確認するが、その判決がでても、多くのばあい逮捕と判決の執行は被害者の縁者がおこなったのである。犯人を追跡するとき、大声をあげて村人の助けを求める。このとき近隣の者は国境まで犯人追跡に協力しなければならない。これが㈤である。

また裁判そのものも、しばしば決闘によって正邪を争ったことは周知のとおりである。神明裁判なども広い意味ではこのなかに入る。これが㈣である。さらに特定の人間の間で利害の対立が生じ、一方がその権利を他の者によって侵害されたとき、くりかえし抗議を申し入れても加害者が誠意を示さないと、実力で相手側を協議の席につかせることも公的に認められていた。つまり私闘（フェーデ）がそれであり、一定の形式の私闘宣言をしたのち、相手の支配下にある村などを襲い、掠奪、放火などの実質的な被害を加え、相手の譲歩をかちとろうとするのである。このフェーデは同等の者の間だけでなく、上位の者に対してもおこなわれ、家臣が国王に対してフェーデ宣言をしてフェーデ行為に入るという例もみられた。これが㈢である。

㈡は総じて国防の任にあたる権利であり、常備軍が成立していない中世においては、国防に参加しうることはその人間が公的存在として承認されていることを示している。㈠はそれらすべてのための前提として武器を常時携行しうる権利である。

さて以上のようにみてくると、武装権をもっていることが中世社会においては基本的人権を守る不可欠の前提であったことが明らかとなるだろう。だから妻を追いだしたり、なんの咎もない妻を殺して再婚しようとした者や、聖職者を殺した者も武装権を奪われる。これは名誉を奪う最も重い刑なのであった。

ところが一一五二年の帝国平和令において、農民には槍と剣の携行が禁止された。一一七九年のライン・フランケンの「平和令」が更新されたときに農民に村の外で剣をもつことは許されたが、フリードリッヒ一世は一一八六年の帝国平和令で農民は騎士の格を真似してはならないとしている。また十二世紀中葉に農民は私闘権を失い、当然フランク時代における軍役義務もなくなった。国防はもっぱら騎士身分の者による騎兵軍に委ねられ、決闘権も農民には認められなくなった。十二世紀中葉におけるこうした一連の処置によって、農民は騎士とははっきり異なった一つの社会的身分として位置づけられることになったのである。その結果はいうまでもない。これまで大まかにいって自由人と不自由人の二つの区別しかなかったヨーロッパ社会に、騎士、農民という新しい社会的身分が騎士身分、農民身分という生得身分として成立し、騎士の名誉は農民にはもはや認められなかった。農民は名誉において劣位の身分とされ、社会的序列においても下層に位置づけられることになったのである。このころにはすでに農民が騎士になる可能性は閉ざされていた。

十三世紀の法書によると、農民身分とは農民の両親から生まれ、農村で生活し、農耕を営む者とされている。この農民身分から離れるには、当時あたかも成立しつつあった都市に逃れて、商業か手工業を営む以外にはなかったのである。

十二、三世紀には各地に大小の都市が成立し、ヨーロッパ以外の地域ではみられないほど網の目のごとく全土を覆うようになった。都市の成立こそ以後のヨーロッパ史の方向を大きく規定してゆく転換点でもあった。都市内に住む市民は市壁を固め、狭い空間のなかで数千の人間がたがいに取り交した約束を守りながら共同防衛と共存の秩序を生みだしていったのである。こうして十二、三世紀にはヨーロッパ社会に騎士(貴族)、農民、市民という三つの身分が生れたのである。

武装能力つまり自衛の能力を失った農民は、今や法的には本来武装能力のない聖職者、女性、ユダヤ人、商人などとともに「平和」のもとに生きる存在として保護の対象とされた。彼らに対しては「特別な平和」のもとにある人びととして、いかなる暴力を振ってもならない（とくにフェーデのさいに）とされたのである。しかしこれはあくまでも法の上のことであって、現実には暴力から身を守るために、農民はすでにさまざまなかたちで領主の支配下に組み込まれていた。これは「保護と支配」という言葉に示されているように、領主が武装能力を失った農民に代って農民の権利を代行するという建前のもとに、実際上は戦士として一切の生産活動から遠ざかった騎士階層が農民の生産労働に寄生して生活することにほかならなかった。

かつてはともに国防の戦いに出陣し、おのが身にふりかかった不当な仕打ちに対しては、原理上はたとえ皇帝に対してでもみずから武器をとって不正と戦うことができ、親子、兄弟が不当に殺されたときには復讐の武器をとることができた人びとのなかで、一部の人びとがただ農業を仕事としていたために武装能力を失い、形ばかりの領主による保護下におかれることになった。長期にわたる軍事遠征に農業従事者が参加すると、農業がお留守になり、生産がおくれ、ひいては国が飢えることになってしまうからである。こうして貧しくて騎馬軍役のできない者が農業専従者となっていったとみられる。彼らの生きる道は今や農業しかなかった。

種子蒔きから収穫祭まで

ところで農業とは一体何だろうか。これは徹頭徹尾肉体労働であった。十、十一世紀にはヨーロッパ各地で開墾がすすめられていた。開墾はまず森の木を切り倒し、木の根株を掘り起すことからはじめなければならなかった。一本の木の根を掘り起すために何日もかけたのである。雑木を焼き払い、灰を肥料として、そののち耕作にかからねばならなかった。

すでにこの時代には耕作用の犂が開発されていた。この犂は西欧中世農業における最大の発明ともいえるもので、八五頁上段の図のような形をしていた。通常は四頭の牛にひかれたこの犂は、まず図の縦刃 Sech で土をたてに二分する。ついで横刃 Schar が二分された土を水平方向に掘りあげる。さらに犂板 Streichbrett がこうして縦横に掘りあげられた土を左右いずれかによせて畝をつくってゆく。この図には描かれていないが、先端には本来、車輪がつけられていて、畝の深さや方向が自由に調節できるようになっていた。土に堅い塊があるときにはハンマーのようなものでそれをほぐす。ついで馬鍬ですきならし、そのあとに種子を蒔くのである。このとき鳥に種子をほじくられるのを防ぐために、投石器で鳥を追い払うこともあった。

土地によって時期に違いはあるが、春まだ浅い聖母のお清めの祝日（二月二日）に農民はすでに犂に十字架をつけ、豊かな収穫と災難除けの用意をする。施肥も特定の吉日を選んでおこなう。夏畑、冬畑に厩肥だけでなく、泥灰肥料も用いられたし、木の葉や苔、柴などの堆肥も使用されていた。種子を袋につめるにもきまった仕来りがあった。

このような用意をしたのち、村落共同体のとりきめに従って特定の日に一斉に犂起しをする。年の始めの犂起しは神聖な行事であって、祈りをささげ、聖別をして供物をささげたのちにおこなわれた。農家から最初に出てゆく犂には、いつのころからか卵とパン一片をつけ、最初に出会った乞食に与える。ザンクト・ガレンでは最初の犂起しのときに、枝の主日（復活祭直前の日曜日）に使った枝を聖水につけて犂にかける。そして皆にパンが配られ、その場で食される。牛や馬にも特別な飼料が与えられるのはいうまでもない。バーデンでは最初の犂起しのときに農民が処女にキスをすると豊かな収穫が約束されるといわれていた。

種子蒔きの間は神聖であった。P・ザルトリによると、勝手な行為も、騒がしい娯楽も避けねばならなかった。夫婦の営みすらこの間は避けたという。近世になると、ところによっては種子蒔きの間、毎朝一一時に三分間鐘をならし、種子を荒天や災害から守ろうとしていた。種子蒔きには月齢や惑星の位置、十二宮などを参照して時期を定めた。それらはのちに農耕暦として定着し、農民のほとんど唯一の書物となってゆく。種子を入れる袋

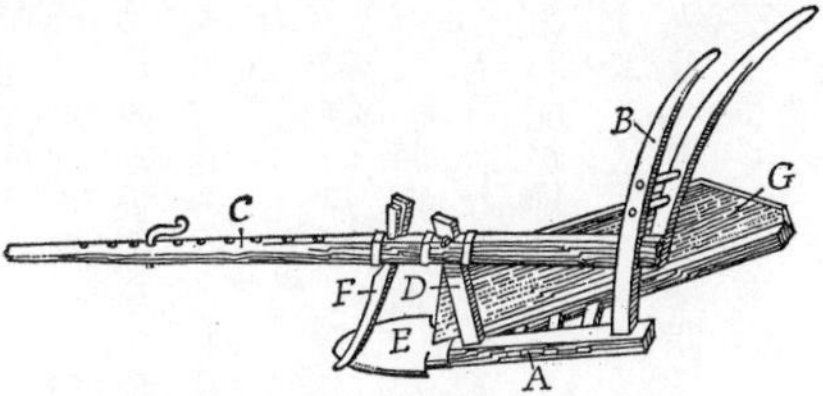

中世に開発された犂。A犂底，B柄，C長柄，D支え，E横刃，F縦刃，G犂板（S.エッパーライン『絵入り中世の農民』による）

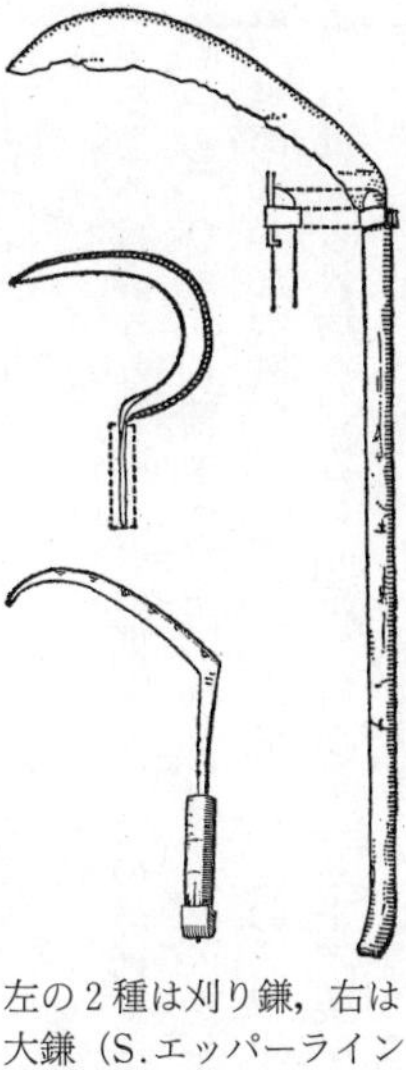

左の2種は刈り鎌，右は大鎌（S.エッパーラインの前掲書による）

は慎重に扱われ、ところによっては七歳以下の娘が編んだものでなければならないとされていた。

農民は呪文や祈りの言葉をつぶやきながら種子を蒔いた。種子蒔きの間はほかの人と喋ってはならない。最初の種子は十字の形に蒔かれる。ときには最初の、または三度目の一つかみの種子を小鳥たちに与える。それで満足させるためである。農民は一つかみの種子を口に含み、それを耕地に吐きだす。種子を高くまけばまくほど、穂も高くのびるといわれた。

穀物の芽がでて大きくのび、穂がでるころは豊かなとり入れの期待と災害の恐怖で落着かない時期であった。人びとは踊りもやめ、ひたすら精進をした。踊りは天の怒りを招くかもしれないからである。雷雨や霰《あられ》、雹《ひょう》のほかに盗賊、フェーデ、野獣や小鳥の害、水害の心配が絶えなかった。悪霊や小鳥、野獣から穀物を守るために、白く塗った十字架を畑にたてた。霰や雹から収穫を守るためにすでに十三世紀に雹十字架が農道にたてられ、村人は「雹十字架詣で」をし、この十字架があるかぎり、雹におそわれないと信じていた。藁でつくった案山子も畑にたてられた。芋虫の害を防ぐには女が裸で畑を廻らねばならないといわれていた。

農民はしばしば穀物の伸びぐあいを見に畑へ出た。穂がでると、みな鐘をならして順調な成熟を待った。新しい穂の間をそよ風がわたり、黄緑色の海を波だたせるとき、人びと

農民の四季を描いた木版画

は穀物が結婚式をあげている、と語りあった。

最初の収穫はたいていヤコブの祝日（七月二五日）ころにおこなわれる。その日は共同体が定めた。刈り取りには刈り鎌を用いた。これは八五頁下段の左図（左の二種）のように左方向に大きく曲った鎌で、中・近世を通じて最も重要な農具のひとつであった。右手に刈り鎌をもって弓状に動かして右側の穀物を一束かきよせ、それを左手でつかんで茎の根から二〇センチほど上のあたりに刃をあて、下から上へとぐいと切りあげる。刈りのこされた株は誰でも必要なだけ切り取って使うことができた。このほかに大鎌（八五頁下段の右図）があった。これは本来は牧草を刈り取るためのものであったが、中世後期になると穀物のとり入れにも用いられるようになる。中世後期に農民の共有地用益権が制限されはじめ、必要なだけの牧草や屋根ふき用の藁も手に入りにくくなったので、大鎌で根元から茎ごと刈り取るようになったからである。十四世紀には婦人が刈り鎌を使っている絵が現われる。それまで刈り手はつねに男で、刈り取られた穀物を女性が集めていたのだが、労働力の不足のため婦人労働が必要となって、比較的体力がなくても使える刈り鎌を婦人が使うようになったのである。もとより神聖な穀物を本来牧草用の大鎌で刈ることには大きな抵抗があったが、背に腹はかえられない事情があったのである。

十四世紀に黒死病の流行によってヨーロッパ全域で人口が大幅に減少した。そのうえバルト海沿岸から穀物が大量に輸入され、穀物の供給が過剰となって穀物価格が大きく下落し、その反面で工業製品価格が騰貴するという状態がつづいた。農民も領主もこうした事態に対処するために穀物の栽培をへらし(この結果、廃棄フーフェが増大した)、都市内の需要にあわせて家畜飼育に比重をかけはじめた。こうして牧畜に不可欠な牧草をめぐって農民と領主の間で争いが展開されることになった。耕作されなくなった土地を、領主は「雑草が騎士の拍車までとどくようになれば、農民はその土地の権利を失った」と主張し、農民は「一〇年間施肥されなかった土地は共同の牧地だ」と主張して対立したのである。こうして入会地をめぐる対立が刈り鎌から大鎌への移行にも反映していたのである。この対立が農民戦争の主要な焦点となったことはいうまでもない。

刈り取りの間、その近くを通りかかった人も通常の挨拶ではなく、「神の助力を」と呼びかける。

ところによっては最初の穀物の穂は五歳以下の子どもに刈り取らせる。そして最後の束は刈り取らずにそのままにしておく。これについては、畑からすべてを取らないためとか、翌年の収穫のためとが、小鳥や鼠のためだとかいろいろに解釈されている。しかしこれは供物とみることができよう。最後の穀物は束ねられ、花や葉で飾られてあたかも人形のように、畑にぽつんと立っている。人びとはそのまわりで踊り、それをとびこえる。

収穫のあとの祭りは農民生活で最大の喜びにあふれていた。鶏を屠り、ワインやビールで大宴会が開かれる。収穫祭の大きな花輪が運びこまれ、そのまわりで人びとが踊るのである。人びとは疲れを知らぬがごとくに踊り、ミンデンのレテルンでは金曜日の朝八時から、日曜日の朝までも踊りつづける。それは一年間の厳しい労働の疲れを癒す喜びの踊りでもあった。農民は農業労働そのもののなかに喜びを見出した。それは武器を失った農民が人間的尊厳を再びとり戻せるほどの意味をもつにいたったのである。

市民のみた農民像

日常の農業労働は地味で目だたないが、秋の収穫は農民のみならず、すべての人びとにとって大きなかかわりをもっていた。

マルチン祭（一一月一一日）の日に農民は現物・貨幣の貢納を領主に納めた。通常は一フーフェ当り二羽の鶏と二マルク、ほかに卵、バター、チーズその他の現物貢納や、司祭への一〇分の一税も納めなければならなかった（ところによっては家族全員に人頭税が課されていたし、主人が死亡すると遺産のなかから最上の衣服《ベストクライド》と最上の家畜《ベストハウプト》が死亡税として領主に徴収された）。十二、三世紀に形成された都市の市民も、また旧来の貴族たちも、実質的には収穫ののちにはじめて農民と接したのである。とくに都市で暮していた市民にとっては市場が農民と接する数少ない機会であった。そこで市民にとって農民はどのようにみえたのだろうか。

マルチン・ションガウアー（一四四六〜九一）と十五世紀のハウスブーフマイスターの

絵が、当時の市民のみた農民像を伝えている。ションガウアーの「市場へ赴く農民」はR・M・ラートブルフらがいうように、あたかも聖家族のエジプトへの逃亡を想わせる構図となっており、まだ自分の目でみるというよりも宗教的な発想をとおしてものをみようとしていたといえる。しかしラートブルフがハウスブーフマイスターの作としている絵（b×8の署名がある）には、市場へ卵と家鴨をもってゆく男女の農民がいくぶんカリカチュアライズされて描かれ、男のズボンの膝がぬけ、靴の片方が破れて足がみえている。これは当時、貧しい人間を描くときのきまった形式であるが、二人の表情をみても、画家がこの二人に仲間としての共感をもって描いているのでないことは明らかである。

実際市民も貴族も農民を数段劣った存在としてみていた。衣服も一二四四年のバイエルンの「平和令」では灰色の安価なものと定められ、靴も牛皮で、髪も耳までで切り、長く伸ばしてはならないとされていた。農民はほとんど下着を着ず、下着をつけるのは上層階級の者に限られていた。夏などはズボンをはかず裸同然の者も多かった。

農民の家も十一、二世紀ころまでは地面に柱を差しこんで建てられ、丸太造りで屋根には藁をふくか、葦、または柿《こけら》をはった。ドアにも蝶番がなく革でとめられていた。床は粘土でかため、板を張ることは稀であった。壁も板張りで、すき間には苔をつめてあった。食器も大半は木製であり、十六世紀においても金属製食器は農家では稀であった。

農民の食物も蕪菁《かぶら》や野菜を脂身を入れて煮たものや、黍《きび》の粥、ライ麦パン、チーズ、ビールがせいぜいで、肉は稀にしか食べられなかった。肉は香りをつけるためにだけ煮物に入れられ、煮あがるとすくい出した、という話が伝えられている。魚などは貴族の食物であった。たしかに魚市場は町にあったが、魚は肉よりもはるかに高価であった。農民は妊婦や病人に魚を食べさせるのがせいぜいであった。領主のものとされた河川では、一本の毛鉤《けばり》でささやかに魚をとることが農業の合い間に許されたにすぎない。だから農民戦争のなかでミュールハウゼンの農民軍が一五二五年五月はじめにオルシェルで貴族や修道院の養魚池をかい出し、魚をとって大鍋で煮て食べたとき、彼らの意気はあがったのである。魚を自由にとることこそ、領主のものとされる森で鹿をとるのと同じように、自由のシンボルであった。各地で農民が魚を大量にとったことが農民戦争の発端になっている。

実際食物が各身分をへだててもいた。シュヴァーベンのビーベラッハの病院では身分によって食卓の料理が異なっていた。貧しい人の食卓、子どもの食卓、愚人の食卓のほかに病院のパン焼職人と年金生活者の食卓があり、愚者、貧者、子どもたちはそこに盛られた肉の皿を横目でにらみながら自分たちの貧しい皿をかかえていたという。

たしかに農民は貧しく、みじめな暮しをしていた。しかし彼らの姿はハウスブーフマイスターが描くようなみじめったらしいものだっただろうか。ションガウアーの粉ひきの絵（一三一頁参照）にみられるような動物的な表情や、マイスターb×8の「食事をする農民夫婦」にみられる人間の尊厳を傷つけるような描写、そしてセバスチアン・ブラントの『阿呆船』に登場する愚鈍で虚栄心にあふれた農民の姿は、市民的教養を絶対化するところから生れた市民層の農民蔑視を示しているといわれる。彼らは農民と深く付き合ってこのようなイメージをえたのではない。市場などでたまたまみかける農民の姿に嫌悪感をいだき、農民を嘲笑しながら市民としての自分の生活を、それとは違ったものとして意識しようとするところから生れたものである。農民を嘲笑し、蔑視することによってようやくわが身を支えたのである。市民もさかのぼれば農村の出だったからである。

ペアダンスと一揆の旗

市民の目にふれるもうひとつの姿に農民の踊りがあった。収穫を祝う祭りでの農民の奔放な踊りは多くの画家によって描かれている。

上層市民や貴族は農民の踊りをグロテスクで下品、誘惑的で許しがたいものと眉をひそめてみていた。それは貴族たちの輪舞と違って烈しい、とびはねる踊りであり、男女がペアを組む踊りであった。十四、五世紀の都市の聖職者や司直は、本来農民のものであった男女のペアの踊りが都市市民の間に流行するのを怖れ、懸命に反対していた。しかし男女がペアになって踊る習慣は市民の間にも浸透していったのである。R・M・ラートブルフらは踊りの歴史においては、発展は下から上へ進み、農民の文化財を市民や貴族がうけついで、近代的ペアダンスが生れたのだとみている。

農民男女の踊りのエネルギッシュな迫力はデューラーの絵によくみることができる。デューラーがこの絵を描いたころ（一五一四年）はまさに農民戦争の直前であった。十二、三世紀以来武装能力を奪われ、その結果農業専従者として社会の下層に位置づけられ、市民や貴族（騎士）に嘲笑され、馬鹿にされてきた農民たちは十四、五世紀以来、自分たちの生活の要である農業経営の分野で大きな危機に直面していた。穀物価格の下落と工業製品価格の騰貴は農民にとって二重の打撃であった。十五世紀末に上衣またはズボン一着を買うのに六六グロッシェン、穀物なら八一〇キログラムも必要だったし、斧一丁が一一グロッシェン、穀物にして一三五キログラムもしたのである。

そのうえ、軍事技術の変化とともに歩兵が優勢となり、騎士は事実上軍事的意味を失った。貨幣経済の展開とともに貨幣収入の必要に迫られた騎士、領主たちは貢納や賦役を強化しようとしたし、すでに触れたように牧畜に手を出し、農民から入会地を奪おうとしていた。貧困化した騎士は盗賊騎士となって村々を襲った。一三六四年にテクレンブルク伯は一回の掠奪行で馬九五頭、牛二二七頭、羊一〇〇五頭に豚五〇頭と二五〇マルクを手に入れたという。これはほとんど農民から奪ったのである。封建的支配層再編成の過程でフエーデも激しくおこなわれ、農民の疲弊に拍車をかけた。

デューラーの「踊る農民男女」はこうした状況に追いこまれていた農民たちのエネルギ

話し合う農民たち
（A.デューラー，1497/8年）

『ブントシュー』の表紙

食事をする農民夫婦（マイスターb×8）

市場へ行く農民（ハウスブーフマイスター？）

ーを伝えているし、一四九七、八年の「話し合う農民たち」にも、厳しい顔をし、靴に拍車をつけた農民が描かれている。

農民戦争は十二、三世紀以来武装能力を奪われ、国政から締めだされ、市民・貴族から馬鹿にされてきた農民たちが、農民の尊厳をとり戻そうとする激しい抗議であった。農民たちを結束させたもの、それは旗であった。ブントシューの一揆における傑出した指導者ヨス・フリッツは、旗のもつ力を十分に知っていた一人であった。彼は一五一三年にエルザスの村祭りのとき、突然ブントシューの旗をひろげ、多くの民衆を誘おうとした。また一五〇二年にもバーゼルまで出かけて絵かきに旗を注文し、一揆を起そうとした。すべての用意が出来あがっていたにもかかわらず、旗がとどかなかったというただそれだけの理由で一揆は延期され、そのために計画がもれて失敗した。別の計画で失敗したとき、彼は巡礼に身をやつして旗を腹に巻き、アインジーデルンの巡礼教会に行って、よりよきのちの時代のために旗を預けたのである（一〇五頁の図版解説を参照）。

グリムの伝えるところによるとスイスでは村に危険が迫ったとき、旗を小川にひたして濡らして、すべての男に武器をとるように呼びかける。旗を水につけて、敵に背を向けないことを誓う。敵を打ち倒すか、旗が横たわって乾くかどちらかなのである。R・M・ラートブルフがいうように、旗は当時の農民にとってはしるしや象徴ではなく、事柄そのものだったのである。それは共同体を示すというよりは、旗そのものが共同体を体現していたのである。

ここで収穫の祭りのときの花環や五月の木を想起しなければならない。いずれも旗と同じ意味をもっていた。すでにタキトゥスはゲルマン人が出陣するときに神の像または印を携えると伝えている。中世においてはさまざまな旗をたてて農民は練り歩き（プロセッションをおこなっていた。

収穫の祭りの花環や五月の木のまわりで踊り狂う農民たちのエネルギーは、そのままヨス・フリッツらがかかげるブントシューの旗のもとに結集した。そこにも農民戦争が文字どおり、農業生活のなかから噴出した農民たちの自己主張だったことが示されている。
十二、三世紀から国法においては農民は対外戦争に加わらず、武装権を奪われていた。しかし、デューラーその他の絵にみられるように、農民たちはたとえ鞘の先から刃がはみだしていようとも、つねに剣を肌身から離さなかった。ときには犂板についた泥をこそげ落すための短剣の携行しか認められなかったが、必ず剣を身につけていた。中世社会においては自分の身はみずから守らなければならなかったからであり、自分の身を守りうる者にのみ名誉があったからである。農民たちは身につけた剣で辛うじて名誉を守ることができたのである。

農民生活のなかのユーモア

農業はありきたりの市民的教養の基準からみたときは、たしかに知的作業というよりは肉体労働であった。そしてありきたりの市民的教養の考え方では文化は余暇のなかからしか生れず、肉体労働のなかからは生れないとされている。そうすると農民文化について語ることは大変困難になるだろう。だがひとたび文化という言葉を市民的教養の世界から解放してみると、それが人と人との関係のあり方にかかわる概念であることに気付くだろう。農耕・牧畜生活のなかにおける人と人との関係のあり方は、何よりもまず具体的な樹木や草花、水や火、小鳥や動物などの存在や大人や子どもの動作やしぐさを媒介にするものであった。関係を素朴・直截に表現するものは長さ、距離、重さなどであるが、それらはみな抽象的な数字ではなく、具体的な物をとおして人間とのかかわりのなかで示されていた。

長さはしばしばハンマーや斧、槍、矢、石などを投げてとどく距離で表現されていた。たとえばオスナブリュックでは共同体員は自分の土地から共有地に向ってハンマーを左足の下から投げ、それがとどくかぎりのところは耕してよい、とされている。自分の家の鶏が隣家の庭や共有地のどこまで侵入したばあいに、つかまってしまうかも定められている。鶏が自由に走りまわれる範囲を確定するには、裸足で二本の垣根の支柱にのぼり、両足の間からハンマーを投げる。あるところでは屋根の上から右手を左手の下にして髪の毛をつかみ、左手で鎌の先をもって投げてとどいた範囲とされている。土地の広さも同様に午前中に四頭立ての有輪犂で耕作しうる面積を一モルゲンとよび、三〇モルゲンをもって一フーフェとよんだように、現実に人間の足や馬で走れる距離が基礎となっていた。だから王様が昼寝をしている間や、風呂に入っている間に歩いて廻れるだけの土地を与えられた話がメルヘンに伝えられているのをみるとき、それが架空の世界の話ではないことがわかるのである。伝説によると皇帝ハインリッヒは家来の一人に一シェッフェルの大麦を蒔けるだけの土地を与えると約束し、この家臣はのちのマンスフェルト伯領の境界に大麦を蒔いてその土地をえたという。

人間の生活空間として、家は大きな意味をもっていた。家はただ雨露をしのぐためだけのものではなく、人間の身体の拡大されたものとして受けとめられていた。すべての人間に尊厳があるように、家にも尊厳があり、これを犯すことは死を意味した。空間としての家を外部と区切るものは庇からしたたり落ちた雨だれが地面にうがった線であり、その線の内側は家長の支配する領域とされていた。

家人が重い犯罪を犯し、名誉を喪失したとき、その家もあたかも罰をうけるがごとく、破壊される。女性が家のなかで暴行されたばあい、現場となった家を破壊すると同時にそこにいたすべての生物も首をはねられる。人も家畜も犬も猫も鶏も家鴨も、被害者を助けず、叫び声をあげて助けを呼ばなかったから、死をもって償わねばならないとシュヴァーベンシュピーゲル（C-254）にある。

家畜は家の重要な構成員とみなされている。下僕もおかず一人で暮している男が夜の鐘が鳴ったあと襲われ、侵入者を殺害したばあい、それが正当防衛であり、家の平和の侵害であったことの証人として屋根の藁三本と犬または猫と鶏を連れて裁判所に赴く。リューベック法においても他家の鶏や犬を殺した者には厳しい刑罰が科されている。宴会のときには犬にも席が与えられることがある。

逆に人が犬に殺されたばあい、その者の相続人は犬の飼主から人命金の半額をうることができる。しかし全額を要求すると犬を渡される。犬に復讐するためである。ただしそのばあい次のような不快な条件がつけられている。家のすべての戸口は一つを残して閉じ、その一つの戸から出入りしなければならない。この戸口の少し上のところに殺された犬の死骸を吊し、腐るまでそのままにする。腐って落ち、骨が散乱するまえに犬をどけたり、別の戸口から出入りすると半額の人命金も返さねばならない。J・グリムがいうようにここでは当然の権利を認めながらも、それを度をこして主張しようとする者に対し、節度を求めるための配慮がなされている。

人と人との関係において最大の問題はいうまでもなく刑罰である。中世における刑罰は一見残酷にみえるが、その根底には代替可能性と偶然性の思想があった。村落共同体においては境界侵犯者に対する「刑罰」規定は峻厳を極めた。たとえば境界標石を掘り起した者はその場所にベルトまで埋められ、頭を犂でけずりとられる。しかしこのばあいにも、犂の扱いに慣れていない者が耕作に慣れていない馬または牛を使っておこない、三回走って頭を犂で切り落せないときは、犯人の命は助けられたのである。ヴィクトール・アハターが述べているように、中世、とくに十三世紀以前における「刑罰」は近代法のそれと違い、命をとることに目的があったのではなく、「犯罪」によってけがされた世界の秩序を回復するための儀式であったから、一定の処置（儀式）が終れば犯人も助けられたのである。この意味で多くの「処刑」は偶然に左右される「不十分」なものでよしとされた。

森の木は農村の生活にとって不可欠なものであったから、森の木の皮をはいだ者は木に縛られ、腹から腸を引きだされ、その腸は木の皮が再び生えるまで木のまわりにまかれる。木を切った者も頭を切り落され、木の芽が再び生えるまで幹の代りにおいておかれる。あるいは車の楔《くさび》などを盗んだ者は、楔の代りに指あるいは一一本目の指とよばれる器官を楔の穴に入れて鍛冶屋まで車を走らせねばならない。これらの「刑罰」は大変残酷であるが、現実に執行された例は少ないといわれる。もしこれらの犯罪について法が執行されればこのようになるということを、あらかじめ示すためのものであったと考えられるのである。現実には賠償金でほとんどの刑は代替しえた。

以上はいずれも現行犯のばあいであって、現行犯で捕えた者は殺人犯のばあいは、被害者の縁者がその場で殺してもよいことになっていた。しかし犯人が家のなかや墓場、教会、その他避難所（アジール、フライウング）と認められている場所に逃れたばあいは、誰も手を出すことができない。逃亡者は六週間と三日の間、避難所にとどまることができた。その間に被害者側と示談の交渉をするのである。このように「刑罰」は大変厳しかったが代替可能性が開かれていたのである。

領主と農民との支配・保護の関係においても同様な法的慣行があった。かつては領主の農民に対する非人間的支配の象徴として領主の「初夜権」があげられたことがある。領主の支配下にある農民の結婚にあたって領主がこの権利を行使したというのである。しかし、O・ギールケやE・オーゼンブリュッゲンが述べているように、この件についてドイツの史料は十六世紀のスイスの判告録に二件あげられているが、そこでは新郎がごく些細な貢納を納めて新婦に対する領主の初夜権を買い取ることになっていた。この初夜権は領主の支配下におかれている人間に対する支配のシンボリックな表現にすぎなかった。実質的な内容は結婚承認料としてのひとつの貢納の規定なのであった。

村人が大勢集まり、領主も出席している結婚披露宴、ブリューゲルの絵に描かれているような場面を想像してみよう。酒が入って騒々しくも楽しい場面で、領主が立ちあがり、「ところで婿殿、余の初夜権の行使に異議はござるまいな」という。すると新郎が立って、「領主様、それはいくらで買い取れましょうか」とたずね、「五シリングと四プフェニヒにて新婦を余はあきらめよう」と述べ、皆が拍手して終る。この場面の描写は想像でしかないが、この金額は一五四三年のグライフェンゼーのマウルの判告録にあげられている事実にもとづいている。

判告録よりもはるかな昔に、この権利が現実に行使されていたかどうかはわからない。もしかつて初夜権が実際行使されていたとしたなら、それをひとつの冗談にしてしまったのは農民の村落共同体の強さなのである。しかしたとえひとつの儀式が冗談化していたとはいえ、ここには領主が新婚の二人を領民として確認する意味があったのである。

農民と領主との関係の根底には支配と隷属の深い溝があったが、日常の関係のなかではそれは慣行、儀式、とりわけ形式化された冗談によって大いに和らげられていた。

農民は貨幣貢納や現物貢納のほかに、中世前期には週二日以上も領主直営地での賦役労働を課されていた。農繁期に自分の畑をほうっておいて領主の畑に出なければならないのだから、賦役労働は農民にとって最も辛い仕事であった。しかしそのことを心得ている領主は、賦役が終ると農民に食事と酒を振舞い、ねぎらったのである。このような領主の配慮がなければ、農奴制はほんのわずかの間も存続しえなかったであろう。

入会地をめぐる領主と農民の争いは、すでに述べたように十五世紀には厳しい対立を生んでいた。村落共同体は共有地である森に対する領主の使用権を認めようとしない。しかし荘園制が展開してゆくなかで領主権が確立し、森や河川などが領主権のもとにおかれてきた事実を農民は直截に否定するのではなく、ギールケにいわせれば詩的に諧謔的な表現のなかで領主権を実際に排除しようとする。

ヴェッテラウのカルバーマルクの判告録（十五世紀）では、森の槲《かしわ》の実（養豚飼料）を領主または貴族が集めようとするときには、騎馬で森を走り、下僕に楯を頭の上で平らにかかげさせてついてこさせる。その楯のなかに森を走り抜ける間に落ちた槲の実は領主のものである、とされている。走る馬のあとから駆けてゆく下僕の頭上の楯に一体何個の槲の実が落ちるだろうか。

領主の役人が賃租として鶏を徴収しに農家を訪れるとき、家のなかに妊婦がいるばあいは鶏の頭だけ切ってそれを持ち帰ることとし、胴体の部分は家のなかに投げ入れよ、とされている。妊婦に栄養をつけさせるためである。またチューリッヒのアインジーデルンの修道院院長は、農民から賃租として出される豚について、「豚が小さくても大きくても、肥っていても痩せていても、豚でさえあれば、つまり四本足で口が一つ、一本の尻尾さえあれば、不服をいってはならない」としている。

また自由な領民が荷物を車に積んで去ってゆくのに出会ったとき、領主は農民の出発を妨げてはならない。それどころか、ぬかるみで荷車が動けなくなったときには家臣に手伝うよう命じ、ときには自分でも手伝わねばならない。しかし、両足をふんばって荷車を押す必要はない。片足を車輪にかけたまま押してやり、次のようにいう。「行け、そしてうまくいってまた戻ってこられるようにな」と。

ギールケやオーゼンブリュッゲン、グリムなどの研究によりながら、以上農民生活のなかのユーモアについてごく簡潔にみたが、このような例をあげれば枚挙に暇がない。厳しい社会的対立のなかで、その対立をユーモアでうけとめてゆく人間の関係が生れるとき、そこにこそ文化の根があるといえる。そしてそのような文化の根は、樹木や草花、小鳥や動物などとともに暮し、身体を動かしてゆく労働の世界のなかで最も容易に育ってゆくのである。

統一的国家権力の確立とローマ法の浸透のもとで、これらの関係が冷たいザハリッヒな関係にとってかわられる過程については機会を改めて論じなければならない。

＊ 九五頁上段右図は、パンフィリウス・ゲンゲンバッハの『ブントシュー』(一五一四)の表紙。旗の中央には十字架上のキリストが描かれ、左右には農民がみずから守護者としたマリアと洗者ヨハネが描かれている。二つの紋章は皇帝と教皇(ユリウス二世)の紋章であり、両者以外いかなる領主も認めないことを示している。左の紋章にははじめ皇帝の鷲が描かれていたが、出版者が削除したという。右の教皇の冠も同じく削除された。裏側にはブントシューの絵があったといわれる(R・W・スクライブナーによる)。

6　共同浴場

中世都市や農村の庶民にとって、共同浴場は居酒屋と同様に共同生活の重要な中心をなしていた。居酒屋で杯をかたむけながら仲間と語らい、生活の苦しさをしばし忘れることができた彼らは、共同浴場で身体の汗をぬぐい、疲れをいやしたのである。共同浴場は中世の人びとにとってはたんに身体を洗う風呂であっただけでなく、冷・温水浴、薬湯、瀉血や刺胳をおこなう健康維持のための医院、保養所でもあった。たがいに裸で身体を流しあう浴場において村民のふれあいは最も偽りのないものとなり、共同浴場は居酒屋とならんで村民が深い連帯を結びあう場所でもあったのである。だから多くの史料で共同浴場は「開かれた家」とよばれている。

しかるにこれまで中世の共同浴場は、その混浴や素朴なエロチシズムを興味本位にのぞき見しようとする都会的知識人の卑猥な好奇心の対象とされてきた。ヴァレリウス・マクシムスの手書本などにのこされている絵もそうした関心をさそっているようにみえる。しかし中世の共同浴場が良識ある聖職者らの批判の対象となるような役割を果たしたのは特定の都市と特定の時期においてであり、地方の小都市や各村々にあった共同浴場の大部分はそうした近代知識人のいじけた猥褻な関心のおよばないはるか彼方にあった。ここでは貴族の城や大都市にあった浴場ではなく、農村や小都市にあった共同生活の場としての共同浴場についてみていくことにしよう。

一日楽しく過したければ風呂へ行け

すでにシーザーはゲルマン民族が「河で混浴」していたことを伝え、タキトゥスも彼らが朝起きるとすぐに「多く湯を用いて沐浴する」と書いている。中世村落や中世都市が形成されてくると、浴場もこうした素朴な段階から脱して共同浴場として独立した建物をもつようになる。現存するドイツ最古の共同浴場の記録はゾーストのもの（一一三〇〜五〇）であり、シュトラースブルク、ケルンがそれにつぐ。しかし都会と違って農村の浴場はのちまでもかなり素朴なものであった。村の浴場の多くは火災をおそれて村はずれの小川のそばにあったが、スイスのカントン、アッペンツェル、ザンクト・ガレン、トゥールガウなどには「パン焼竈風呂」とよばれる浴場があった。パン焼竈の真上が浴室になっていて、熱気が穴を通って浴室の床にのぼり、あるいは栓のついた金属パイプで上の階に導かれ、そこには周囲に腰掛がしつらえてあった。パン屋は風呂の用意ができると角笛を吹きならした。この習慣は一八六六年までのこっていたという。客は角笛の呼び声で集まり、まず別室で衣服を脱ぎ、裸かあるいは浴衣を着て腰掛に順に並ぶ。パンがこんがり焼けはじめるころパン屋が空気孔を開くとパンの香ばしい匂いとともに熱気が室内にひろがる。十分に汗を流したのち身体をこすり、衣服を着て下におり、ワインを飲む、という具合であった。このような地方色豊かな素朴な浴場のほかに、小都市や農村には専用の浴場があった。そこでも入浴の手順は似たようなものであった。風呂屋の呼び声は地方によって異なるが、多くは「ギリギリガイス、風呂はわいたよ、一風呂あびたい者は大歓迎だよ――《バート・イスト・ハイスヴエア・ヴィル・バーデン・イスト・フロイントリッヒ・アイングラーデン》」という形の変型であった。ヨスト・アンマンの『身分と手工業者』(一五六八)は、ハンス・ザックスの筆になる次のような面白い呼び声を伝えている。「お金持も貧乏人も風呂屋へおいで、お湯は熱いよ、香り高い石鹼で肌を洗うよ。さてその次はたっぷり汗かく部屋へ御案内、さっぱりと汗を流したら御髪の手入れ、悪い血は流し、仕上げはたっぷり揉み療治、いい湯かげんの上り湯もあるよ」。こうした呼び声に誘われて訪れた客は脱衣場で衣服を脱ぎ、貧しければお湯をかぶり、金持は三助に灰汁(一般には葡萄の灰、高価なものはカミツレの花が入っている)をかけてもらってマッサージをうける。そのあとでカイコ棚のような台に横になる。すると熱せられた石に水がかけられて蒸気がいっぱいになる。その間、三助が白樺の枝の束などで皮膚をたたく。たっぷり汗をかいたあとで再びぬるま湯をかぶり、身体をこする。洗髪か刺胳をする者はそれからおこなう。それがすむと脱衣場に戻って冷たい水をかぶり、衣服を身につける。

以上は現代風にいえばサウナ風呂であるが、これはドイツでは一二〇〇年ころから普及していた。癩病の予防、治療には発汗療法が最もよいとされていたからだともいわれている。そのほかに日本で一般にみられる風呂桶と似たものも古くから好まれていた。その型はかつて日本でみられた肥え桶を大きくしたようなもので、両端に穴のあいた把手がついている（一一二頁の下段左図参照）。このような浴場はほとんどすべての村にあった。大都会だけでなく各農村にも浴場があったということは、中世庶民の生活のなかで入浴が大きな役割を占めていたことを示している。

十一世紀末か十二世紀初頭にサレルノの医学校で成立したとみられる『養生訓』*Regimen Sanitatis*は、十三世紀末にドイツ騎士修道会士の手でドイツに伝えられたと考えられるが、そこでも入浴が健康の源として大いにすすめられている。中世末期の庶民の生活の指針となっていたさまざまなカレンダーでも、入浴によい日と方法が指示されている。中世人は一般に重い衣服を着て、下着もほとんどつけず、今日ほど頻繁に洗濯もしなかったから、しばしば風呂に入ったのである。だから十六世紀にリンネルの衣服が普及するようになると、かつての毛皮や革製の重い衣服の時代よりも風呂に入る回数がへったのである。実際当時の人びとはシラミとその卵に悩まされていたから、入浴して洗髪することは日常生活に不可欠であり、今日でも目の細かい梳き櫛を虱梳き櫛《ラウゼカム》とよんでいるほどである。このような生活の必要に対応して、入浴は肉体ばかりか魂を清める働きももつものとされていた。前にふれた把手のついた風呂桶が洗礼に用いられていたこともそれと関係があるのだろう。教会の祭日の前に入浴することは精神的醇化をもたらすとされ、貧者に入浴させることは特別な恩寵となった。ノイストリアのある司教は斎日に肉食してしまったので、復活祭の前夜、全市の風呂桶を集めて貧者を夜まで温い風呂に入れ、一人一人の髭を剃り、彼らの腫物を洗い、最後に自分も入浴してさっぱりし、晴れ晴れした気持となった、という。実際に水は浄めの働きをもつといわれ、今日でもライン地方では身体を洗わない子どもは「魔女にさらわれるぞ」とおどされる。

このような心身の健康維持のためばかりでなく、中世の浴場は医院でもあった。熱が出たり、炎症を起したり、鬱血、充血のさいには、人びとは浴場へ行って刺胳または瀉血をするのが常であった。刺胳の最古の記録は六世紀のトゥールのグレゴールの書いた書物にあるから、古くからおこなわれていたことがわかる。「瀉血のカレンダー」があり、特定の日が瀉血によい日とされていた。とくに病気でなくても年に何回か瀉血をすると健康によいとされていたのである。瀉血で流された血は川にすてられた。水の浄化する力によって、病気の原因が流されると考えられたからである。浴場ではさまざまな薬草の湯や発汗療法がおこなわれたし、腫物の処理などの簡単な外科的治療は浴場の主人がおこなった。浴場主はまた膏薬や練り薬をつくる技術を習得していなければならなかったのである。このようにして浴場は中世の都市や農村において、人びとの日常生活に不可欠な役割を果た

中世の浴場（ヴァレリウス・マクシムスの手書本から）

把手のついた中世の浴槽（チューリッヒ，1508年）

中世の蒸し風呂（フランクフルト，1547年）

していた。債権者が債務者を拘束している場合でも、四週間に一度は入浴させなければならないとされているし、ニュールンベルクの「娼家規制令」でも娼婦を四週間に一度は入浴させることを定めている。

そのほか初期には浴場で散髪、髭剃りなど今日の理容店と同じようなサーヴィスがうけられた。また土地によっては浴場の主人は消防をも受けもっていたから、村や都市の共同生活のまさに中心にあったということができる。だから村民も特定の日に浴場に穀物などの生活必需品や燃料の木材をとどける義務を負っていた。そのばあいは湯銭は現物で支払われたことになる。

しかしなんといっても入浴は当時の人びとにとって今日では考えられないほど大きな楽しみのひとつであった。「一日楽しく過したければ風呂へ行け。一週間を楽しく過したければ刺胳せよ。一月を楽しく過したければ豚一頭を屠り、一年を楽しく過したければ若い妻を娶れ」と十六世紀初頭にフランクフルトではいわれていた。このように身分の高低を問わず中世人は風呂を好んだ。手工業者の徒弟は土曜日には一時間早く仕事につき、早仕舞して浴場に走った。彼らはそのために給料のほかに「湯銭」をもらった。それは少額でブレーメン市参事会堂建設帳簿によると二〇人分で四〜六グロッシェンであった。ヒルデスハイムの仕立屋のツンフト成員は、復活祭、ヨハネ祭などの次の月曜日が休みになるとミサのあと浴場へ行く義務があった。このように入浴は共同体成員がそろっておこなう行事としての性格ももっていたのである。湯銭は酒手的な性格ももっており、官吏も湯銭の加俸を受けていた。フランクフルトの市長や事務職員は十八世紀初頭においても伝統的な形で湯銭を受けていた。

修道院領などの農民や葡萄つみ労働者も収穫や葡萄のつみとりののち風呂をふるまわれた。秋の仕事が終るとデンケンドルフ修道院領の下僕には入浴日が定められ、この日に妻をつれてエスリンゲンの温泉に出かけたという。ウィーンのクロスターノイブルクの修道院の帳簿でも十五世紀にしばしば葡萄つみ手に湯銭が出された記録がある。

平和領域としての共同浴場

入浴の必要と楽しみは万人共通のものであったから貧者にも湯銭が与えられた。その多くはいわゆる喜捨（シュティフトゥング）として与えられたものである。すなわち財産家が死後の霊の救いのために資金をのこし、自分の命日に市内の貧民に湯銭を配って善行を施し、貧民に自分の霊のための祈りを期待する。多くのばあい、ほかにビール、パンなどがつけられていた。一八二七年にもミュンヘンのいくつかのツンフトは、死去した仲間の霊をなぐさめるために斎日などに貧民に湯銭を与えていたという。市当局が貧民への無料入浴を浴場認可の条件としている例がヴュルツブルクやイエナ、フライベルク（ザクセン）、ツヴィックカウなどについて知られており、ブラウンシュヴァイク市当局は特定の日に貧民に無料解放するという条件で浴場主に貢租免除を与えている。このような貧民への浴場の開放を「救霊入浴」(ゼールバート)という。入浴の楽しみは大変大きかったから、それを貧者にも分つために浴場からの収入をあてるという考え方が出されているのである。ザクセン都市法によると殺人罪で訴えられた犯人は被害者の縁者と調停が成立すると、死刑となるかわりに、死者の霊の救いのために、貧者に入浴させる義務を負ったという。

身分の上下を問わず客をもてなす最上の方法も風呂を振舞うことであり、多くのばあい食事ののち自宅の風呂ではなく、共同浴場へ案内された。古来酔いをさますには風呂が一番よいといわれていたからでもある。

一四七〇年にフランクフルトの聖バルトロメウス律院《シュティフト》は創立記念祭を祝い、大勢の客を招待し宴会を開いたのち翌日皆でそろって浴場に赴いたという。マイスタージンガーのジングバートもそれに似たものであって、ウルムの記録によると勝者は皆を招待して宴会を開き、ともに入浴したという。同様にニュールンベルクでは中世をとおして結婚式の前に新婚夫婦は親族全員と客をひきつれて浴場へ行ったというし、同様な習慣はベルリンにもあった。

こうした例からも推測されるように、中世の共同浴場は居酒屋と同様市民や村民の社交場であり、特別な「平和領域」であった。そこではいかなる暴力も禁じられ、犯罪者もその内部で逮捕されてはならない「自由」な場所であった。当然そこでは人びとは気をゆるして語り合い、会話はG・ツァッペルトがいうように、ときに鋭い政治的色彩を帯びた。一五一八年にガイラー・フォン・カイザースベルクは「まるで共同浴場でおこなわれているように聖なる秘蹟を嘲弄するユダヤ人や悪しきキリスト教徒がいる」と警告しているし、十六世紀初頭の説教では「共同浴場にいる者は神に背き、皇帝に背をむける異端の輩だ」と述べられている。実際一五二六年六月にはヴァルタースハウゼンの浴場主ハンスはラインハルズブルン修道院を襲撃した首謀者として訴えられている。各地で浴場を中心にして一揆の計画が練られていたと考えられるのである。

十五、六世紀には、かつて中世農民の共同生活の中心であった浴場も領主の簒奪の対象とされつつあった。一五二五年四月二五日、シュヴァルツヴァルトの農民戦争の発端にシュテューリンゲン農民が大審院《カムマーゲリヒト》に提出した要求箇条の第四四条には、シュテューリンゲン農民がみずからの費用と労力をかけて建設した浴場を領主が無法にとりあげて、別の人間を浴場主とし印章と証書を交付してしまったことに抗議し、共同浴場を返せと訴えている。農民戦争はこのように農民の共同生活の中心たる浴場をめぐっても戦われていたのである。

農民戦争の敗北と前後して都市の共同浴場は急速に姿を消していった。その原因についてすでにエラスムスは梅毒の流行をあげているが、風俗史家の多くもその意見を踏襲している。しかし、浴場史研究にすぐれた業績を残したツァッペルトは木材（燃料）の価格が騰貴したこと、梅毒の流行、浴場が堕落頽廃したこと、浴場での治療が禁じられたこと、のちの珈琲店がそうなったように浴場が教会と国家に対する反体制派の溜り場になったこと、とによる弾圧などの、さまざまな原因が絡みあっていたことを指摘している。

燃料についてみれば、フランクフルトのように比較的大きな都市でも市領域内の森林から木を伐り出すことができなくなり、マイン河上流からとりよせている。木材は一四二二年に五シュテッケ（一シュテッケは〇・八七四立方メートル）が約一四シリングだったのが、一四八七年には約一六シリング、一四九七年には二四シリングに高騰している。こうした事態は一五二五年三月にシュヴァーベン農民が出した一二カ条の要求の第五条に領主が森林を独占し、農民は必要な木材を買わねばならない、と訴えられていることからみても大きな原因であったと考えられる。木材の騰貴も浴場が反体制集団の溜り場になったことも、共有地をめぐる領主と農民との長年の対立の延長線上にあり、十五世紀末に一挙に農民の共同生活の拠点であった浴場の存続の問題にまで尖鋭化していったと考えられる。梅毒の流行は主として大都会の浴場が閉鎖される直接の原因であったかもしれないが、それが浴場衰微の唯一の決定的な原因であったとは考えられないのである。

しかし、かつては農村や都市庶民の共同生活の中心をなしていた共同浴場が衰退し変質していったことには、ほかにもより深い事情があったと私には思える。

共同浴場は領域君主（ランデスヘル）や都市領主の所有物として浴場主、または都市、農村の共同体に与えられるか（その場合は一定の賃租、あるいは現物貢租がマルチン祭〔一一月一一日〕に支払われた）、共同体が所有し管理しているか、浴場主が所有者であるかのほぼ三種の所有関係のなかにあった。しかし、W・ガイルによると十三世紀末には都市共同体所有の浴場が多かったという。ランデスヘルが浴場設置権をもっていたときには、浴場の数はしばしば制限された。もとより共同浴場は認可がなければ設置しえなかった。都市は浴場をたいていのばあい世襲レーエンとして与えており、浴場主は自分の費用で管理しなければならなかった。しかし短期の経営のばあいには市が維持費をもつこともあった。ほかに修道院も浴場をレーエンとして与えかつ受けることがあった。その多くは私人の寄進になるものであった。

どのような所有関係のもとにあろうとも、現実の浴場の経営は都市が短期間管理したわずかの例外を除いて、ほとんど浴場主の責任においておこなわれた。浴場主は経営を引受けると特定の日に風呂をわかし、一定数の人員をおき、道具を揃え、個々の仕事について規定された価格を守る義務があった。そのかわりに彼は建築と燃料用の木材を無償で伐り出すことができた。浴場経営は水運び、燃料の調達と大変な労力を必要としたから、共同体所有下の浴場主は、たとえばヴェッテルンゲン村では賦役その他の負担を免除されていた。同様なケースは一三四七年にアウクスブルクでも確認されている。こうした事実からも浴場が共同体の中枢的組織であったことが確認しうるのである。

賤民視された浴場主

すでにみたように共同浴場は中世都市と中世農村が形成されたのちに建設されたものであり、それ以前には浴場主という身分はなかった。この身分ははじめ鍛冶屋、粉ひき、パン屋、肉屋などと同じく正式な身分であったといわれる。しかるにいつのころからか浴場主は賤民身分に数えられるようになっていったのである。

ザクセンシュピーゲルのゲルリッツ・グロッサールによると浴場主は芸人に属し、人命金《ヴェアゲルト》を認められず、いわゆる「影に対する復讐権」しか与えられていなかった。浴場主は武器の携行を認められていなかった。すでに一二五二年にリガのギルドは浴場主とその子どもをギルドの宴会に招いてはならない、と定めているし、プラハでも十五世紀には浴場主や芸人は市参事会員資格をもたなかった。ブラウンシュヴァイクの麻織工組合は徒弟採用の条件として、父母が正統かつ血統の正しい生れであり、ヴェンド人ではなくドイツ人であり、しかも浴場主などの子どもではないこととしている（十四〜十六世紀）。十五世紀にもケルンの金細工組合の徒弟採用にあたって、出身地たるハンブルク市参事会は候補者全員が浴場主などの子ではないという証明を出している。

浴場主らが賤民身分に数えられるにいたったのはなぜか。この問題についてはまだ十分な答えが出されていない。O・ベネッケは浴場主やのちにそこから分化する理髪師が刑吏によって拷問された犯罪人の手当をしたことが、彼らが賤民視された原因であったという。刑吏と同等の者とみなされたというのである。またA・マルチンは、特別な熟練労働を要しなかった浴場の三助・湯女に放浪者や放浪学生などの賤民が数多く流れ込んだことが浴場主が賤民化した原因であったという。G・L・クリークや他の著述家たちは、裸同然の姿で他人に奉仕していたという事実や十字軍以来の浴場の頽廃に、賤民化の直接の原因を求めている。それらの説明はいずれもいまだ説得的なものとはいえない。浴場主が賤民に数えられていなかった地域もあるからである。たとえばハンブルクではすでに一三七五年に浴場主は承認されたツンフトを結成しており、賤民であった痕跡すらないといわれる。また浴場主も武器の携行を認められていたのである。またヴュルツブルクでもツンフトを組織していた。特定の人びとを賤視する普遍的な尺度があったわけではなく、地域における集団形成のディナミークのなかで、そのつど賤視の対象が形成されたとみられるのである。

しかし多くの土地で浴場主が賤民視されたことは疑えない。浴場主はつねにこうした差別に抗議している。一四〇六年に皇帝ヴェンツェルがプラハでベーメンの土着貴族らに捕えられたとき、湯女スザンヌの機転で逃れたことに感謝して浴場関係者すべてを他の手工業者と対等とする解放特許状を与えたといわれるが、V・シュロッサーはこれを偽作としている。一五四八、一五七七両年の帝国警察法令では、各ツンフトに浴場主などの子弟も採用するように定めている。しかし、十八世紀にいたるまで浴場主を賤民視する習慣は消えなかった。ルターも湯女を蔑視する言葉を吐いているし、ゲーテも暴飲する浴場主を描写している。ドイツの諺では「司教か風呂屋か」といえば「すべてか無か」の意であり、「浴場主が司教になる」といえば最低から最高への出世のたとえとなった。

浴場内の対立もこうした差別の激化と存続に拍車をかけていた。本来浴場主は理髪師もかねていたが、浴場株が制限されていたため徒弟の一部は髭剃り、刺胳、外科治療などの技術を身につけ、浴場経営をせずに働かねばならなかった。こうして浴場以外でも髭剃り、刺胳などがおこなわれるようになったため、浴場主と理髪師の間には争いが絶えなかった。フランクフルトでは浴場主は一四〇〇年ころにツンフトをなしていたが、理髪師は一四四〇年ころに独立したツンフトをつくった。両者の争いは流血の惨事をも起したが、十五世紀末に浴場で入浴した者にだけ浴場主が髭剃りと散髪（ナス・シェーレン）をし、入浴しないばあいは理髪師がする（トロッケン・シェーレン）ことで調停された。現在ではトロッケン・シェーレンといえば電気剃刀、ナス・シェーレンといえば通常の剃刀による髭剃りとされているが、この言葉の歴史は十五世紀にまでさかのぼるのである。理髪師は外科医術のほか、刺胳などによってのちに多くの収入をうるようになり、かつての仲間たる浴場主を蔑視し、たがいに争いをつづけているうちに、大学で近代医学を修めた医者に追い越されてしまったのである。

ハンブルクのように浴場主や理髪師が賤民でなかったところでは、彼らが他の刑吏などの賤民をはげしく蔑視していた。いずれにせよ、かつての共同体の中心たる浴場主が差別の対象とされたことも、浴場の衰微、変質だけでなく、中世都市や村落共同体そのものの解体、変質を象徴するひとつの重要な出来事であったと考えられる。その具体的な姿については別の機会に詳しくみなければならない。

7　粉ひき・水車小屋

中世の農村や都市の風景描写に欠くことができないのは水車小屋である。鱒の銀鱗が躍る清冽な小川に水苔に覆われた水車がゆったりと廻っているのを見るとき、私たちは懐かしい故里の生活がそこに息づいているのを感ずる。魚とりをしている子どもたちの声が聞えてくるような牧歌的な感情にしばし浸ってしまうのである。しかしひとたび水車小屋に近づき、その主人たる粉ひきの夫婦や徒弟たちの生活を瞥見するとき、そこにみられるものはいつも変らぬ人間の哀しい生活の営みなのである。

私たちにとっては中世農村の象徴ともみえる水車小屋は、中世の農民にとっては自分たちとは別種の信用のできない人間の住む場所であり、汗の結晶である自分たちの穀物をごまかし、ときには危害も加えられかねない恐ろしい場所として映っていたのである。こうした農民の恐怖や苛立ちは粉ひきについての多くの諺のなかに、そして水車小屋にまつわる多くの伝説のなかに残されている。

「正直な粉ひきは金の指をもっている（ほどに稀だ）」とか「絞首刑を宣告された粉ひきに、

盗みをしない粉ひきを知っているかね、と聞いたら、粉ひきは皆同じさ、と答えた」とか、「粉ひきとパン屋は最後に餓死する連中だ」あるいは「粉ひきの子どもの指はすでに曲っている」などという諺が各地にある。また水車小屋が悪魔の住む場所として多くの伝説に残されていることは周知のとおりである。

コットブスの近くに大きな水車小屋があり、村人はそれを悪魔の水車とよんでいた。この水車には一二も碾臼があったが一二番目の臼に穀物を入れると粉ではなく馬糞が出てくるのだった。人びとは悪魔が貢物として穀物を奪っていると噂していた。ある日遍歴職人が雇って欲しいと立ち寄ったが主人は事情を話して職人は足りていると断わった。ところがこの若い職人は自分がその碾臼を直してあげようと申し出て、修理にかかった。その夜誰も小屋に近づけないように命じて職人は水車小屋に閉じこもったが、いたずら盛りの幼い丁稚がこっそりと粉袋のなかに隠れ、袋に小さな穴をあけて職人のする細工を見守っていた。夜一一時に職人は穀物を入れて水車を廻しはじめた。一二番目の臼からは相変らず馬糞が出てきて臼のなかから「碾くのはわしだ。碾くのはわしだ」という声が聞えた。そこで職人はチョークで臼に十字を三回書き、「今度は俺が碾くぞ、今度は俺が碾くぞ」と唱えた。すると臼のなかから「何をくれるね、何をくれるね」と声がいう。職人は「小屋のなかにあるものは何でもやる。だが人間の魂はここにはないから駄目だぞ」といった。すると突然大きな嘲笑が小屋にこだまして悪魔が姿を現わし、隅に転がっていた丁稚の入った粉袋をこわきにかかえ、壁に大きな穴をあけて出ていった。翌朝主人が起きて丁稚のいないのに気付いたが、どこも探しようがなかった。それ以来すべての碾臼は順調に動いたという。悪魔の出ていった穴は今も残っている（*Mitteldeutsche Blätter für Volkskunde.* 5 Jg. 1930, S. 95 f.)。この話はE・ザイラーが一九三〇年に採集したものであるが、かつての水車小屋に対する村人の感じをよく伝えている話といえよう。

ところで諺や伝説にこのような形で伝えられている粉ひきは中世の農村や都市においてはどのような存在だったのだろうか。

水車の普及と領主の支配

古代ギリシア・ローマ時代以前から庶民の主食はパンと大麦・小麦の粥などであったから、製粉の技術と組織は彼らの生活に密着したものであった。すでに「申命記」には「ひきうす、またはその上石を質にとってはならない。これは命をつなぐものを質にとることだからである」（二四章六節）とあり、古くから碾臼が庶民の生活に不可欠なものであったことがわかる。しかし素朴な乳棒や乳鉢、廻転碾臼や驢馬などの畜力による碾臼を経て水車が一般化するにはかなりの年月を要した。水車の技術そのものはすでに紀元前八〇〇年ころにカルデア地方で発明されていたともいわれ、紀元前一世紀にはローマの技師ヴィトルヴィウスが効率のよい垂直型水車を発明した。この発明は十七、八世紀に初期マニュフアクチュアのもとで使用された水車と原理的には同じものであったから、実に水車の発明は産業革命以前における最大の動力革命だったといえる。

しかし水車が一般に普及したのはまさに中世になってからである。豊かな奴隷労働力をもっていた古代世界においては人力を節約する必要はまったくなく、むしろ飢えた大衆に仕事を与えなければならなかったから、せっかくの発明も実用化の社会的需要をもっていなかったのである。

地中海を中心とした古代世界が衰退し、文化の中心が北のガリアあたりに移ったころ、すなわち中世の開幕とともに水車普及の条件も整った。労働力は減少し、農業を中心とする社会体制への移行は当然製粉技術の普及を促したからである。中世の水車においては上石 Läufer と下石 Bodenstein の間隔が大変狭い碾臼しか知られていなかった。この型は固定式碾臼 Flachmüllerei とよばれ、穀物は一回碾かれるだけであったが、一度でこまかい粉がとれた。しかし穀物の殻もいっしょに粉になったので粉の色はかなり黒っぽかった。のちになっていわゆる可動式碾臼 Hochmüllerei の技術がすすむと、穀物は何回かにわけて碾かれ、最初に粗碾きをして殻を除いて製粉されたから、色の白い粉がとれるようになった（中世においてすでに水車は製粉だけでなく、灌漑や製油、揚水、麦芽製造、刃物の研磨、木材切断、製紙、製布、製革、製鉄など多方面に用いられていたが、ここでは製粉用水車についてのみ扱っている）。

だが技術の普及とは抽象的な表現である。庶民生活を点描しようとする私たちは、ここで水車という技術をとおして庶民にとってどのような生活の変化がもたらされたのかを見きわめなければならない。

かつてK・ランプレヒトなどは「フランク人は皆それぞれにパンを焼き、煉瓦を積み、車をつくった。しかし穀物を碾くには特別な技術が必要であり……それらは共同の費用と労力でつくられた」とみていた。水車が最初は共同体によってつくられたとみる学者はほかにもいた。しかし、史料にのこされている水車はすべて領主の設置になるものである。水車の建設・維持にはかなりの費用がかかった。それにヨーロッパのほとんどの河川の流れはゆるやかであったから、上射（掛）式水車ではなく下射（掛）式水車が採用され、そのために堰堤が必要となったから、水車設置の土地だけでなく水利権をもつ者でなければ水車を設置しえなかった。そして何よりも大量の穀物消費が前提であったことはいうまでもない。だから多くの家臣をかかえた大荘園領や修道院でまず水車が設置されたことは当然であった。大荘園に隷属していた農民が現物貢租を納めていたころには、収穫期には大量の穀物が領主の館に運びこまれ、そこで水車が大活躍をしたと考えられる。十三世紀以降には風車も使用されるようになる。

一般の農民は自家消費用の穀物をどのように碾いていたか。いうまでもなく手廻しの廻転碾臼で碾いていたのである。キリスト教受容以前のスラヴ地域においてすでに八〜九世紀に廻転碾臼の記録が文献にみられ、おそくとも十世紀にはスラヴの村のほとんどすべての農家に手廻しの碾臼があったといわれる。この碾臼はつい最近まで農家でみられたのである。ゲルマン領域においても事情はまったく同様であった。

ところが九世紀後半以降、西欧農業社会に大きな変貌が起った。かつての大荘園所領は分解し、代って各地に成立した農村領主層は分解した大領主の残存諸権利と、かつて王権が官吏をつうじて行使させていた公権をあわせもち、城を中心として一定の領域支配を貫徹するなかで、生活のあらゆる分野にいわゆる罰令権（バン）を行使しはじめたのである。フランスではパン焼竈の「バン」や葡萄酒や林檎絞り器の「バン」、ドイツではビールの独占販売など各種の領主独占が形成され、そのなかで最も有名なのが水車小屋の独占と使用強制であった。それは一定地域に競合する水車の設置を認めず、農民に指定された領主の水車で穀物を碾かせることを義務づけたもので、領主はこのような罰令権の設定によって労せずして多くの収入をあげることができるようになり、面倒な直営地経営を縮小することもできた。この水車使用強制権は十八世紀まで、プロイセンでは一八一一年に廃止されるまで存続していたのである。

ドイツにおいては領主のこうした権利は十二世紀以来国王の大権（レガーリエン）に属するものとされ、具体的には一一五八年にフリードリッヒ一世バルバロッサがロンカリアでおこなった立法によって水利権が大権であることが確認された。この水利大権はあらゆる種類の水利権をふくむものとされ、水車使用強制権もこうして水利大権から生じたものと解された。ロンカリア立法がドイツにも及ぶにつれ、空の鳥、海の魚にまで皇帝の支配権が及ぶとするこの思想にもとづく大権は現実にドイツの支配者となった領域君主が行使することになった。水車使用強制権も帝国から領域君主や都市に委ねられるようになっていったのである。一三〇〇年ころには水車のみられない村はないといわれるほどであった。

みずから額に汗して畑を耕し、種子を蒔き、刈入れをした穀物から貢納、一〇分の一税その他の多くの税を支払っただけでなく、自家消費のためのささやかな穀物にも製粉所を指定され、そのさいに一シェッフェル（地域で異なり、プロイセンでは約五五リットル）当り、一メッシェ（約三・四四リットル）の製粉料（のちにはほかにマールゲルトなる粉ひき賃が加わった）を支払わされていた農民にとって、この水車使用強制権は怨嗟の的であった。農民が日常生活のなかでなんともやりきれない思いに耐えかねていたこの水車使用強制権が、農民の考え及ばないようなはるか彼方の神の恩寵をうけた帝国法にもとづいて、正当なものと主張されていたのである。

手廻し碾臼と水車の戦い

水利大権を委ねられた領域君主や領主といえども、みずから水車経営をおこなったわけではなく、技術に通じた者に経営を委ねた。これが粉ひきである。領主は粉ひきと特別な契約をかわした。プロイセンでは村落建設文書（ハントフェステ）とは別に粉ひきへの契約書が作成され、授与者と受領者が各一通をもっていた。

どこにおいても粉ひきと水車小屋は村落共同体には属さず、独立したひとつの所領をなし、農民より抜きん出た多くの特権をも付与されていた。農民はみな村長の下級裁判権に服していたが、粉ひきはしばしばその所領内で独自の下級裁判権をもっており、裁判収入の一部をも得ていた。水車場は古来垣によって囲まれた特別な平和領域であった。

水車用地は通常一～四フーフェで、小屋用地のほか果樹園、菜園、牧地、耕地が全体で数モルゲンほどあり、ほかに堰、橋、水門など水車の付属設備があった。これらの建設にあたっては粉ひきは近くの共有林から木材を伐り出すことができた。また水流がゆるやかなところでは領主の許可を得てダムをつくらねばならなかったが、そのための労働力は近隣の村民が提供した。水車修理用の木材の運搬、取水路、排水路の清掃なども農民の労役によってなされた。また粉ひきは水車用の取水路やダムなどで自家消費のための魚を獲る権利をもっていたが、それは農民には認められていない権利であった。水車の規模も領主との契約であらかじめ定められた。のちには水車からの貢納額は車（＝碾臼）の数で定められたから、増設などにも領主の許可が必要であった。〇・五～一マイル以内に別に水車を設けることは禁じられていた。こうして水車の独占が保証されていたのである。

粉ひきが領主に納めた貢納額はまちまちで、土地の良否、その他の優遇措置や碾臼の数などによって異なっていた。一般的にいってプロイセンでは水車一台につき一～四マルクであり、最高で計四一マルクという例も報告されている。そのほかに付属の耕地や牧地からもときには農民同様の賃租が徴収されたこともあった。現物貢租としては数羽の鶏、ふとった鵞鳥、家鴨、蠟、胡椒、粉ひき料の一部や鰻などがとりたてられている。賃租は水車経営そのものに課されているのではなく、水車用地と水利利用権に課されているためだ、と考えられている。

プロイセンではほかに粉ひきにだけ課された豚の飼育があった。領主は毎年一定期間痩せた豚（子豚のことか）を粉ひきに預け、粉ひきはそれを肥らせて戻すことになっていた。その数も水車一台につき二～六頭と定められていた。粉ひきはほかに村司祭に一フーフェ当り一年に二分の一シェッフェルあるいは一シェッフェルの裸麦と燕麦を届けねばならなかった。ほかにプロイセンでは粉ひきに軍役が課されている例もあった。しかし原則として賦役は免除されていた。

このように粉ひきはかなり重い負担を領主から課されていたが、他方で支配者から特別な優遇措置によって保護・育成されてもいた。各村民に指定の水車の使用強制を課したことがこの最大のものであったが、プロイセンでは粉ひきは水車小屋で居酒屋開設権をもっているばあいも多く、そこでパン、ビール、塩、肉、魚その他の飲物が売られた。すなわちパンを焼き、ビールを醸造する権利もそのなかに含まれていたことになる。これは大変

下射式水車（左）と上射式水車（右）

粉ひき（マルチン・ションガウアー）

手廻し碾臼（14世紀のミニアチュール）

大きな特権であり、粉ひきは支配者からかなり重い負担を課されていたにもかかわらず、十五世紀の租税台帳からみるかぎり、農民とは比較にならないほどの高い経済的地位に立っていた。

粉ひきの高い経済的地位を支えていた最大の基盤が水車使用強制権にもとづく農民からの収奪にあったから、農民はさまざまなかたちでそれに抵抗した。粉ひきはプロイセンではのちになると古くからの粉ひき料のほかに一シェッフェルごとに一プフェニヒの粉ひき賃をとりたてたから、農民の不満は激化し、数回にわたってシュテンデ（等族）会議で廃止を求めたが、水車からの収入が支配者たる領域君主の大きな財政基盤であったので、簡単には廃止されなかった。一四四〇年五月のエルビングの会議では住民の不満が述べられたのち、支配者たるドイツ騎士修道会はようやく粉ひき賃の廃止を定めた。しかし水車使用強制権は厳然として残っていた。

水車使用強制権はたんに農民の汗の結晶たる穀物をピンハネするというだけで農民の怨嗟の的になっていたのではない。今でも諺にあるように、「早く来た者が先に碾く」のが原則であったが、水車は本来領主のために設けられたものであったから、その利用にも身分にもとづく順序があった。ザールルイの近くのネルバッハータルの判告録では「粉ひきは暇があるかぎり誰のためにも碾かねばならない。だが粉ひきが多忙なときには依頼人は三日待たねばならない。そのばあい粉ひきは待たされている者の子どもが飢えないように、その三日間毎日クーヘンが焼ける程度の粉を与えねばならない……」とある。この規定は一見したところ恩情的にみえる。しかし私たちがこのような農民の立場にあったらどうしただろうか。子どもが飢えないために僅かずつの粉（それも自分が育てた穀物の）を粉ひきから恵んでもらうだろうか。答えは明らかである。たとえ手間はかかっても無料で好きなだけ碾くことのできる手廻し碾臼を使って粉ひき料を節約したことだろう。

実際水車使用強制権という悪法に対してヨーロッパの庶民はいたるところでこの自家用の手廻し碾臼を使って抵抗したのである。領主はいうまでもなく手廻しの碾臼を禁止し、水車独占を守ろうとした。しかし農家の奥深く隠されている手廻し碾臼を全面的に禁止することは困難であった。マルク・ブロックの伝えるところによると、フランスの領主は十、十一世紀にかなりそれに成功したという。しかしその勝利は完全なものでなく、中世末においても手廻し碾臼があちこちでみられた。十七、八世紀においてもディジョンやルーアンでは手廻し碾臼はひとつひとつ追及されたという。

ドイツでも手廻し碾臼の摘発と監視に支配者は全力を注いだが、伝統的にスラヴ人に親しまれていた手廻し碾臼を全面的に追放することは東プロイセンなどでは困難であった。手廻し碾臼に対する国家の挑戦はここでは十九世紀までつづけられたのである。

しかしなんといっても領主と庶民の水車をめぐる戦いのクライマックスは、マルク・ブロックが伝えているイギリスのハートフォードシャーのセント・オールバンズ修道院領の事件であろう。

この小さな町を支配していたのは修道士たちであった。そしてこのあたりには農民というよりは手工業者が多く、とくに織元は領主の縮絨《しゅくじゅう》用水車に対して自家用の縮絨用水車の設置を認めるように要求していた。領主がそれを認めなかったため一二七四年に最初の衝突が起り、晒布台と布地や手廻し碾臼の碾石が没収された。一三一四年にも争いが起り、一三二六年にも市民は家内用の水車や手廻し碾臼の許可を求めた。争いが国王の調停で終っても領主独占の問題は解決されなかった。こうして住民は八〇台もの家内用水車や手廻し碾臼を使用しつづけていた。しかるに一三三一年に癩病のリチャード二世が院長となると修道院側はがぜん攻勢に出て、町中から晒布台や碾臼が没収され、修道士は修道院の床を「あたかもトロフィーのごとく」(ブロックの引用による)碾臼で敷きつめたのである。一三八一年にワット・タイラーとジョン・ボールの一揆が起るや、セント・オールバンズ修道院領の住民も蹶起し、修道院を襲撃し、かつての屈辱の記念碑たる修道院の床石をこわし、もはや碾臼としては使えない石の破片を勝利の記念として「あたかも信仰心あつい信者が日曜日に聖餅をかかげるようにして」(同上)それぞれの家に持ち帰ったという。もとよりこの勝利も永続きせず、住民が強要した特許状ものちに国王の法令によって無効とされてしまうが、それにもかかわらず家内用水車や手廻し碾臼は使用されつづけたという。

不信と蔑視のなかで

ヨーロッパの各地でこのような領主独占に対する庶民の戦いがすばらしい光芒を放って展開されていたことはたしかである。しかし大多数の庶民にとっては、領主独占は重く絶え間ないものとしてのしかかっていた。彼らの目からみると領主独占の手先たる粉ひきは、自分たちの汗の結晶たる穀物をかすめ取る苛立たしい存在なのであった。一袋の穀物を渡し、それが粉となって戻されたときに、素朴な人びとは規定の粉ひき料以上に粉ひきがかすめ取ったのではないかと疑う。自分が蒔き、育てた穀物の力強い手触りとくらべて、粉となったときの袋の頼りなさと軽さがそうした疑念に拍車をかける。

こうした疑念をはらうために割符が用いられた。それは細長い木片で縦に割られており、穀物を粉ひきに届けたとき、粉ひきは割れ目がぴったり合うかどうかを確かめたうえで、穀物袋の数をこの木片に刻みつけておく。そして一片を農民が、一片を粉ひきがもつ。こうして引渡された穀物の量の証拠とする。しかしのちの諺にあるように「粉ひきが何か割符に細工した」などといわれ、確実な証拠とは信じられなかったのである。

そのうえ粉ひきは自分たちの仲間ではない。村から離れてポツンと立つ水車小屋に住み、そのまわりにあるのは川と森と畑のみである。粉ひきを監視する者は誰もいない。粉ひきは村の寄合いにも加わらない。粉ひきは一五七七年にいたるまでツンフト加入権をもっていなかった。そうした人間に自分の穀物を碾かせねばならないのである。さらに粉ひきの背後には領主権力があり、水車使用強制権の源泉は皇帝立法にあるという。そうなると素朴な庶民にはもはや理解を越えた異質な何かが、水車小屋と粉ひきの周囲にたちこめているように思える。

粉ひきが裁判権をもっていることも彼らの恐怖の念をさらに深める。水車小屋に誰かが逃げこんでも裁判によるほか踏みこんで捕えることはできなかった。水車小屋もアジールの機能をもっていたからである。領域君主はときには裁判費用を節約するために、粉ひきに絞首台用の梯子を出させることがあった。このような措置は粉ひきに対する村民の不信感に決定的な根拠を与えてしまう。粉ひきは賤民たる刑吏とつながる者として、いつしか賤民視されてゆくことになる。なんの罪もない粉ひきの妻がつねに伝説やそれにもとづく文学のなかで美しいが不実な女として描かれているのも、こうした粉ひきに対する恐怖と不信を背景とするものであった。水車小屋はしばしば娼婦宿のような役割を果したといわれる。

すでにカール大帝のころから粉ひきに対する悪評は聞かれ、粉ひきの子弟は聖職につけなかったといわれる。こうして粉ひきはいつしか賤民視されるにいたった。その経過や実体についてはW・ダンケルトに穀物の生死をめぐる秘儀や性的象徴にもとづく解釈があり、この分野に興味ある視点を提供しつつあるので機会を改めて詳論しなければならないだろう。しかし粉ひきの背後には水車使用強制権を強要する領主権力が皇帝立法という権威を背負って存在し、収奪を正当化していた事実をダンケルトはまったく無視している。まさにこのような状況のなかでこそ、庶民の恨みは具体的な個々の粉ひきに対する恐怖を裏返した蔑視のなかに澱んでいったと考えられる。

粉ひきに対するこうした賤民視は一五四八、一五七七年の帝国警察法令において賤民視された他の人びとともに禁止された。しかし水車使用強制権が撤廃されないかぎり、農村の庶民の間には身の毛もよだつような殺人・強奪事件も起りかねない場所として水車小屋は伝説のなかで語りつがれ、陰気な悪魔の水車として描かれたのである。

もとより領主と粉ひきの関係もつねにうまくいっていたわけではない。十五、六世紀になると両者の間にも争いが激発し、メルセブルクのペーター修道院の粉ひきヴァレンティン・ナーゲルなどは旧来の権利を守ろうとして修道院と激しく争い、一五二五年六月に一揆に加担したかどで他の市民などとともに処刑されている。居酒屋や浴場の主人と同様に農民戦争のなかで農民とともに戦った粉ひきもいたのである。

いうまでもなく粉ひきの社会的地位は地域によって異なっていた。とくに都市では市参事会が監視を厳重におこなったから、粉ひきは官僚または日雇い的な地位に位置づけられることもあった。一四九八年にフライブルクの市参事会が出した法令によると、粉ひきと徒弟は半年ごとに、不正を働かないという誓いを立て、商取引、とくに穀物の売買を禁じられ、家内にパン焼竈を——自家用は別として——置くことを禁じられ、穀物着服の誘惑をさけるために鶏、家鴨、鵞鳥を飼うことも禁じられた。こうして十四世紀以来都市市民は穀物を碾く必要が生ずると市の穀物係のところで定額の金を支払って「切符」を貰い、その切符をもって粉ひきのところに行く、という手続きもとられた。精製された粉の品質はパン屋が検査する手筈となっていた。そしてパン屋を監視するために「パン監視官」が市参事会と都市共同体の両者によってつくられ、週三回パンを提出させて品質の検査がおこなわれた。

こうして都市市民の間においては水車小屋と粉ひきについての伝説が生れる社会的条件は農村よりも稀薄であったが、それだけに粉ひきに対する蔑視はより深いものがあったようにもみられる。そしてその蔑視は人間の自分自身に対する不信にもとづくものであり、近代的・合理的な監視制度が形成されても、それは人間の自己自身に対する不信を解消するものとはいえなかった。

8 パンの世界

柳田国男は『米の力』(一九四〇)のなかで「食物が人の身も心も共に作り立てるものだといふことを、考へる折はまことに少なく、ましてや之を相饗する者の間に、目に見えぬ連繋が新たに生ずるといふことなどは、忘れたと言はうよりも寧ろ覚えたことが無かつたのである」と述べ、米と餅について次のように語っている。「……我々が呼んで居たモチのやうに、必ず円く中高にこしらへて二つも三つも積み重ね、神の祭には神のみまへに、先祖の日には先祖の霊前に、親を敬ひ寿ぐ日には其親々の前に据ゑて、式を終ると共にそれを分けてもらひ、もしくは正月には家族の各員から、家畜諸道具にまでそれぞ〻名ざしの餅を供へて年を祝ふといふ風習を伴なふものが、果して他の国にもあつたらうか。更に一歩を進めて言へば餅を力とし、一定の日時に神と人と、又は主人と眷属とが共食するといふ方式が、他の民族にも守られて居た例があるだらうか。若し無いとすれば日本にその特殊の理由があつたのではないか……」

柳田国男はたまたま西洋人の宣教師から聞いた聖餐式の儀式からこのような連想をひき

出しているのだが、キリスト教がヨーロッパに普及してゆく以前から穀物とパンとは、われわれにとっての米と餅のような、あるいはそれ以上の役割をヨーロッパの人びとの生活のなかで果たしていた。ヨーロッパ中世の民衆の生活を点描しようとするとき、欠かすことのできないのがパンをめぐる人びとの闘いと憩い、恐怖と慰めの歴史なのである。馬鈴薯が一般に普及するのは十八世紀以降であり、中世においては野菜も今日ほど多くの種類が食用に供されていなかったから、中世の人びとは今日よりもパンに依存する率が高かったのである。

A・マウリチオによるとパンは人類による穀物食用の最も発展した姿であるという。穀物をそのまま、あるいは炒って食べる段階からスープ状にして食べる段階を経て、一方の発展形態はアルコール飲料に、他の発展形態は粥《ブライ》に行く。ブライは豆、米、とうきび、そば、えんどう、燕麦、大麦などからつくられ、最も普及した食物であった。そこからさらに練粉を焼いただけの平状パンの段階を経て、一方は練粉を熱湯に入れるヌードル、マカロニなどに発展し、他方ではこねた練粉を発酵させて焼いたパンが生れる。ところがパンは発酵させるための菌を使用するところから、すでに練粉の段階で当時の人びとにとっては不思議な生命をもっているもののごとくみえ、一粒の麦のなかに宿っている生命の神秘と相まって、パンはそれを作り、食する人びとの生活の核をなすような役割を果たすことになったのである。そこでまず中世の民衆にとってパンがどのようにして彼らの身も心もともに織りなし、それを食する人びとの間にどのような連繫を生んだかをみることにする。

神聖なるシンボル

穀物食用の発展の一つの極としてのパンはどこでも大きな力を秘めているとみなされ、人間の生命を維持する食物とされていた。だから中世の農民にとってきわめて重要な二つの行事、犂起しと種子蒔き、収穫の祭りにもパンは力と恵みのシンボルとしてさまざまな役割を果たしていた。東プロイセンでは種子入れ袋のなかにパン、貨幣、塩と茴香《ういきょう》を入れておくと種子蒔きがうまくゆくとされていた。パンは成長のシンボル、貨幣は犠牲の供物、塩と茴香は魔除けであった。このようなときにはたいていのばあい、クリスマスなどの祭日のために焼かれたパンが用いられた。バイエルンのある告白心得書（一四六八）によると犂の刃をクリスマスの御馳走の卓の下においておくと翌年の耕作は豊かな実りをもたらすとされていた。また一家の主婦は、家族の者と下僕や家畜にも、恵みを分け与えるために祭日用のパンのかけらをとっておく、という。すでに「農民」のところでふれたように、ザンクト・ガレンでは最初の犂起しのち、全員がパン一片を貰った。最初の犂起しと最初の畝作りは、ゲルマン民族にとっても神聖な行事であって、そのときに天地の母、あるいは成長の霊に犠牲をささげる。それが穀物とパンであって犂の上に撒かれるのである。

この儀式はゲルマン全部族に共通のもので、キリスト教がこうした慣習をとり込んでいったことは一〇〇〇年ころの『農業の償い』から推測できる。それによると犂が聖別されたのち、「各種の穀粉をとり、一人の男が掌の大きさのパンをミルクと聖水を混ぜて焼き、それを最初の畝の下におけ……」とある。

収穫のさいにもパンは実りのシンボルとして最初のとり入れた穀物の束と、最後の束とに結びつけられる。これは人間の形をした練粉でつくられることもあり、収穫ののち皆に配られる。今年の新しい穀物の粉からつくられたパンも、ひとつの儀式のなかで司祭によって村落共同体全員に分けられ、それは恵みを皆で共有することなのである。最後にとり入れた穀物の束からつくられたパンは、シュレージエンでは魔除けの力や病気を治す力をもつとして家族全員に配られた。このような新しい粉からつくられたパンの儀式は、今日では貧民への喜捨のパンのかたちをとっているという。スコットランドでも全家族がこのような新しい粉から大天使のために大きなクッキーを焼き、家中の者がそのかけらを貰う。それを食べれば健康に恵まれるといわれる。ここでは成長や実りの霊の代りに、大天使が登場し、キリスト教がこの伝統的な初物の供犠を、教義にとり入れたことを示している。ボヘミアでは新しい粉でつくられたパンを食べるときには、パンをもった右手を頭のうしろにまわして左側から食べる。これが容易にできるとその年は物価が安く、さもないと物価が高くなるという。これなどは最初は健康を占う儀式だったものが、どこかで変ってしまったものと考えられる。

種子蒔きと収穫のさいの成長と実りのシンボルとしてのパンは中世の人びとの家庭にとってはかけがえのない食糧であり、生存と家族の絆のシンボルでもあった。南スラヴではひとつの家共同体が分けられるとき、それまでの家長が、別れてゆく者と残る者の数だけパンを切りわけて与える。これからは自立してゆく各家族は、自分の力でパンを手に入れなければならないのである。パンは実にひとつの家族の連繫の絆だったのである。『旧約聖書』の「詩篇」にも「わたしの信頼した親しい友、わたしのパンを食べた親しい友さえもわたしにそむいてくびすをあげた」(四一篇九節)とある。「ひとつ釜の飯を食った仲」と同じような意味をパンももっていたのである。

キリスト教が浸透してゆくなかで、成長や実りの霊への畏怖はその教義のなかにとり込まれ、中世の説教ではマリアは耕地であり、それが神の露をうけて穀物を生むとされ、イエスは生命のパンであると説かれていた。パンは天の贈物でもあり、パンを誤っておとしたらただちに許しを乞わねばならない、といわれた。ラインラントでも子どもがパンをおとすと神様が来るぞと叱られた。チロルでもパン屑を大切にして貧民に分け与えるよう子どもらに教え、そうしないとフラウ・ヒュットのようになるぞとおどされた。フラウ・ヒュットはほかに何もなかったので、自分の子どもの汚れをパン屑で拭いたため、罰として石にされたのである。飢饉のときに貧民にパンを拒んだ者が石になった、という伝説は各地に伝えられている。スイスのジンメンタールでは「天から三つのものが降ってきた。ひとつは太陽、ひとつは月で三つめが日々の聖なるパンである。これがすべての悪を斥け、防ぐ」といわれた。聖なるものとしてのパンは家族成員の生命を養い、家の絆のシンボルとなるだけでなく、あらゆる災害から家人を守る護符でもあったのである。

P・ザルトリの伝えるところによると、パン種を仕込んだ練粉には十字の印をつける。そしてパン焼竈に最初に入れるパンにも十字の印をつける。これは十字印パン《クロイツブロート》とよばれ、最後に食べるという。

中世末に各地でおこなわれた魔女裁判の記録でも、魔女の宴にはパンはほとんど登場しない。魔女はパンを怖れ、とくに十字の印がついていると近よらないといわれた。このような魔除けとしては、自家製の黒灰色のパンが最も有効とされ、しかもパンの外側の堅皮が魔除けとして最も効果があるといわれた。パンの皮を好んで食べる者は幸運を約束されているという。貨幣を綺麗な水で洗い、塩とパンをそえておくと龍も悪人も手が出せないといわれたし、厩にもパンと塩をつるして魔除けとした。

パンのもつ神聖な性格は裁判にも用いられた。いわゆる「パンの裁判」Iudicium offaeにおいては盗人の疑いをかけられた者は祈りと誓いののち、からからの大麦のパンと山羊または羊の乳でつくったチーズをのみ下さなければならない。そのパンには「詩篇」の引用文や主禱文などが刻まれており、被疑者がそれを嚥下できれば無罪、できなければ有罪とされた。被疑者は「このパン一片よ、われに死をもたらせ、もしわれが真実ならざることを述べしならば」と唱える。このようなチーズなどの神託裁判は一四五五年ころにも民衆の間で一般におこなわれていたといわれる。

メクレンブルクやスイスなど多くの地方でも盗人に盗品を戻させるための呪文にパンと塩が使われる。

パン三片と塩三つまみとラード三片を用意し、強い火を起してその上におき、次の言葉を唱えて人を遠ざける。「汝盗人のためパン、塩とラードを火の上におけり。そは汝の罪と放縦の故なり。汝の肺、肝臓と心臓の上にそをおかん。そは汝にあたかも死に至らんまでの大いなる苦痛を与えん。汝が盗みし物を元の場所に戻すまで苦痛は絶え間なく続かん。」これを三回唱えてそのつど尊き御名を唱える。

こうした悪魔や犯罪に対するお守りとしての役割のほかに、パンは水の精や風の神、嵐の神をなだめるためにも用いられていた。エンツ河の水の精はキリスト昇天祭の日にファイヒンゲンとビーティッヒハイムの近くで、パン一塊、羊一頭と人間一人を犠牲として捧げるよう要求したので、それ以来この日には誰も泳がなくなったといわれる。本来水利工事などには人間や動物を犠牲として捧げていたのが、のちにパンに代えられたのだといれる。オーストリアでは練り歩いたのち聖職者が聖別したパンを水に投げる。これも古い儀式を教会がとり入れたものとみられる。

同じようにシュタイエルマルクでは聖ブラジウスの日（二月三日）にミルクとパンを戸の前におき、風の精に供える。低地オーストリアでも一二月二〇日に屋根の棟木の上に粉と塩をおく。風がこの供物を受け取れば嵐は怖れなくてもよいが、さもないと嵐の用心をしなければならないという。風や嵐の精が荒れ狂うとパンの柔かい部分を窓の前におく。エンメンタールでは屋根の上でスプーンとナイフを十字に組み合せ、その上にパンをおくという。同様に火事に対してもパンは効力をもつとされていた。

パンはこのように悪や災害から人間を守るとされただけでなく、パンには未来が現われているとされ、パンによる占いがおこなわれた。十四世紀に高地オーストリアの聖フロリアン修道院ではパンによってその年に雨が多いか乾燥しているかを占ったといわれる。ヴェンド人の主婦ははじめてパンを焼くとき、最も良く焼けたパンに家人の数だけ穴をあけ、それぞれの穴に塩の粒を入れる。焼きあがったときに穴が黒くなっているとその者は早く死に、穴がもりあがっていると病気になり、穴が大きく広がっていると家を出て放浪する、といわれる。この例なども少数民族としてのヴェンド族の運命を考えるとき、無視できない哀しみを帯びているように思われる。

このような哀しい例だけでなく、パンを使って若い娘は未来の夫を夢みてもいたのである。娘はクリスマスの夜に巻きパンの皮をもってベッドに入り、一晩中それを右腕の下においておく、そして「パンを腕の下にして一夜寝ました。素敵な恋人よ、現われ、ともに食し給え」と唱える。翌朝その皮をしゃぶると一年以内に華燭の典があげられるといわれた。また娘がある男の愛をえたいと願うときにも、謝肉祭の日曜日に母とともに野に出る。そこでベラドンナの根を掘り出し、その穴にパン、塩ならびにブランデーを入れ、帰り路にベラドンナの根を頭にかざして誰とも争わずに家に着くと望みはかなえられる、という。そのほかパンは、ほかの女に心を移した夫を呼びもどすときの呪文にも使われ、ここでも家族の絆としての力をもつものとされている。

以上の紹介（主としてF・エックシュタインなどによる）からも、米や餅をめぐるわが国の習俗が根本においては日本のみに特殊のものではなく、似たような事例はパンを主食としたヨーロッパにもあったことが納得されよう。

村のパン屋と領主

パンをめぐる民衆の多彩な生活習俗は本来家庭の主婦の焼く自家製のパンをめぐる伝統にもとづくものであった。ドイツには二種類のパン焼竈があった。南ドイツにはすでに湖上家屋時代（紀元前二二〇〇～一一〇〇）に半球形の粘土製のパン焼竈があり、それはケルトとローマの影響をうけて南からドイツへ伝えられたものとみられる。この種の竈では大体発酵させない平状パンが焼かれた。別のパン焼竈はスラヴからドイツに伝えられたもので、石で出来ており、パン焼き専用ではなく料理もできた。この種の竈はいわゆる家の中心となる竈で、その上で寝たり、「共同浴場」のところで述べたように、サウナ風呂の役割も果たしたのである。この後者の竈がドイツで優勢になるにつれ、パン焼竈はどの家でも備えられるものではなくなり、こうしてパン焼竈をめぐる民衆の生活の緊張が生れ、そのなかでの哀感が伝えられることになったのである。

「粉ひき・水車小屋」でみたような水車使用強制権と同様なパン焼竈の使用強制権が、一般的にヨーロッパの領主の権利となったから、農民はみずからとり入れた穀物を領主の水車小屋で碾かせ、碾き賃をとられただけでなく、パンを焼くときも領主のパン焼竈を使用することを義務づけられていた。八二二年にコルビー修道院の荘園ではパン焼竈から定期的にパンを受けとる者の数は三〇〇～四〇〇人にも達していた。

大荘園が姿を消す中世後期になっても、竈の設置には大きな費用がかかったから、荘園領主は隷属民に従来のように荘園内の竈を使用させるか、あるいは村落内に竈をつくり、これをパン屋に賃貸したのである。

荘園内のパン焼き小屋には一般に手伝い女がいたが、村のパン屋は耕地も持つ半農半工の手工業者であった。農民はあらかじめ自宅で粉をこねてからパン屋を呼ぶ。パン屋は馬車をよこし、こねた練粉をとりよせ、焼いてから客に届けた。燃料は客が提供することに

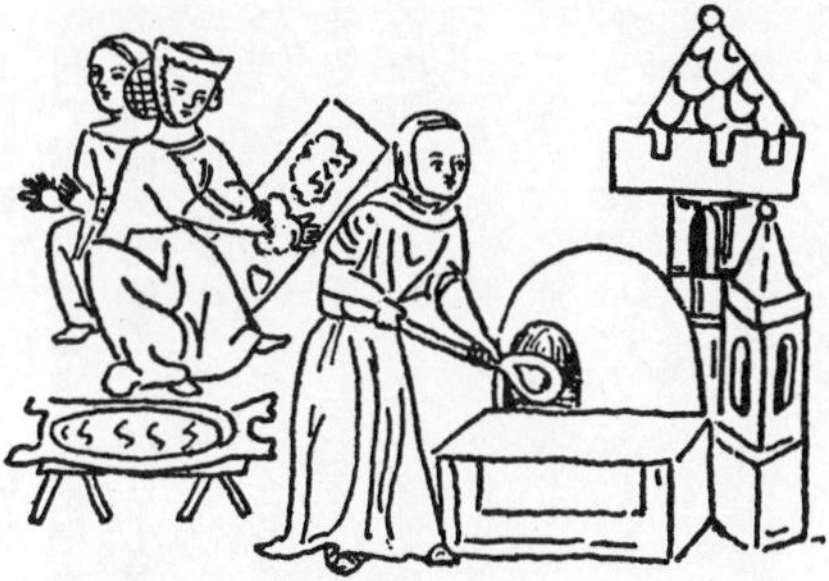

パンを焼く下女（ルードルフ・フォン・エムズ『世界年代記』1350年頃）

パン屋の仕事場（ヨスト・アンマン，1568年）

なっていた。パン屋はパン種とこね槽《おけ》とふるいを提供したのである。一定量の穀粉からつくられるパンの数は詳しく定められており、パン焼き賃はつねに一定数のパンで払われた。パン屋が客の家で粉を練ることもあり、またすべてがパン屋の家でなされることもあった。

村のパン屋は領主の特権を行使したから村内ではやや特殊な立場にあった。農民は自分の一年間の労働の結晶である粉をゆだねるパン屋に対して、つねに警戒の目を怠らなかった。グッテンベルクではパン屋が練粉をパン焼き小屋へ運ぶときは客の前を歩かねばならないとされている。パン屋が粉をくすねないよう監視するためである。またパン屋が粉を練るときに必要以上に多くの粉をふるったときには、客はこね台の上の粉を手でかきよせる権利があった。ただし箒を使ってはならなかった。またパン屋が大きさの不揃いのパンをつくり、一番大きなパンを焼き賃としてとらないように、パン屋は焼き上ったパンをすべて客の家に運び、荷おろしをするときには前か後から数え、残ったパンを焼き賃とする。あるいは客がパンのなかに手をつっこみ、手に触れたパンを代金として与えることになっていた。

のちになると村落共同体が領主からパン焼竈設置の権利を手に入れるケースも二、三みられる。しかし大部分の村のパン屋の地位は似たようなものであった。

十二、三世紀以降、都市のパン屋がツンフト（同職組合）を結成するようになると、半農半工の村のパン屋は都市のツンフト仲間からは一段と劣った手工業者とみなされた。村の人びとにとってもツンフト的精神はなんら自分たちに益をもたらさない市民の団体理念とみられたのである。

パン屋の同職組合と市民

農村のパン屋のこのような実状にくらべると、十二、三世紀に成立した都市のパン屋は都市人口の生命源たる食糧供給の要の地位にあったから、早くから肉屋と並んで半ば公的な性格をもつツンフトを結成していた。成立期の都市は周辺に耕地をふくむ都市領域をもたず、穀物はほとんど移入に依存していたからであり、さらに元来が商業都市であったから、往来する他国の商人や貧民などのためにもパンを市場で売らなければならなかった。したがって都市の成立とともにパンは市場向けに生産され、販売されることになった。とはいえ市民がみずから粉を練り、それをパン屋が焼くという農村でみられたような従来の形も、長いあいだ商品生産と並んでおこなわれていた。このような賃仕事としてのパン焼きはツンフトを結成したパン屋などの手工業者によって蔑視され、十六世紀においてもシュテティンの錫鋳工組合は、こうしたパン焼きの賃仕事をする人びとの子弟を「賤民」として彼らの組合に入れなかったほどであった。

都市の賃仕事としてのパン焼きも農村と同様であった。客はパン屋に練り上げた粉を渡し、パン屋が形をつくって焼くか、あるいは粉を渡すだけで、すべてをパン屋にまかせるケースもあった。パン屋が市民の家に来て粉を練るといった習慣も長いあいだ広くおこなわれており、市民の日常生活のなかでひとつの重要な行事ともなっていた。焼き賃は都市では原則として貨幣で支払われた。

賃仕事としてパンを焼く手工業者はツンフトによって市場向け生産を禁じられていた。彼らはパンを焼く技術を学ばなかったからというのである。十七世紀においてもシュテティンの賃仕事パン屋は巻きパンを焼く権利は認められていなかった。

いうまでもなく、ツンフトとはその仲間にのみパン屋としての営業の権利を確保する共同体であり、その目的はツンフト強制にはっきりと表現されていた。中世都市はほとんど閉鎖的な経済団体をなしていたから、それぞれの市民の仕事の範囲は厳密に限定され、同時に外からの介入に対しても守られていた。パン屋のツンフト仲間のみがパンを焼いて売る権利をもっていたのである。さらにまた市民もパンを買うときには、必ず市のツンフト仲間から買わなければならなかった。こうして生産者と消費者を一体として拘束する規制が、ツンフト強制だったのである。

しかしながら肉屋と同様にパン屋も市民の生活を支配する食糧供給者として公的な性格をもっていたから、市当局は早くからツンフト強制を解除する権利を留保していたし、パン屋が独占価格を恣意的に設定しないよう、市当局がパンの公定価格の上限を定めていた。原則として各種のパンの公定価格そのものは変らず、穀物価格が変動するにつれて、規定されている目方が変更されたのである。しかしそれも穀物価格の変動に反比例して増減したわけではなく、一五〇八年のアーヘンの例では一定限度以上に穀物価格が上っても、パンの目方の減少の割合はより少なくなっており、消費者保護の政策がとられていた。さらに各市民は余裕さえあればみずからパン焼竈を設置しえたし、安価で良質のパンを供給する義務をパン屋が怠ってパン不足が生ずると市当局はただちに農村のパン屋などに自由市場を開かせた。週市のほか一週の数日間、市外から来た自由親方（ツンフトに加わらず徒弟をもたずに仕事をすることを認められている親方）が販売を許されたが、彼らも公定価格は守らねばならず、むしろツンフト親方よりも厳しい条件が課されていた。市の外から持ちこむパンには関税を払わねばならなかったし、売れ残ったパンを村に持ち帰ることも許されていなかった。こうした外からの競争に対抗してツンフト親方たちは農村のパン屋が通常のパンのほか、巻きパンも持ちこむことを義務づけさせたこともあった。農村のパン屋には巻きパンをつくる技術がないことをみこしてのいやがらせであった。それにもかかわらず農村のパン屋のパンは目方があり、質も良いということで大変好評であった。

肉屋のばあいと同様にパンの品質についても厳しい規定があった。シュテティンでは白パン作りは大麦を買ってはならない、という規定さえあった。白パンに大麦を混ぜることは禁じられていたからである。バーゼルでも豆やホップを混ぜると三プフントの罰金のほか、ツンフトから除名された。一七八六年のヴュルテンベルクの規定では砂、明礬、漆喰、白亜、灰、そらまめなどを混ぜることを禁じている。このような規定があるためにかえってわれわれはこれらの混ぜ物がかなりみられたことを推察しうるのである。

食糧不足のときに人間が飢えをしのぐために食べる代用食にも、文明の地域差によって違いがあった。ヨーロッパでは飢饉のときには、このほかに樹皮、切り刻んで碾いた藁、骨粉、水蘚、地衣類などが食されたのである。

中世都市の経済政策は資本のある者が制覇することを防ぎ、限定された狭い市場でも、できるだけ多くの者に生計を立てる機会を与えようとしていたから、のちにはパン屋もいくつかの専門職に細分化していった。たとえばシュテティンでは白パン作り、菓子作り、賃仕事パン屋などに分れていたが、一般には黒パン・白パン作りと、甘酸味パン作りに分れていた。これまでになかった新しい商品が現われると、それはツンフト特権の対象になっていないから、ツンフト外の者でもつくって売ることができた。一七六〇年ころにシュテティンとマグデブルクにフランス人のパン屋が来て、これまで知られていなかったクッキーをつくって売り、いわゆる菓子店《コンディトライ》が店開きしたときにも、彼らはツンフトの抵抗にもかかわらず営業をつづけることができた。

パン屋のツンフトは十七、八世紀にはドイツ都市が経済的に衰退し、人口も減少したことと相まって苦難の時代を迎え、パン屋では生計を立てていけない親方もかなり多かった。このような状況のなかでツンフトの閉鎖性が強められていった。その状況を詳細に説明するゆとりはないが、どのような団体でもその団体に加入を希望する者に対しておこなわれている審査の基準をみれば、その団体の本質が明らかになるものである。

ツンフト加入希望者には周知の加入金、市民権取得、賤民の出身でないという証明、教会の灯明寄金、親方披露宴の費用などのほかに、親方昇任審査作品の作成があった。親方昇任審査作品の規定はすでに一二七二年のベルリンのパン屋組合にあった。シュテティンのパン屋組合の規定では、「ライ麦のパン、巻きパンの短いものと長いもの」をつくることになっていた。しかるにのちになると、この審査はまったくの茶番と化した。一六八一年のナウムブルクの審査規定には九カ条の減点規定があった。㈠粉の練り方が柔かすぎる。㈡竈が冷えすぎている。㈢パンがナウムブルク風でない。㈣パン七個を竈に入れられない。㈤焼いている最中にパンを動かさねばならない（ところがこのようなことは、試験官も日常おこなわなければ良いパンは焼けなかったのである）。㈥全部のパンが同時に焼けあがらない（これも当然のことで試験官でも毎日竈の真中のパンを真先にとり出していた）。㈦巻きパンが規定の大きさでない。㈧仕事をしながら眠っている（審査員たる親方に同時にビールを振舞っていたから、それをいっしょに飲んだのである。審査の雰囲気が知れようというものである）。㈨巻きパンを焼きあげるのに別の場所にずらさねばならない（カッコ内のコメントは主としてW・バットケによる）。

このように瑣末にこだわらなければならないほど、審査の内実は空洞化していたのである。いうならばすぐれた技術者を採用しなければならないとは、誰も考えていなかったのである。試験に失敗すると、以前は遍歴に出たり、徒弟として仕事をつづけて腕を磨いたのだが、のちになると驚いたことに、減点分に金を払えばよいことになっている。中世におけるる社会的使命を終ったツンフトは、こうして腐敗した実状にふさわしいメンバーを加えることによって腐敗の度を早め、十七、八世紀には崩壊していったのである。

Ⅳ 遍歴と定住の交わり

9　牧人・羊飼い

夕陽に映える草原や残雪の消え残る峡谷を、鈴の音を響かせて走る羊の群れとその先頭を歩む羊飼いの姿。そして無心に草を食む羊たちの傍でみじろぎもせずに立ちつくす、表情さえさだかではない彼らの姿をみるとき、私たちは時間を超越した歴史そのものをそこに認めるような感じがする。それは水車小屋に象徴される中世農村の牧歌的なイメージよりもはるかに遠い過去への展望を予感させ、人間がまだ動物と親しく付き合い、自然の懐のなかにあった時代を私たちに垣間みせてくれるような感じがするのである。

実際牧人は人類の歴史とともに古い職業であって、エバの産んだ二人の子どものうち「アベルは羊飼い、カインは農民となった」。そしてカインがアベルを殺害したのもひとつの象徴的な事件であり、以後牧畜を生業とする遊牧民族と定住した農耕民族の争いは絶えることがなかった。ヨーロッパだけに限定してもマジャールの馬飼い、ルーマニアの羊飼い、地中海の羊・山羊飼い、プロヴァンス地方の牛飼いや羊飼い、アルプス地方の牛飼い、ラップランドのトナカイ牧人、南ドイツの移動牧人などが定住農耕文化とその延長線上にある近代産業の圧力のもとに衰退を余儀なくされつつある。農民の世界と牧人の世界は本来たがいに相容れない対極的な生活様式をもっており、しばしば両者はたがいに悪口をいいあい、両者の争いも稀ではなかった。「羊飼いと刑吏は従兄弟同士」とか、「大根と蕪、粉ひきと泥棒、羊飼いと刑吏、どれも似た者同士」「羊飼いが九九人いれば一〇〇人の詐欺師と同じ」などといわれた。

農民にとっては、牧野や峡谷でひとりで暮らす牧人には何か不気味な精霊や悪霊がとりついているかに見え、彼らには自分たちの世界とは異質な魔術的能力が授けられているように思われたのである。しかしドイツの中世農村においては農業は牧畜と密接に絡み合っていたから、本来たがいに異質な移動と定住、牧畜と農耕の併存・共生のなかから独自な生活様式が生れていった。ヨーロッパ中世農村を日本の農村と分つひとつの決定的に重要な要素に牧畜と農耕の共生があったのである。農民とも手工業者とも、都市の住民ともまったく違う世界と歴史を背景にもつこの牧人の職業が農村や都市の生活のなかに組み込まれていたことは、ヨーロッパの農村と都市に人類史の二つの大きな文化的伝統に根差す緊張をもち込み、その緊張はときに多少の軋轢は伴いながらも、ヨーロッパ文化を育むひとつの独自な母体となった。

放牧強制と牧人の共同雇用

牧人にも扱う家畜の種類によってさまざまな職種があり、羊飼いもそのひとつであった。いずれも近代に入ると衰退し、ヴュルテンベルクの戦後の調査では大規模牧羊業者《グーツシェフェライ》は牧人全体の一〇パーセント、中世に最も多かった共同体所属の羊飼いはわずか二パーセント、移動牧人が八八パーセントとなっている。

移動牧畜とは夏にはシュヴァーベンやフランケンの山地で羊に草を食べさせ、秋になって草がなくなるとバルトロメウス祭（八月二四日）のころにはドーナウ河沿いの耕地や平原の刈りあとの畑に移動し、マルチン祭（一一月一一日）までとどまり、雪が降る前にさらにライン河かマイン河のあたりまで行って、クリスマスから三月二五日ころまで冬を越す。ここで仔羊が生れ、母羊と仔羊だけは小屋に入れられるが、ほかの羊は冬中吹きさらしのなかに囲われる。ここで羊飼いは農民の客となり宿と食事を提供され、羊たちは越冬のお礼に十分な肥料を農民の畑に仕込んでゆくのである。春になると農民は種子蒔きをせねばならず、その前に羊の群れは再びおよそ高度差にして九〇〇メートルもある山地に旅立つのである。その移動距離はときには二〇〇キロを越す。第一次大戦前には移動牧羊業者は羊を追ってパリまで出かけ、それが今でも語り草になっている。こうした移動はたんに牧草を求めてのことであっただけでなく、羊毛の育成に一定の温度を保つ必要があったからともいわれている。こうして牧畜と農業は現在でもドイツでは深く絡み合っているのだが、中世においては規模は小さいが、これに似た現象はどの村や町でもみられた。

十三世紀の法書ザクセンシュピーゲルでは三フーフェ以上の土地をもつ者は牧人一人を雇うことができるが、それ以下の土地しかもたない者は家畜を共同体の牧人に委ねねばならないと定めている。これが放牧強制といわれる規則で、その例外は貴族や司祭などだけであった。こうした強制が徹底された原因はいうまでもなく中世農村の特殊な農業経営のあり方からくる耕作強制にあった。

ゲルマン民族は元来遊牧民族であったから、定住してのちも牧畜の方が農業よりも盛んであった。そのため穀草式農法がおこなわれた。それは一定の年数だけ穀物栽培にあてられた土地がつぎには牧草地として数年利用され、家畜の糞尿による肥料によって地力を回復させる仕組みである。ドイツ南部のアルプス地方ではのちまでもこの方法がおこなわれていた。この地方では現在でも牧畜が盛んに営まれている。

他の地域では人口増加と相まって穀物耕作に重点が移り、三圃農法とよばれる特殊な農耕方式が生れた。それはすでに述べたように、主穀である小麦、ライ麦などを作る冬穀作付地、ビールや家畜のための穀物となる大麦、燕麦などを作る夏穀作付地のほかに、年に数回犂を入れるだけで地味の回復をまつ休閑地の三圃に耕地が区別され、これら三圃が交互に輪作される仕組みである。このほかに牧畜用の牧草地が設定されていた。この農法のもとでは各農民はそれぞれの持分地を三圃のそれぞれにもっていたから、耕作、収穫などは共同でおこなわねばならず、そこから耕作共同体の耕作強制が生れたのである。

ヨーロッパの農民の生活は家畜なしには考えられなかった。長い冬の蛋白源としての燻製肉や乳製品、寒い冬の防寒具のほかに交通の唯一の手段としての馬や農耕のための牛、羊、馬などの家畜は家族の一員のごときものであり、貧乏人でも山羊は飼っていた。農家はつねに家畜小屋と同じ屋根の下にあった。しかし家畜は放っておけば畑を荒し、大きな被害をもたらしかねないものだし、各農家が個別に牧人を雇うゆとりもなかったから、共同雇用の牧人が誕生することになる。十二、三世紀になるとはっきりと雇用契約を結んだ牧人がみられた。

牧人は共同体の集会において選出され、委任の儀式がおこなわれる。オストフリースラントではこのときに牧杖と角笛が与えられ、シュヴァーベンでは共同体の費用で牧人のための宴会が開かれる。この宴席は契約のしるしであった。家畜は農民にとってはこの上なく貴重な財産であったから、誰も監視する者のない牧野で家畜の世話をする牧人は契約にさいし誓いを立てねばならなかった。一五七五年オーストリアのビフルバッハの判告録によると、「それゆえ貧富を問わず（すべての家畜所有者に）忠実に仕え、家畜に対するいかなる損害も可能なかぎり防ぎ、その利益のために尽す」ことを牧杖にかけて誓わねばならなかった。

共同体雇用の牧人は中世においては村出身者で、その所有や社会的地位や個人的性向の点で他の村民から区別された者から選ばれたといわれ、ハノーファーの南のエルダクセンでは一六歳以上の男子と定められていたが、女の牧人もいた。しかし多くの村や都市では牧人が居住権を獲得することが望まれなかったので、フランケンなどでは四年以上同じ牧人を雇う共同体はなかった。たいていのばあい牧人は毎年各地を遍歴したのである。

牧人の四季

牧人の仕事は春の聖霊降臨祭（復活祭後五〇日）の前後におこなわれる一斉放牧によって始まった。それは農民の種子蒔きに相当する行事として古来牧人たちの祭りでもあった。放牧は競争でおこなわれ、一番速く牧地に着いた牛などは尻尾に飾りをつけてもらい、しんがりの牛は角の飾りを貰う。牧人にも卵が渡され、最上の朝のスープが振舞われる。娘たちは牧人と踊り、牧人は夜になると笞の音をヒューヒュー鳴らしながら、火の傍で一夜をすごす。

こうして夏のあいだ牧地に放たれた家畜は冬が近くなると一斉に村に帰る。これはたいていのばあいレオンハルト祭（一一月六日）かマルチン祭（同一一日）のころで、いわば農民の収穫に当るものである。だからこの日にも盛大な祭りが開かれる。牧人にはパンとビールや雄羊の肉などの食事が振舞われ、人びとは踊った。牧人もお返しに村役に食事を出した。牧人の報酬が支払われるのもこのときで、多くはミルク、チーズ、パン、バター、卵、穀物、藁などの現物と他に貨幣による賃銀が支払われた。ザクセンシュピーゲルによると家畜の頭数によって各家畜所有者の分担金を定める方法と土地の広さによって定める方法があったが、前者の方法が一般的であったとみられる。しかし家畜の数はつねに変ったから、それのみでは牧人が生活できないこともあったので、家畜の頭数で不足な分はフーフェ数によって徴収された。現物賃銀はいわゆる施物行のなかで与えられた。牧人は農家を一軒ずつ廻って歩き、ハシバミの若枝を渡して、牧人の祝詞を唱え、お礼に卵、クーヘンなどさまざまな贈物を受け取る。この祝詞は人びとと家畜の幸運を祈り、ハシバミの枝は次の放牧の無事を祈願するものである。だから牧人はこの枝を翌年までとっておくようにという。複数の若者が牧人になっているところでは、彼らは鈴を鳴らし、角笛を吹き、大騒ぎをした。こうして放牧と帰村は農民の年中行事のなかでも大きな祝祭的出来事なのであった。

しかし放牧から帰村までの半年以上のあいだ牧人はひとりで孤独に耐え、危険に晒されつづけ、緊張の連続のなかにあった。遠くからみると牧歌的な雰囲気のなかで自然に融け込んでのんびり暮しているようにみえる牧人も、村落社会の秩序、掟や自然の脅威のなかで生きていたのである。

一斉放牧や帰村のさい、村から家畜を追い立て追い込む道も詳しく規定され、家畜が農作物に損害を与えないよう細心の配慮が要求されていた。牧人は寒い夜でも木の下で焚火をすることを禁じられ、ホグバッハ修道院では魚釣りも禁じているし、家畜が森に入らな

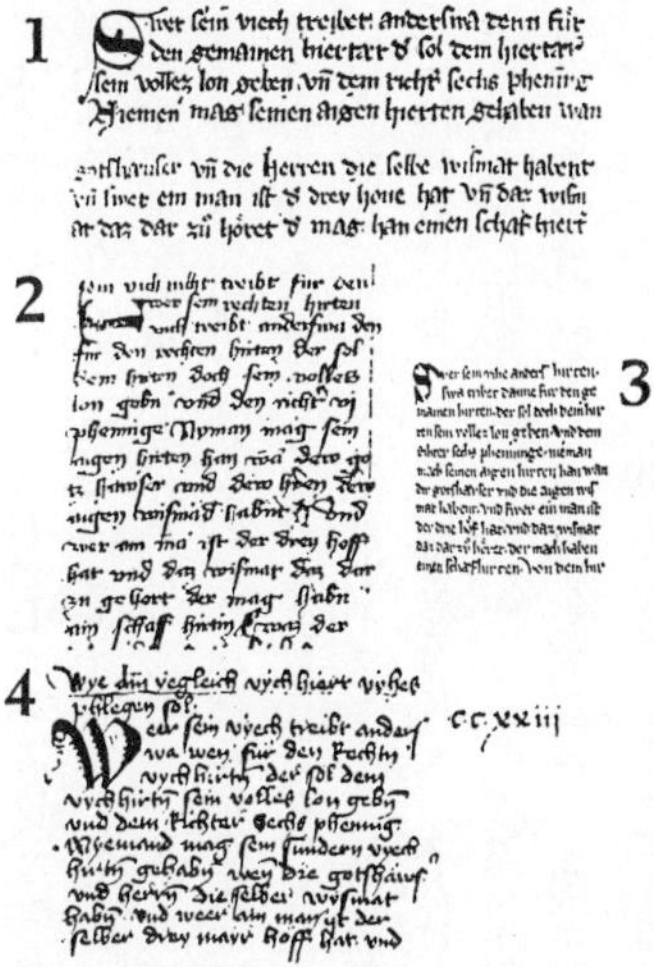

シュヴァーベンシュピーゲル手書本の放牧強制と牧人についての規定

羊の乳をしぼりチーズをつくる（シュトラースブルク，1493年）

牧人と穀物の刈り取り作業（ヴェルスラウの絵入り聖書から）

いようにつねに注意しなければならなかった。森の若芽が家畜に食べられ、村民の生活の源たる森が生育しなくなるからである。家畜が他人の穀物畑に入って被害を与えたばあい、牧人が損害を賠償しなければならなかった。家畜同士が争って怪我をしたばあいには、牧人は自己の怠慢によるものではないことを誓って責任を免れた。損害を受けた家畜の所有者は害を加えた家畜に復讐をすることができた。当時は動物も、刑法上の犯人とみなされたのである。一四二一年のオーフェンの都市法は加害者の家畜を殺すことを認めている。また被害者は害を加えた家畜を差押え、水だけ与えて食物は食べられない状態にし、あるいは届かない距離のところに置き、その家畜が飢えんばかりにする。害を加えた家畜の所有者が被害者に賠償してはじめて差押えは解かれたのである。

牧人がやむをえず市場に行かねばならないようなとき、ネルトリンゲンのヘロルディンゲンでは「家畜の面倒を十分みたのち、昼前には所用を終え、ただちに牧杖を手にして家畜のところへ戻れ」と定めているし、「妻がパンを焼くときは家に戻ってもよいが、最後のパンが竈に入れられたら、ただちに牧杖を手にして家畜のところへ戻れ」とある。このような村落共同体の側からの規制のほかに自然の脅威があった。

中世から近代にかけて牧人の最大の敵はいうまでもなく狼であって、狼による被害がどんなに大きかったかはさまざまな諺のなかに残されている。「練達の牧人ですら年一頭は狼にやられる」とか「狼を恐れる牧人は自分の羊を守れない」「狼と羊をともに養うのは悪しき牧人だ」といった諺が各地に残されている。多数の羊を一人で守る牧人にとって狼に一頭もとられずに守りきることは不可能に近かったから、たとえばハルツ地方では「牧人は狼による被害を除いて他のいかなる損害にも責任を負わねばならない」とし、狼による被害は大目にみられている。しかし狼の被害と称して牧人が羊をこっそり殺したり、売却したりすることを防ぐために、三日以内に牧人は狼の害にあった家畜の死体の一部、すなわち皮か尻尾を提示しなければならなかった。

また家畜が沼や湿地帯で動けなくなり死亡したとき、牧人はそこに牧杖を立て、動物の死体の下に帽子などを置いてそれが自分の不注意によるものではないことを示さねばならなかった。原則として牧人は落度のあるなしにかかわらず、生じた損害の結果について責任をもたされていたが、一四四七年のカルテンゾントハイムの判告録では、眠っている間に家畜に生じた被害にも牧人は責任がないとしており、われわれをほっとさせる。このような判告がきわめて稀であったことは、牧人が一般に過度の重責を負わされていたことをむしろ示すものといえよう。

家畜の病気や怪我も牧人の心痛の種であった。ほかになんの手助けもない牧野での病気に対しても、牧人はみずから処置を講じなければならなかった。牧人の象徴ともいえる牧杖、角笛、笞のほかに彼らはいつも肩から一つの袋を下げていた。その袋のなかには杜松の実や特定のアルプスの花、塩、糠、粘土、大麦の芽などが入っていた。これらの薬草類を用いて牧人は家畜の病気や怪我を治したのであり、その知恵は太古の昔から受けつがれてきたものであった。そしてこの民間医術によって農民もしばしば牧人のおかげで病を治してもらうことができたのである。

「鹿が一頭荒野を行った。緑の牧場で石につまずき、足を折った。そこへイエズス・キリストが来て、油をぬり込んだ。鹿は元気にとびはねた」。この呪《まじな》いの文句はシュヴァーベンの山地で数年前まで唱えられていたといわれ、十世紀のメルセブルクの魔法の呪文を想起させるものである。

自然のなかでほとんど一年の大半を過す牧人はさまざまな知恵を身につけており、秋にとり入れたハンノキの葉を羊が食べれば、一月にすでにその羊の健康状態を知ることができたし、天候を予知することもできた。牧人が高らかに澄んだ声で唱うときは雨のしるしであり、夕焼けの空をみて流血の惨事を予知したという。この最後の例はすでに牧人を神秘化してみていた村人の関心にもとづくものであり、村人と牧人の関係を暗示している。

牧畜文化と農耕文化

民間伝承によると、農業に追われた自然の霊が谷間や牧地に棲んでおり、放牧の前とあとには牧地はこれらの霊によって占拠されていると考えられていた。牧人は一人で牧地や谷間にいたから、これらの自然の霊と深い交渉をもっているとみられたのである。自然の霊は概して友好的であり、貧しくて正直な羊飼いの少年などには霊が手助けをし、報酬も求めずに代って家畜の番をしたという。こうして古くから、農民には与えられていない能力を授けられた存在として、牧人には「賢い人間」という評価が与えられていた。そしてその意味は魔術師、魔法使いという評価に近いものであった。十九世紀にいたるまで農村や小都市の生活でも、ある種の魔術は必要不可欠のものであったから、この点でも牧人はキリスト教受容以前の異教的習慣を農耕社会内部に長く保つのに大きな役割を果たしていたのである。

牧人は五月のある日に一番先に陽のあたる森へ行き、ナナカマドの枝を一気に切りとって戻り、まだ仔を生んでいない雌牛のまわりに人びとが集まっているところに行く。牧人は呪文を唱えながら雌牛の腰と乳房をその枝でたたく。これは早く良い仔牛を生ませるための祈願の行事なのである。牧人はそののちお礼に主婦から卵や金を貰う。その卵で彼は菓子を焼き、ナナカマドの枝は卵の殻や色とりどりのリボンや紙で飾られて牛舎の上にかけられるのである。また放牧のはじめにもその殻を牧地に埋め、その上を家畜に歩かせる。家畜が健康であるための呪《まじな》いなのである。

また牧人は牧地に一種の呪いをかけて病気や狼から家畜を守るといわれ、牧杖のなかにミサのときこっそりくすねてきた聖体をひそめていて、狼などを防ぐともいわれていた。角笛を吹いて悪霊を追い払う能力ももっているといわれ、ジルヴェスター（大晦日）には各家々を廻って角笛を吹き、悪霊を追い払い新年を祝った。また農村では牧人が夜明けを告げ、それを聞いて恋人同士が慌てて別れをつげたことなどが伝えられている。

このような関連からヴュルテンベルクやリューネブルクでは牧人は夜警の仕事を担当し、ベルンでは農村部の警察の下職をつとめてもいた。同じくベルンでは牧人が塵芥集めをし、ヘッセンでは道路工事を引受け、プファルツでは墓掘りをもつとめていた。またところによっては皮剝ぎの仕事をしたこともあったという。ボヘミアでは刑吏をもつとめていた。こうした牧人の副業は家畜を村に戻してのちの冬の生活を支える必要上やむをえずおこなわれたものだが、前述の魔術師としての評価と相まって牧人に対する村人の差別・蔑視の下地をつくっていったとみられる。家畜が小屋に戻ってのち、牧人は村はずれの牧人小屋でひっそりと暮した。そこに家畜につける鈴などが冬のあいだ保管されていたのである。また多くの貧しい村落では冬のあいだ暇になった牧人に学校を委ねていた。夏、羊を飼育した教師が冬は生徒を教育したのである。しかしベネッケによると、学校教師を兼業させたことによって牧人が尊敬のまなざしでみられることなどありえなかったという。十四世紀ころから牧人も賤民身分に数えられ、牧人の子は（名誉ある）ツンフトに入ることができなくなっていた。十五、六世紀の魔女裁判のさいにも、多くの牧人が魔女と接触したかどで処刑されたのである。

牧人が賤民身分に数えられた理由も、皮剝ぎや刑吏を兼ねたことに求められたり、また牧人が容易に人の家畜をわが物とする機会をもっていたことから村民の不信が集中したなどと説明されてきた。「創世記」の羊飼いヤコブが若いころラバンの家畜のなかからあまり公正とはいえない方法で自分の財産をつくったことも、羊飼いの不実の最初の証拠などとされた。

こうした蔑視に対して羊飼いたちもすでに一四四二年ころにマルクグレーニンゲンなどでツンフトを結成し、名誉を守ろうとしていた。ローテンブルクの牧人などがそれに次ぎ、やがて各地に牧人のツンフトがみられるようになった。それらは都市手工業ツンフトを真似て整然たる組織をもち、祭りのときにはツンフトの重要書類を納めた櫃と旗を先頭に、親方が勢揃いして大行列を組めるまでに成長していった。マルク・ブランデンブルクに成立した羊飼いのツンフトはいかなる公的機関にも従おうとせず、独立した組織をもち、都市や農村に戦いを宣しさえしたのである。

一五四八、一五七七両年の帝国警察法令によって牧人は賤民身分から解放され、ツンフト加入権を保証され、一七三一年の帝国法令によってツンフト結成権を与えられた。しかし十八世紀においても牧人を賤民とみる習慣は消えなかった。その理由は決して牧人の誠実さに対する疑いによるものでも、皮剝ぎ、刑吏などを兼ねたことにあったのでもない。ここでこの問題を詳論することはできないが、農耕を主たる生産形態とする北ヨーロッパにおいて牧畜が徐々に生産の主たる役割から退いていったこと、いうならばドイツにおいては中世以来長いあいだ定住して土地所有に生産の基礎をおく貴族、農民、市民が法秩序の主たる担い手であったこと、そのうえ十四、五世紀に都市手工業ツンフトをはじめとして社会の身分編成が急速に閉鎖的に進行したことなどがその背景にあったとみなければならないだろう。

牧畜が生産の主要な部分を占めていた古代においてはキリストみずから「私は良き牧者なり」といい、牧人階層に他の諸階層より抜きん出た地位を与えていたし、それに従ってキリスト教会の聖職者もみずから牧人と称し、司教は牧杖をその聖職の象徴としていたのである。こうした古代の記憶は中世以来疎外されつつあった牧人層のなかに生き残っていた。やがて腐敗せる現代に対する批判として福音的清貧の思想と牧人生活の理想とが結合し、十五、六世紀になると、迫害されていた現実の牧人とはまったく関係なしに、ブルゴーニュの宮廷などでいわゆる牧人文学のあだ花を開かせることにもなった。

牧畜と農耕は人類の歴史的生産様式のなかで二つの大きな潮流をなし、しばしば文明間の対立、衝突の主役とさえなった。しかるにヨーロッパ中・近世の共同体所属の牧人は両者がたがいに補足しあう関係の接点になり、農耕文化に牧畜文化の伝統を絶えず流れ込ませるパイプの役割を果たしているのである。この牧人というパイプがなかったなら、ヨーロッパ文化そのものの発展も決定的に異なったものになったに違いないとすら考えられるのである。

10　肉屋の周辺

遠い昔に遊牧の民であった記憶がヨーロッパの牧畜生活のなかに生きつづけているだけでなく、彼らの食生活は今も牧畜によって支えられている。中世の庶民の日常生活においては、食べることにすべてのエネルギーを注がなければならなかったから、その食料の性質は彼らの生活全体を規定することになったのである。穀類を主食とする民族の食生活とくらべて、肉食の割合の高い民族においては食料が生きて動きまわる動物であり、冷凍技術が知られていなかったころには特殊な加工をしないかぎり保存がきかず、すぐに腐敗してしまうという、この二つの性質は食料供給のシステムそのものを規定するほどの意味をもっていた。ヨーロッパの庶民生活を食料供給の点からみるとき、こうして重要な地位を占めるのが肉屋なのである。

ゲルマン人が肉食をしたことは古くはローマの地理学者メラやカエサル、タキトゥスなどが伝えており、それによるとミルク、チーズ、バターなどがつくられ、牛や馬、豚や羊の肉が食用に供され、その腿肉を燻製にする技術も知られていた。十八世紀前半まで馬鈴薯も大量に生産されていなかったから、それだけ肉の消費量も大きかった。シュトラースブルクのドミニコ会修道院の労働者にかんする帳簿では一日二回肉が出され（斎日は魚）、平均して一人当り毎日六〇〇〜七〇〇グラムの肉を労働者は食べていたことになる。ベルリンでは一三九七年に上層市民は毎日平均三ポンドの肉を食べていたといわれる。一三〇八年にフランクフルトのユダヤ人の屠殺夫一〇名は毎年少なくとも二五〇〇頭の牛を屠殺するように命ぜられていた。ほかにキリスト教徒の屠殺夫が五二人いて同じように屠殺していたから、このころ人口五〇〇〇〜一万二〇〇〇人のこの市の牛肉の消費量は、キリスト教徒の屠殺夫がより少なく屠殺したとしても一人当り一二五キログラムとなり、これは一八〇二〜三年のベルリン市民の消費量の一二倍にも当るという。一五〇二年のニュールンベルク市の肉の消費量は一人当り七五〜一〇〇キログラムであった。

このような大量の肉の消費が可能であったのは、このころの都市人口がきわめて少なく、ニュールンベルクも一四四八年に二万二一九人、バーゼルですら一四五〇年に二万五〇〇〇人くらいしかいなかったこととあわせて、市民が皆多かれ少なかれ家畜を育てていたためでもあった。シュトラースブルクほどの都市でも市民は皆たいていは豚を飼っていた。豚の飼育は、森に追い込みカシワの実を食べさせるなど、飼料が手近に求められたから家庭で容易にできたのである。狭い市内で皆が豚を飼ったから悪臭と騒ぎもはなはだしく、リューベックでは豚小屋は道路と教会から少なくとも五フィート、隣家からは三フィート離さなければならないと定められ、一五八三年には市内での飼育はリューベックでは禁じられたほどである。フランクフルトでは乳牛を飼っていた市民も多く、一三五九〜一四七七年の記録では乳牛牧人が二人もいた。ほかに市所属の羊飼いもいて、羊も大量に飼育されていたことがわかる。毎朝早く牧人が各家から預った家畜の群れを率いて狭い道路を通って市門を抜け、市所有の牧地に向う。このような光景は十八、九世紀までみられたのである。一三七七年にはフランクフルト市民の牛馬合せて一三七頭が盗まれたという記録があり、このころのフランクフルト市の牧畜の規模をうかがうことができる。これらの家畜の多くは秋になると各家庭で越冬の飼料と見合せて屠殺され、燻製あるいは塩漬け肉とされた。フランクフルトではこのような家庭での屠殺は、牛のばあいガルリ祭（一〇月一六日）からマルチン祭（一一月一一日）、豚のばあいマルチン祭から四旬節までと定められていた。こうした習慣はドイツでは十八、九世紀までつづけられ、一家の主人の大切な年中行事の一つとなっていた。

肉屋組合への特許状

しかし都市人口が増加してくるにつれ、このような家庭内での屠殺では大量の需要を賄うことができなくなり、専門職としての肉屋が登場することになる。すでに一一一一年八月一四日の皇帝ハインリッヒ五世のシュパイエル市についての法令のなかに肉屋があらわれ、一一六一年のトリール市の文書には肉屋の親方という言葉がみられ、肉屋がすでになんらかの団体を結成していたことがうかがわれる。一二四八年六月二日にはバーゼル司教リウトルトが同市の肉屋の組合（ツンフト）に与えた特許状が作成された。現在バーゼル国立文書館に保管されている原文ラテン語のこの文書は、肉屋の歴史のなかでも古典的な価値をもつものなので、その主文をみておくことにしよう。

神の恵みによりバーゼル司教たる余リウトルトは自今以後この文書を読む者すべてに伝える。すなわち余は聖堂首席司祭ハインリッヒ、聖堂参事会長ヴィルヘルム、聖堂参事会員全員とわが教会の家人らの勧告により、バーゼル市の肉商の求めに応じて彼らがわが市の名誉と利益のために近時作成したる規制を承認し、市の上手にある上等の売場の肉屋台において上等の肉ならびに従来通りの通常の肉を多種類販売し、他の下級の肉は肉屋台の外において売るべきことを承認するものなり。また肉商ならざるいかなる者もこれらの職業に属する商品の売買によって彼らの秩序を乱さざることとし、同じ肉商の手工業に属する者といえどもそのツンフトの仲間の家を借り、その下男を雇って自己の職業に役立たせてはならないこととする。余はさらに彼らの手工業に親方を与え、以後も彼らの求めに応じて必要によってはその指導と育成のもとに手工業を営むべき親方を与えるであろう。彼らのなかでその秩序に背く者あるときは、余あるいは余の後継者に二シリング、市に二シリングを、彼らの仲間団体がドイツ語でいうツンフトに二シリングを支払うものとする。抗議も免除も認められない。彼らの仲間団体・ツンフトに加入せんとする者は加入にあたりて一〇シリングを支払う。しかし同じツンフトに属する者の子弟は加入にあたりて三シリング支払うものとする。しかるにすでに述べたるごとく、そのツンフトに加わる意志なき者は肉屋台での売買になんらかの持分ももたず、さらにすべての共同団体から完全に排除されるものなり。さらに罰金としての二シリング、ならびに加入のさいに支払われる二シリングはツンフトの利益のために使用され、盛大な祭日には全能の神の栄光をたたえ、さらに処女マリアとすべての聖人のために大聖堂につねに灯明を絶やさざるために使用されるものとする。これらのことすべてのために、余は毎年わが教会の家人を定め、すべてを規則通りに運用せしめ、時に応じて改善すべきことと定めるものなり。証人名ならびに印章（略）

この文書にはのちのツンフトの基本的特徴がみなあげられている点で古典的な意味をもっている。まず肉商がみずからツンフトの規則をつくり、それを大司教が承認していること、さらにここではツンフトに属していない者は肉の売買を許されないというツンフト強制の存在が確認され、ツンフトの親方がおかれ、共通の市場とその配置、ツンフト加入金や規則違反者に対する罰金とその分配、ツンフトの宗教生活などが盛り込まれている。十二、三世紀にはドイツの各都市に各職種ごとにこのようなツンフトが生れ、実に十九世紀初頭に営業の自由が認められるまでドイツ市民の日常生活を全面的に規定してゆくことになる。七〇〇年にわたってドイツの一般庶民の生活を陰に陽に規定したツンフトの生活規制は、それが廃止されたのちにおいても、ドイツ人の職業生活のあり方や隣人との関係、仲間意識や日常の生活規範などのなかに色濃く影をなげかけている。こうした点にも留意しながら、ここでは肉商のツンフトについて観察してみよう。

郵便配達もした肉屋

現在より人口が少ないとはいえ、数千の人間が軒を接して暮す中世都市においては、パンと肉の円滑な供給が市当局の最大の課題であった。市参事会は早くからこの二つの同職組合に対しては大きな影響力を行使していた。そのかぎりで肉屋のツンフトは半ば公的な組織でもあった。十分な畜肉の供給は周辺農村との恒常的な関係や、ばあいによっては近隣諸国との取引を必要とするし、大量の屠殺は放任しておけば、ただでも狭い中世都市内部に悪臭をまきちらし、はなはだしい不衛生な事態を招きかねない。さらにまた季節によっては生肉の腐敗が早く、家畜の病気も多かったから、これらすべてにわたって公的な規制が要請されたからでもある。

どんな町でも中心に市場があったが、それはマケッルム Macellum とよばれ、本来は肉市場を意味していた。中世をつうじて肉屋台はきわめて簡素なもので、二本の足の上に板をのせたものか、引上げてある窓板をおろすとそれが屋台板になる、といった程度のものであった。ときには屋台に牛や羊の絵が描かれていて、何の店かを示していた。この肉屋台の所有権はほとんどの町で市当局か司教、領主、教会などがもっており、それが肉屋に賃貸されるのが普通の型であった。肉屋台の所有者にはかなりの収益が入ったから、しばしば投資の対象ともなった。肉屋にしてみれば、いつ所有者の都合で肉屋台が取り上げられるかわからないきわめて不安定な地位におかれていたから、屋台を立派にしようという配慮はまったくみられなかった。

肉屋台は朝早くから昼まで開かれた。良い肉を安く買おうと思えば、朝早く出かけなければならなかった。そこでは子羊、羊、牛、豚などの肉が売られていた。価格は一般的には市参事会とツンフトの親方からなる価格委員会ともいうべきところで定められたが、長いあいだ目分量で売られ、重量売りがはじまるのは早くても十四世紀以後のことであった。目分量で売られていたあいだは客と肉屋のあいだで争いが絶えなかったから、一三四八年にケルンでは重量で売るよう市参事会が定めたが、肉屋の反対が激しく、徹底しなかった。シュトラースブルクでは一七八九年まで目分量売りがつづいていたほどである。

内臓や腸、焙肉、ハム、ソーセージなどの加工肉を買いたい者は、別に内臓、焙肉などを売っている加工肉屋台があってそこで求めた。また貧乏人でこれらの肉や内臓を買えない者は、市場の外に設けられた嚢虫病肉の屋台で安い肉を買った。嚢虫病は人間に寄生する条虫の幼生でとくに豚に多く、この病気にかかった豚は価格が安かったが、とくに人間に有害とはみなされていなかったのである。いつの時代でも主婦の目は肥えていて、肉屋が表皮と肉のあいだに空気を吹きこんで分量を多くみせたりするのを警戒していた。この吹きふくらましの手は一七八三年にプロイセンでも禁止されており、一九二二年の帝国畜肉監視令でも禁じられているから、古くからのやり口だったことがわかる。そのほか水でぬらして目方をごまかすなどの手口もみられた。乳牛肉を通常の牛肉として売ることは禁じられていたし、別の肉をくっつけて売ることも厳禁されていた。買手には商品を裏返してみせるよう要求する権利があって、こうした肉屋と買手とのやりとりのなかで午前中の市場の時間が過ぎていったのである。

市場は何よりもまず個々の市民の家計の需要をみたすためのものであったから、原則として消費者保護の政策がとられていた。加工肉業者は市場の肉屋台から原料となる肉を買付けたが、消費者と競合したときには消費者が優先されることになっていた。これは家畜市場でも同様であって、肉需要の多いときに市民が自家用屠殺のため家畜の買付けに来たときにも、肉屋よりも市民が優先されることになっていた。クリスマスから四旬節、復活祭から聖霊降臨節（復活祭後五〇日）までのあいだは肉の需要が多かったから、村の肉屋や市外の肉屋が市に入って来て肉を売ることができた。ここにも消費者保護の政策がみられる。

肉屋の側からみると、これも大変精力を要する職業であった。まず一人前の親方になると家畜を買付けねばならない。町の家畜市場では近隣の農民や市民がみずから育てた家畜を売りにくるのが一般であったが、とくにパン屋がパン製造のさいに生じた屑で豚を育てて市場へもちこむケースも多かった。肉屋もここで買付けたが、そこには市民という競争相手がいた。そのほか近隣の農村を馬で廻り、家畜の買付けを定期的におこなっていた。こうして肉屋が定期的に近隣の農村を廻っていたことから、彼らは都市間の郵便物の配達をしばしば委託され、事実上なかば公的な郵便業務を請負ってさえいた。ヴュルテンベルクの肉屋などはそのために他の市民的負担を免除されていたほどである。O・D・ポットホーフによると、トゥルン・タクシスの郵便制度が成立してのちも、この肉屋による郵便は存続していたという。現在ドイツ連邦郵便のマークとなっている喇叭は、はじめ肉屋が到着と出発の合図に鳴らしていたものだといわれている。のちに家畜が不足すると、フランクフルトの肉屋はポーランドやハンガリーなどの家畜をニュールンベルク経由で買付けた。

買付けがすむと肉屋は二〜三日のあいだ検査をうけるために家畜を囲ってのち、金曜と日曜をのぞく日と土曜の午前中に市営の屠殺場へ家畜を連れてゆく。原則として肉屋は自分が屠殺した家畜の肉しか売ってはならなかったから、みずから屠殺するか、リューベックなどでは専属の屠殺夫にゆだねた。屠殺場はほぼ例外なく川のそばにあり、汚物は川に流されたのである。原則としてすぐに血抜きをしたが、小家畜のばあいは頭を切り離し、牛などは斧の背で打って失神させてから血を抜き、皮を傷つけずにはいでから四つ切りにされ、羊などはそのまま売られた。

屠殺の前に二〜三日おいて二度検査官による検査がおこなわれた。すべての家畜は生きたまま市内に搬入され、この検査をうけなければならなかったからである。病気の家畜の肉や腐敗した肉が売られたばあい、中世ヨーロッパにおける疫病流行の経験からみても町の住民が全滅してしまう危険すらあったから、病気の家畜と肉の腐敗には細心の注意が払われたのである。検査不要だったのは、市内で育てられ、市民の家内需要のために屠殺される家畜だけであった。

しかし生きた動物の病気をみわけることは、細菌学がまったく知られていなかった当時にあっては大変困難なことであった。一五五八年のニュールンベルク市の規定では家畜が飼料を拒まなければ健康とされている。しかし肉屋には二〜三日飼料を与えずに検査に連れてくる手もあったので、とうてい有効な方法とはいえなかった。リューベックでは屠殺場はヴァケニッツ河の水面上に建てられていて、そこへ通ずる橋を家畜が真直ぐに渡ってくれば健康とされた。病気と判定された家畜はウィーンではすぐに尻尾を切りとられ隔離

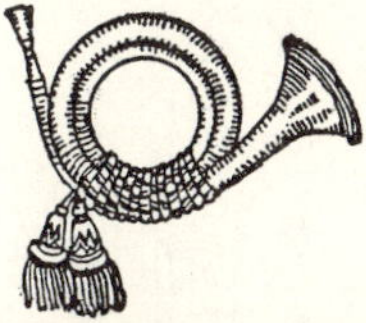
肉屋の喇叭にちなむというドイツ連邦郵便のマーク

中世の家畜取引（14世紀）

肉を買う料理女と肉屋の夫婦（1689年）

牛の屠殺（1025年ころ）

された。

一番多かったのは豚の嚢虫病であるが、これは舌をみれば判定できた。当時は嚢虫病は炎症とみられ、肉に瘤が出来ると結核ですら嚢虫病とされた。のちに原因は血の毒にあるとされ、血抜きがすすめられたが、嚢虫病そのものは健康に害があるとはされず、価格が下がった下等の肉とされたにすぎない。嚢虫病にかかった家畜の肉を売る肉屋台には、小さな布とナイフがかけられていて、それと判別できるようになっていた。

屠殺のときの規定もきびしかった。生後四週間以内の未熟な肉は売ってはならないし、片目、片足、足の悪い家畜や腫物のある家畜も屠殺してはならなかった。ユダヤ教の儀式で屠殺された家畜も、それとわかるようにして売らねばならなかった。それは中世初期にはキリスト教徒には毒とされ、事実一二六六年のブレスラウの会議と一二六七年のウィーンの会議ではその旨宣言されている。

冷凍設備がなかったから、すべての肉は屠殺してから二日間しか売ってはならないことになっていた。土曜日に屠殺した肉は月曜日までしか売れなかった。また病気予防のため、肉屋の親方は徒弟や職人を市条令で定められた公衆浴場へやらねばならなかった。また、シュトラースブルクではソーセージの製造は家のなかではなく、大衆の面前でおこなわれなければならないとしている。不純なものが混入されたり、不衛生な手順がとられるのを警戒していたのである。痘瘡、疥癬、口内癌、口蹄疫などが多く、それらは人間にもうつるとみられていた。

このように当時としては厳格な規定があったにもかかわらず、これらの多くは片手落ちで表面的なものでしかなかった。家庭内での屠殺が野放しになっていたうえ、屠殺場の汚物が川を汚染し、道路上の肉屋台の衛生も良くなかった。また検査には経験をつんだ肉屋の親方がツンフトから選ばれてあたったから、仲間の違反には手ぬるかったのである。衛生上の見地というよりは宗教政策上の配慮などが迷信を助長してもいた。食肉の衛生にかんする最古の規定に、馬肉を食べるのを禁じている八世紀の規則があるが、これとても、異教の神ヴォータンにとって神聖な馬を排除しようとするキリスト教会側の意図にもとづくものであったともみられる。

しかし現実の効果はともかくとして、食肉の供給・管理にこれほどきびしい規定がつくられたということは、一種の運命共同体としての中世都市における生活規制のきびしさを予想させるものである。食料供給の要の地位にあった肉屋の組織・ツンフトはどのような規制をもつものだったのだろうか。

生きているツンフトの規範

中世の肉屋のツンフトを観察するうえで基本的な事実は肉屋台の数が制限されていたことである。他のすべてのツンフトにおいても親方株が制限されていたが、こうした制約は営業の自由が社会的要請となる以前の中世社会においては、ある意味でやむをえない条件でもあった。中世都市が市壁で囲まれた生活空間をなし、つねにほぼ一定数の人口を予定し、それを賄うべき周辺農村地帯の規模もあまり変らなかったことをまず想起しなければならない。一部の人間の移動はあっても、中世都市の人間は一般に自分の生れた町を世界として、生涯そこで暮したのである。

肉屋台の数がきまっていたのに応じて親方の人数も一定で、しかも実質的には世襲であった。したがって親方によって構成される組合・ツンフトも閉鎖的たらざるをえなかった。そしてこの閉鎖的で小人数のツンフトが市の食肉供給の全責任を負っていたのである。そこで最も留意されたことは、混乱を回避し、争いを避けることであった。二日以上食肉の供給がとどこおると、市民の台所は空になってしまったからである。

そのためにツンフトは年一回モルゲンシュプラーへと称する集会を催し、ツンフトの代表者を選出し、家畜の調達・売却の規則、価格、組合員間の争いの調停、裁判、宗教的行事、戦時の武装、競争の排除のための施策などを定めた。そのほかに年四回小集会が開かれた。ここで定められた規則は全員が必ず守らなければならず、罰則もきびしかった。肉の需要の多い復活祭のころに肉を売らない親方は、一年間親方の資格を失った。これは最もきびしい罰のひとつであったが、ツンフトの規約に対する違反の多くは罰金刑であった。集会のときに仲間を誹謗したり、悪口をいったりしてもただちに罰金刑を言い渡された。

集会はツンフトの規約や重要書類を納めた櫃を開くと同時にはじめられたが、その間各親方は序列に従って自分の席につき、勝手に動くこともしゃべることも許されなかった。

ある親方は自分の商品の価格が市場監督官によってあまり低く査定されたのに怒って、「お偉方たちは俺と子どもたちから三〇〇グルデンもとりあげる気か」と叫んだため、一〇〇プフント・ヘラー(一〇〇グルデンに相当)の罰金を課されたという。

ツンフトはたんなる同職組合であっただけではなく、市防衛のための軍事組織でもあり、また組合の祭壇を教会にもっている宗教団体でもあったから、倫理的な規律もきびしかった。集会での武器の携帯や飲酒による乱暴はきびしく罰せられた。神をなみする言葉を吐いた者も当然罰せられ、妻の生存中にほかの女と通じたかどできびしく罰せられた親方もいた。店頭や往来ではだしになったり、すねを出してもならなかった。ツンフトの規約にそむき、あるいは罰金の支払いを怠った者は、ツンフト館内に不服従者としての名札がかかげられた。この名札がかかっている間は集会に参加できず、取引もできず、すべての活動からしめ出されたのである。

ニュールンベルクではとくにきびしい刑罰があった。それは規則に違反した肉屋またはパン屋に対する罰で、捕えられて何日かのあいだ食事を与えられず、そののち群衆のなかを絞首台のところまで引立てられる。絞首台には滑車があり、その綱のはしに籠がつけられていて、そこに入れられる。籠の下には大きな糞尿だめがおいてあり、数日して飢えで耐えられなくなってとびおりると、そのなかに落ちる。全身糞尿まみれになって街の子どもや大人にはやされ、石を投げられて追いまわされ、家へ逃げこむまでこの刑罰はつづけられる。商品の目方をごまかして売ったときには、町の真中の晒台に立たされ、子どもたちの嘲弄の的とされる。

このような刑のきびしさは、食肉供給の独占的な地位にいた肉屋の社会的責任を自覚させようとするものであり、肉屋に限らず多くのツンフトに共通した規律でもあった。

やがて一国市場や国際市場が形成され、食肉の需要供給が市壁を越えた市況の影響を大きくうけるようになると、食肉価格が騰貴しはじめ、庶民の恨みは肉屋に集中するようになる。このような状況のもとにおいては、かつて中世都市に食肉を供給するための組織であったツンフトが、かえって安価な食肉販売の障害となってゆく。肉屋台の数が制限されていたのは、身分制原理の貫かれていた中世都市のほぼ一定した需要・供給の枠のなかで、肉屋仲間に極端な貧富の差や社会的混乱を惹起しないためであったが、それが逆に肉屋の独占的富有化の土台となってゆく。事実このころに大きな富を築いた肉屋が各地に出現し、親方株が事実上ほぼ世襲であったことから、今日までつづく独占的な家系が生れたのである。

ツンフトの組織は近代社会の形成にあたって大きな障害となったことから、その消極的な側面に照明があてられることが多い。しかしひとつの都市のなかでたがいに生活規律をつくりながら暮してゆくうえでの組織としてのツンフトの生活規範の伝統は、今でもヨーロッパの人びとの都市生活のなかで目にみえない規範として大きな流れをなしているように思える。ドイツ人のなかでかつてのツンフトの職名を姓としている人びとが圧倒的に多いことは、たんに姓名だけでなく、その姓のもとに営まれた過去の数百年にわたる職業生活の規範を今も宿しているものとみられるのである。

ツンフトの生活規範が現代ヨーロッパ人の日常生活を深いところでいかに規定しているか、という問題は稿を新たにして論じなければならない大きな問題である。ここではそれとの関連において、ツンフトの祭りにふれておきたい。

ツンフト組織そのものと同様にツンフトの集会も、また祭りも古ゲルマンの伝統をうけついでいる。ニュールンベルクのシェンバルト・ラウフェンとよばれる肉屋と刃物鍛冶師の祭りは、一三四九年のツンフト一揆のとき、肉屋のツンフトが市当局側についたことの報償として皇帝カール四世から開催の許可をえたものといわれ、仮面をつけて大行列を組み、大騒ぎをする。しかしこれも、ザルツブルクやバイエルンのペルフタ婆さんの行列やシュヴェービッシュ・ハルやインスブルックのルンペン行列（フットラーラウフェン）などと同様に春の成長と実りを期待する、いずれも四旬節前のカーニバルと同じ祭りであった。

ミュンヘンでは修業を終えた肉屋の徒弟が一人前になるとき、馬にのってマリーエン広場の泉のところまで連れてこられ、そこで純白の羊皮を着て牛の尻尾をつけ、泉のまわりを三回廻り、そのつど草を泉に投げこむ。最後に徒弟は泉にとびこみ、見物人に水をかける。そういう行事があって、二十世紀初頭までつづけられていた。このような祭りはテルツ、ザルツブルク、その他にもまったく同じような形で伝えられているが、ここでは春の成長と実りへの期待の祭りに成人の聖別式が結びついていて、いずれも古来の伝統を伝えるものであることを物語っている。

これらのツンフトの祭りがドイツ人の民族的遺産として長いあいだ伝えられてきたことを思うと、中世のツンフトの職業生活は近代化されたドイツ人の生活の奥深くで今も根強い感情的基盤をなしているのではないかと想像させられるのである。

V　ジプシーと放浪者の世界

11　ジプシー

ジプシーの少年が川のほとりに坐っていた。その川は泥土が深く渡河困難なところであった。そこにひとりの騎士がやってきた。「おいおちびさん、ここは渡れるかね」と騎士がたずねた。少年は「だんなさんはドイツ語ができるのかい」とききき、騎士が「お前のジプシー語と同じくらいしゃべれるさ。それでここは渡れるのか」とふたたびたずねると、少年は「渡れるさ」と答えた。騎士は渡りはじめたが、あまりの泥に馬が足をとられて、あやうく転倒しそうになるのを辛うじて岸に戻り、怒って「お前はなんでわしに渡れるといったんだ」とどなった。すると少年は「だんなさんはドイツ語ができるといったからさ」「それがどうしたというんだ」「だって僕のお父さんはいつも、ドイツ語さえできればどこだって渡っていけるといってたもん」。

これはF・S・クラウスが集めたジプシーの『民話（ユーモア）集』のなかの一節である。前章までわれわれは主としてドイツの民衆のなかでもこれまであまり注目されることのなかった下積みの人びとを観察してきた。農民、浴場主、粉ひき、牧人・羊飼いなどは、当時の西欧世界のなかでは自分の意志を政治の世界に反映させることのできない、いわば忍苦の生活を強いられた人びとであった。ところがこの民話の主人公であるジプシーの目からみればこれらの人びとですら、ドイツ語ができるというただそれだけの理由で「どこでも渡ってゆける人びと」にみえたのである。

ではこのように西欧社会のすべての層に対して、「俺たちとは違う連中なのさ」という目でみるしかなかったジプシーとは一体何者なのだろうか。そして彼らは西欧の社会史・民衆史のなかではどのような位置にいたのだろうか。

ジプシーが西欧世界に姿を現わしてからすでに五〇〇年以上の年月がたっている。彼らはこの長い年月のあいだ西欧世界の隅から隅まで放浪して歩き、その足跡をみないところはない、といってもよいだろう。実にジプシーの姿をみない地域は世界中で日本と中国だけだとさえいわれているのである。そして西欧においてジプシーはこの五〇〇年以上もの年月のあいだ、ほとんど絶えず弾圧され、追及されつづけてきた。彼らが文書に姿を現わした十五世紀の最初の数十年を除いて、西欧におけるジプシーの歴史は弾圧と受難の歴史であったといってもいいすぎではない。ナチ支配下にアウシュヴィッツでユダヤ人、ポーランド人に次いで大きな犠牲を出したのがジプシーであったことは、わが国ではあまり知られていないようにみえる。

トーマス・マンの『トニオ・クレーゲル』のなかでも、「僕たちは緑色の馬車に乗っているジプシーなんかではなく、ちゃんとした人間なのだ」とトニオはいっている。「ちゃんとした人間」の対極にあるのが今でもジプシーのイメージなのである。

しかし社会史の研究においてはちゃんとした人間だけが対象となるのではない。社会史研究の対象は、どんな生活形態をとろうとも、生きてゆく意志をもった人と人とのつながりの世界なのであり、そうした意味でわれわれはジプシーの世界を観察することを通じて、ヨーロッパの民衆の世界をみなければならないのである。これほど長い間、現代にいたるまでヨーロッパ世界のほとんどすべての人びとから賤視されつづけてきたジプシーの目には、ヨーロッパの定住民の側に立つかぎりみえない何かがみえていたに違いないからである。

心安らかな放浪の民

いうまでもなくジプシーを他の定住民と分つ最大の特徴は放浪生活にある。わずかの例外をのぞいて、ジプシーは定住しようとしない。マリア・テレジア時代のオーストリアでも、また近代の他の諸国でもさまざまなかたちで定住化政策がとられたが、ほとんど成功しなかった。貧困と飢えと寒さに耐えつづけながらも放浪をやめない彼らに、ある農民がたずねた。「なぜお前さんたちはひとつところに落着かないで、あてどなく放浪しつづけるのかね」。ジプシーが答えた。「なぜお前さんたちは、村同士や町のなかでもたがいに争うのかね。俺たちは争いのない村を探して歩いているのさ。そういう村がみつかったらその隣りに俺たちも落着くつもりなのだがね」。これはもとよりジプシーの本音ではない。あまりにしばしばこのような問いに悩まされるために、定住民向けにつくられた答えなのである。

ジプシー自身なぜ放浪しつづけるのか、その理由を知らない。ときには便利で快適なキャンプ地に泊ることもある。そのようなときでも彼らはそこに長居をしない。ジプシーとともに育ったある定住民の子ども（ヤン・ヨアーズ）が、あるときそのような素晴しいキャンプ地を出発することになって気が重くなり、なぜこんないいところをすぐに去ってしまうのかたずねたことがある。そのときジプシー娘は、「さっさと立ち去ることによって、満されない願望にたいする切なさがのこるから、それだけその土地の思い出をだいじにすることができるから」（村上博基訳）と答えたという。この答えすら定住民の子どもの気持を斟酌したうえでの周到な答えとみなければならない。彼らを放浪にかりたてているものは、まさに彼らの歴史なのであって、一人一人のジプシーの選択の結果ではないのである。

どのような理由、事情からにせよ、数百年以上にわたって放浪生活をつづけるかぎり、そこには定住生活にはみられない独自の価値観と人生観が生れざるをえない。

ごく当然自明なことだけをみても彼らは土地を所有しない。放浪者にとって当然なこととはいえ、これは大変重要な事実である。彼らは農業を営まない少数の民族のひとつなのである。定住文化のほとんどすべてが農耕文化としてはじまったことを考えると、この基本的事実が大きな意味をもっていることがわかるだろう。ついで農耕生活＝定住文化から必然的に生じてくる階層分化が彼らの間にはみられない。ひらたくいえば、彼らの間では立身出世という考え方も生き方も皆無なのである。当然、立身出世や社会的序列のシンボルである衣服による差別はない。そもそもジプシーは古着しか着ないのである。ヤン・ヨアーズがジプシーの仲間に加わり、同じ年頃の青年といっしょに新しい服を買って着たとき、養父はいきなり二人の新品の服の襟をびりっと破って、「服は破れすりきれても、お前たちは丈夫で元気でいるように」（同上）といったという。新しい服にこだわってはいけない、という教えなのであろう。

動産としてはわずかに馬（最近はキャンピングカー）と馬車、鍋釜、スプーン、フォーク、ナイフ、鶏、犬、衣類くらいなものである。

このような生活形態を何世紀にもわたってつづけてきたジプシーそのものについては、すでに「ジプシー・ロア・ソサエティ」その他による多くの研究がある。ジプシーの社会生活を調査、研究し、報告するにはそれらの研究のすべてに目をとおし、みずからジプシーとともに暮さなければならないだろう。ここではそのような方法ではなく、これらのジプシーの存在がヨーロッパ社会史にとってどのような意味をもっていたのか、ヨーロッパの庶民にとって、このような価値観をもって社会生活を営むジプシーが彼らの視野から消えることなく、数世紀もその周辺で生活をつづけてきたことが、どのような意味をもっていたのかをみようとするにすぎない。

ヨーロッパにジプシーが最初に現われたのが十四世紀以前であることはほぼ間違いがない。一一〇〇年にアトスに現われたという記録が最古のものであるが、ボヘミア、セルビアが次いで古く、ドイツでジプシーを確認している最古の記録は一四〇七年のものである。同年九月二〇日にヒルデスハイムの市書記のもとに出頭したジプシーが書類を提出し、ワイン約一・五リットルを振舞われている。

その少しあと一四二七年にはパリにも現われ、このときの有様が『パリ一市民の記録』にのこされている。

八月一七日の日曜日に一二名の馬に乗った男女がパリに現われた。縮れた真黒な髪の毛と褐色の皮膚の色、顔には傷（刺青か）があり、粗末な布一枚を肩にかけただけで、「人が記憶しているかぎりでフランスへやってきた最もみすぼらしい連中」であったという。彼らは低地エジプトの出身と称し、かつては善良なキリスト教徒であったが、イスラム教徒に占領されたとき、キリスト教を棄て、イスラム教徒となった。ところがそののち、キリスト教徒の十字軍に占領されたとき、それまでの土地を所有しつづけるためにはローマ教皇の宥しをえなければならないといわれ、ローマへの長い旅に出た。教皇は彼らの罪を宥し、償いとして七年間ベッドに寝ることなく世界をさすらうべきことを命じ、彼らの旅を助けるように司教や修道院長あての書類を作成して渡した。こうしてパリに現われたと語ったのである。全員がそろうと一〇〇人から二〇〇人くらいであった。しかし、そのなかに占いをする女がいて、「あんたの奥さんには男がいるよ」とか、「あんたの旦那はあんたを裏切っているよ」などといって家庭に波乱を起させたり、見物に集まった人びとから金をまきあげたりしたという噂がたち、パリ司教によって追放されてしまった（J・P・クレベールの訳を要約）。

初期にはどこでもジプシーのこのような言葉が信じられた。ここからエジプト人＝ジプシー Gypsy という名前が生じたといわれる。ジプシーは自分たちのことをロム Rom（人間）とよんでおり、ジプシーもチゴイナー Zigeuner もヒタノス Gitanos もすべてヨーロッパ人が彼らをよんだ名前なのである。

セバスチアン・ミュンスターも『コスモグラフィア』（一五四四）のなかで、はじめてドイツに現われたジプシーのことを伝えている。内容は大体『パリ一市民の記録』と一致しているが、そこではジプシーが皇帝ジギスムントの印璽のついた保護状をもっていることが述べられている。それはジプシーが巡礼者として全土を自由に通行しうる通行許可証であるとされるが、セバスチアン・ミュンスターはそれらを「つくりごと」とみている。ジプシーは盗賊集団であり、農民が畑に出ている間に家から物を盗みだす輩だとしている。

皇帝ジギスムントの特許状(一四二三)は、レーゲンスブルクの年代記作者アンドレアス・プレスビテルによってその全文が伝えられているが(クレベール、五八頁)、その真偽については議論があり、確定されてはいない。形式上は疑問の余地のないものとされている。いずれにせよこの特許状のおかげでジプシーの群れは多くの町、とくに北のハンザ都市で親切に受けいれられ、豊かな贈物を与えられた。こうしてジプシーがドイツに到着してから最初の八〇年をジプシーの「黄金時代」とよぶ人もいるほどであった。ジプシーは「聖なる人びと」として畏怖され、手だしをしてはならないと語られていたのである。

ところがすでに十五世紀中葉ころにジプシーはタタールであるとする説が普及しはじめ、おりしも深まっていた社会不安(封建的危機)のなかで、ジプシーがトルコのためにキリスト教国をスパイしているとか、ペストを広めているといった噂が流れたのである。エジプト出身説とならんで長い間ジプシーがユダヤ出身だとする説があった。十四世紀中葉にヨーロッパ全土をペストが襲ったとき、それはキリスト教徒を絶滅しようとするユダヤ人の仕業だとされ、ユダヤ人が泉にペストの毒を入れたのだといわれた。ここからもユダヤ人迫害のきっかけが生れた。ユダヤ人は迫害を逃れて山や崖の洞穴や深い森のなかに隠れ、数年後に出てきたときにジプシーに変身したのだと語られた。十八世紀にいたるまでユダヤ人説はまことしやかに語られていたのである。七年の巡礼期間がすぎても彼らがエジプトに戻る気配がないところから、その言葉にも疑問がもたれ、各都市でもジプシーの存在が不気味に思われはじめたために、贈物を与えて市門の外に退去させるという処置をするところが増加しつつあった。一四六三年には、バンベルク市はジプシーに七プフント・ヘラーを与え、市内に入らないと約束させた。一四四九年には、フランクフルト市（マイン）は実力でジプシーを市から追放した。H・モーデとS・ヴェルフリングによると、これらのいくつかの都市のジプシー追放はまだこの段階では一部の出来事であった。ジプシーにとっての大きな危機は別の方面からやってきたという。

次の章で扱うように中世末期から近代初頭にかけて、ヨーロッパには無数の放浪者、「犯罪者」の群れが各地に流れ歩いていた。定住地をもたない乞食や群盗、巡礼、学生、楽師などや、戦乱などで家を失った人びとがあてのない放浪の生活をつづけていたのである。ジプシーは客を歓待する民族であったといわれる。彼らは定住民の側からはみだした「犯罪者」であろうと、どんな人物であっても助けを求めてきた者を泊め、飲食物を与えた。ゲッツ・フォン・ベルリヒンゲンがジプシーの群れのなかに隠れたことは、ゲーテによってすでに描かれている。官憲から追われた人びとにとってはジプシーの群れは格好の隠れ場所であった。

こうして遠く南の国インドから、いつとは知れぬはるかな昔にさまよい出たといわれるジプシーが、ヨーロッパにおいて社会からはみだした人びとに隠れ家を与え、ともに行動し、R・ブライトハウプトによると、まさにジプシーの群れによってこれらの「犯罪者」、放浪者が組織をもつにいたったという。このときすでにジプシーには、タタールであるとか、トルコのためのスパイをしているといった噂の域をこえて、官憲に追及されるきっかけが生じたのである。

いたるところで「犯罪者」や詐欺師、放浪者とともに旅をしているジプシーの姿がみられた。これらの人びとともにあるとき、肌の色も目の色も違っていたとはいえ、ジプシーは民族の違いをこえて心安らかであった。しかしそれと同時にジプシー迫害の歴史がはじまったのである。

受難の旅路——排撃と定住化策の間で

ドイツにおけるジプシー弾圧は、ブランデンブルクのアルブレヒト・アヒレス(一四一四～八六)によってはじめられた。アルブレヒトは一四八二年に、皇帝ジギスムントの特許状を無視して自分の支配領域内でのジプシーの滞在を禁止した。ドイツ諸侯のなかでも傑出した地位を占め、「アヒレスの家訓」に示されているような領国政策の展開によって史上その名をとどめているアヒレスが、ジプシー弾圧の先鞭をつけたということは偶然ではなかった。領域問題と「平和」の維持には、何よりもまず流動してやまない放浪者対策、とりわけこれらの放浪者の核となりつつあったジプシーを排撃しなければならなかったからである。

アルプレヒト・アヒレスの政策はただちに各領国でも採用され、一四九六〜九八年にはリンダウとフライブルクの国会でもジプシー対策がとりあげられるにいたった。そこで皇帝ジギスムントの特許状は無効とされ、ジプシーは法の保護の外にある者（フォーゲルフライ）とされた。タタールのスパイだという噂がその根拠であったが、皇帝マクシミリアン一世は一五〇〇年のアウクスブルクの国会でこの結論を国会決議条例にとり入れた。

誰でもジプシーを笞うち、閉じ込め、殺す権利があることになり、ジプシーには身分証明書が作成されないことになった。事実一五七一年にフランクフルトで一人のジプシーを刺し殺した男が無罪とされ、人命金すら支払われなかった。ドイツ人同士なら、たとえ賤民が殺されたときでも「影に対する復讐の権利」などが形だけにせよ留保されていたのだが、ジプシーは賤民以下の存在とみなされたのである。このときの裁判官は判決理由に国会の決議条例を引用し、このような連中をドイツに入れるべきではないと宣言している。

一五七九年にザクセン選挙侯はジプシー排撃を宣言しているが、このときの訓令によると、ドイツその他の国の多くの犯罪者がジプシーとともに行動していたことがわかる。ジプシーは発見されしだい財産を没収され、国外に追放される。ハルツでもジプシーが現われたら教会の鐘をならして村人に合図し、警戒体制をとることが定められている。二十世紀の今日ですらジプシーが来たという合図があると、農家の主人たちはあわてて自分の鶏の頭数を数えるといわれており、ジプシーに対する風当りは本質的には今でも変っていないことを感じさせる。

十六世紀末から十七、八世紀にかけてジプシー排撃は苛酷の度を加えていった。今やジプシーに宿を提供した者も五〇ターレルまでの罰金を課されることになり、ジプシーの男は城塞建築労役につかわれ、女は笞うたれてから焼印をおされ、子どもはとりあげられて追放された（一六八六年八月一七日、ザクセン選挙侯フリードリッヒ・ヴィルヘルム一世の布告）。

一七二一年には皇帝カール六世もジプシーを絶滅せよと命じ、ジプシーはいたるところで捕えられ、笞うたれ、焼印をおされたり、首を吊られたりした。プロイセンでは他のどこよりも峻烈な弾圧が加えられ、一七二五年一〇月五日の国王フリードリッヒ・ヴィルヘルム一世の布告では、一八歳以上のジプシーの男女は裁判なしで絞首台に吊すことができるとされている。

皇帝カール五世の刑法典（カロリナ）で、強盗、正常生活離脱者、密かに毒を盛る者などに対して斬首、あるいは真赤に焼いた火ばさみを身体にさし、車輪につけることを認めているが、この刑はしばしばジプシーに対して執行された。ボヘミアではジプシーの婦人の耳がそぎ落され、ザクセンでは指一〜二本を切断された。ジプシーに対する最も軽い刑が国外追放なのであった。

十八世紀にはこれらの弾圧策と同時にジプシーを強制労働につかせ、無償労働を強要する動きも出はじめていた。それは啓蒙思想の影響下で、ジプシーを人間として認めるべきだという考え方がわずかながら生れたことを示しているが、それは同時にジプシーを国家社会の役に立つ存在にすることによって、ジプシーを「救済」しようとする発想に支えられてもいた。こうした発想は当然ジプシーの定住化を前提としている。長い年月にわたるジプシーの追放・弾圧にもかかわらず、ジプシーを絶滅することに成功しなかった経験も与っていたとみられる。

一七六一、一七六七、一七八三年にオーストリアでは、マリア・テレジアとヨーゼフ二世がジプシー定住化の法令を出し、プロイセンでもフリードリッヒ二世がノルトハウゼンの近くのフリードリッヒスローラにジプシー村をつくろうとした。いわばジプシーを他から隔離して定住させようとしたのである(一七七五)。ジプシーはここで織工として働かされた。フリードリッヒスローラのジプシー村がどのような精神史的・社会的位置にあったとしても、そのなかでジプシーの教化に努めたヴィルヘルム・ブランケンブルク夫妻などは献身的な努力をしたには違いない。だがたとえ福音主義的な立場に立ったブランケンブルクの努力がどんなに純粋なものであったとしても、ジプシーを他の社会から隔離して、特定の仕事を与え、キリスト教徒として再教育しようとするその姿勢にはジプシーに対する根本的な無理解があった。つまり独自の歴史と価値観、「文化」をもつ民族を遇する道ではなかったのである。だからこれらの定住化政策はすべて失敗に終らねばならなかった。ジプシーの群れは労働を拒否し、ある夜忽然として姿を消してしまった。再び放浪の旅に出たのである。

フリードリッヒスローラでの実験が失敗に終ってのち、ジプシー問題は再びふり出しに戻った。ジプシーの生活条件と法的地位はさらに悪化していた。モーデとヴェルフリングによると一八四二年にプロイセンでは、生活保護が必要な者に対する扶助は出生以来長く住んでいる村または町がおこなうことを定めた。これは中世以来の、乞食や貧者は共同体が養うべきものであるという原則を再度もちだしたものであった。その結果、村や町の共同体はジプシーを定住させないよう努力することになった。出生証明さえ出さない共同体が続出した。証明することによってその村がジプシーの子を養わねばならなくなることをおそれたためである。

こうして十九世紀の立法は再びジプシーを人間社会の外に立たせた。ジプシーは放浪をつづけながら人びとの嫌う皮剝ぎ、刑吏の下働き、籠造り、パイプ造り、鋳掛屋、楽師として細々と口を糊していたのである。しかし、なかには馬仲買人としてかなり稼ぐ者もいた。

産業革命の進展とともに大都市には多くのプロレタリアートが集まり、中世都市の姿をとどめる旧市街の外に新しい住宅区がひろがりつつあった。大都市にはジプシーにも仕事があったし、官憲の追及もゆるやかであったから、ベルリン、フランクフルト（マイン）、ハンブルク、マグデブルクなどにはジプシーの溜り場ができた。彼らは冬になるとそこへ集まり、そこを拠点として各地を放浪するようになったのである。

一九〇六年にドイツでは、はじめてジプシーに対して統一的施策がとられた。ドイツ国内のジプシーと国外のジプシーとに分けられたが、国境を無視して放浪するジプシーが国籍を強要されることになったのである。一九二八年の法令でドイツ国内に住むジプシーはつねに警察の監視下におかれ、銃の所持が禁止され、保養地や温泉地での滞在も禁じられた。ジプシーは中世と同じく、街道を放浪しつづけるしかなかったのである。

十五世紀末にはじまるジプシー弾圧はナチの支配下で最後の局面を迎えた。ナチによるジプシー迫害は一九三九、一九四〇、一九四三年に三つの波となってジプシーを襲った。一九三九年にはジプシー禁固令が出され、すべてのジプシーの逮捕が定められた。一九四一九四〇年にはポーランドへの移送令が出された。一九四三年三月一日にはすべてのジプシーは逮捕されてアウシュヴィッツへ送られ、そこに送られなかった者は不妊手術を強行されたのである。

実に一九三九年にドイツ国内だけで二万人いたと推定されるジプシーのうち、一万五〇〇〇人が殺されたのである。この数字はもとより推定にすぎず、正確とはいいがたい。D・ケンドリックとG・プクソンの計算では、ヨーロッパ全域でナチ時代に二一万九〇〇〇人のジプシーが殺されたという。別の書物では四〇万人ともいわれている。メルセブルク国立中央文書館にあるジプシー個人記録文書には、ほとんど一枚おきに赤インクで「一九四三年三月一日逮捕、アウシュヴィッツへ送致」と書かれている。モーデとヴェルフリングのいうように、この一行の文字の背後にどれほどの苦しみと涙があったか、同時代人たる私たちにも計り知ることもできないのである。

流浪の文化と定住民

シューマンの歌曲「流浪の民」やビゼーの歌劇「カルメン」などからわれわれが抱いているジプシーについてのイメージは、前節でみてきたジプシーの受難の歴史の悲惨な事実からいかにへだたっていたことか。ジプシーをみたことのない多くの日本人のばあいは無理からぬこととして、実際にジプシーを見知っているヨーロッパの人びとですら、ときにこのようなイメージをもつのは一体どうしたことだろう。

どんなに放浪の精神を愛する詩人でも、個人的にジプシーと接触し、ジプシーを友とした人はほとんどいない。遠い東洋の民への憧憬を胸に秘めながらも、自分が飼っている鶏をジプシーに盗まれたとき、憎悪の念を抑えつづけることは難しいのである。それでもジプシーという名称には、乞食、ルンペンという言葉とは別な、何か未知で神秘的なイメージが隠されている。これはなぜだろうか。

モーデとヴェルフリングは、それをジプシーの人間味あふれるユーモア、周囲の世界への仮借ない批判的態度によるものとみている。「それはあたかも魔法の鏡のようにジプシーに近づくものすべてを映し出している」という。五〇〇年以上にわたる激しい弾圧と極端な差別のなかにありながら、ジプシーは誇り高い自負心と人間に対するやさしさを決して失うことはなかった。彼らの内面生活は大変豊かで自足しているが、そのことは定住民、とくに物質文化の価値を至上のものとして信じて疑わない人びとには理解しえない。しかしジプシーの毅然とした態度、人に媚びることなく、豊かさを羨むこともない、自信にあふれた生活様式は、彼らの群れに神秘的な深みをそえ、西欧人はジプシーをただの乞食とは違った不可解な存在としてみたのである。

一体ジプシーとは何者なのか。彼らはどこから来てどこへ行こうとするのか。すでにみたようにジプシーは低地エジプト、あるいはユダヤ出身と長いあいだ考えられてきた。十八世紀の中葉になってようやく、ジプシーが遠くインドからはるばるヨーロッパまで旅してきた人びとの末裔であることがわかったのである。

一七六三年にハンガリーの神学学生シュテファン・ヴァーリがライデンでインドのマラーバ出身の学生と知りあいになり、たまたまハンガリーの故郷で聞き知ったジプシーの言葉とインドの言葉との類似点に気付いた。これがジプシーをインドと結びつけた最初の報告といわれている。

ジプシーの言葉がサンスクリットと密接な関係にあることを言語学的に立証したのはA・F・ポットの研究『ヨーロッパのジプシー』(一八四四)であった。それ以後多くの研究者がとくにイギリス、フランスでジプシーの研究に従事し、今ではインドのドーム、ビハール、ベディヤ、ガルガリア、といった種族がジプシーとなんらかの関係があったのではないかとみられ、ジプシー語の分析をつうじて彼らがどのような道筋をたどってヨーロッパに現われたのか、その足跡もおおよそのところは明らかにされている。

本来は狩猟民族であったと考えられるジプシーが、いつ、そしてなぜインドを離れて放浪の旅に出たのかは、今でも謎につつまれている。ジプシー自身、自分たちがどこから来たのかを知らない。しかし彼らが口伝で伝えてきた民話のなかには、インドで生れたとみられるものが多く(W・アイヒェレによる『ジプシーのメルヘン』参照)、言語学上の結論を裏づけているように思える。

数世紀にもわたる放浪の生活を彼らは独特の職業で支えてきた。文明化した地域で狩猟を営むことは不可能だったから、彼らは針鼠、鼠、鳥など、定住者が食用にせず、嫌っている動物を食料とし、蛇、猿、熊、山羊などに芸を仕込んでは見世物興行を糧としてきた。また鋳掛屋の技術にすぐれたジプシーはそれを職業とし、そこからカルデラッシュという名称が生れた。マルチン・ブロックなどは、ジプシーの鋳掛技術は世界でも比類のないものだとさえいっている。今でもスペインに彼らの姿をみることができる。

遠くペルシアの詩人フィルドゥーシが『王の書』のなかで伝えているように、最もジプシーにふさわしい職業はいうまでもなく音楽と舞踊であった。それは本来は自分たちの楽しみのためであったものが、のちに職業に転化したとみられている。ゲーテの『ヴィルヘルム・マイスターの徒弟時代』第八章に登場するミニヨンの卵の踊りは、異国情緒ゆたかなジプシーの踊りがいかに西欧人を魅了したかを伝えている。綱渡りやアクロバットもジプシー特有の見世物であった。

ジプシーの医術は野草についての豊かな知識にもとづいており、とくに馬などの動物についての知識は驚嘆すべきものといわれるが、あとでふれるような秘密主義のため、今でもほとんど解明されてはいない。

ジプシー占いとして世界に知られた技術については評価が分れている。ヤン・ヨアーズによると、ジプシーはこれをまったく異邦人相手の商売としておこなっており、彼ら自身は仲間のあいだで占いをすることは絶対にないという。

馬の仲買人としてのジプシーの腕前は前述の医術と結びついたものだが、この職業は比較的あとになっておこなわれるようになったものといわれる。

なんといってもジプシーの職業の代表的なものは、楽器、とくにヴァイオリンの演奏と舞踏であった。ジプシーは生れながらの芸術家、俳優といってもいいすぎではないのである。彼らは生れるとすぐに異国の人びとの好奇な目にさらされ、死ぬまでそのようなまなざしを逃れることはできない。彼らは異国のなかに生き、ときたま十字路などで仲間と出会う以外に、故郷も故国ももたずにすごすのである。彼らは一生のあいだ異国民の目を意識し、それを念頭において演技をつづける。そこから彼らには自然の世界とガッジョ（ジプシー以外の人びと）の世界に対する独特な態度が生れる。

定住民は幼いときから親しい自然にかこまれて育つ。定住民にとっては樹木や小川は、樹木一般、小川一般として存在しているのではなく、自分が小鮒を釣った小川、自分がかつて兄や弟といっしょに枝にのぼり、果実をもいだ木として記憶にとどめられている。この木や小川は他のものをもっては替えることのできない、かけがえのない至上のものなのである。いわばそこには執着がある。他国に移住した人間が老いたとき、故郷の自然への憬れの気持をおさえられなくなるのも、定住民にしかない自然とのかかわり方によるものである。だから定住民には自然そのものを普遍的に捉えるうえで、決定的な制約がある。ときたま旅に出て他国の森のなかをひとりで歩むとき、定住民は森の静寂に感動しながらも、そこに幼時の自分をみることはできないのである。その森と自分の一生とは、たった今そこにいるという点でかかわっているにすぎない。

しかしジプシーにとっての自然は、それとは違っている。彼らはひとつの場所に数日しか滞在しない。すでに引用したように「さっさと立ち去ることによって、満されない願望に対する切なさがのこるから、それだけその土地の思い出を大事にすることができる」というとき、その思い出はジプシーにとっては、具体的なそれぞれの樹木や小川と自分たちがかかわったそのかかわりの深さだけでなく、そのようにひとつひとつの場所や樹木、小川と何世紀にもわたってかかわりつづけてきたジプシーの旅のすべてを意味している。ジプシーの子どもたちは祖父から遠いロシアの平原を旅してきたときの話を聞くと、その話にでてくる樹木や小川、熊や狼はそのまま彼ら自身の体験として思い出になる。それはたしかに話でしかないかもしれないが、その話を聞いている子どもたちの森や小川での日々の体験も、あっという間に過ぎていってしまう話と同じものなのである。基本的に同じ放浪の生活をつづけているかぎり、祖父の体験も数世代前の先祖の体験も彼ら自身の体験となりうる。だからジプシーにとっては、すべての森や小川も彼らの故郷なのである。

人間とのかかわり方も同様である。数百年も前からジプシーの一生は、共同体をつくって排他的な雰囲気のなかで暮している定住民の間を、怖れられ、差別され、弾圧されながら通過する生活であった。ジプシーにとってガッジョはすべて文字どおり異質な存在であり、仲間ではない人びとである。定住民のなかを旅する放浪者ほど孤独なものはない。ジプシーは定住民に受けいれてもらわなければ生きてゆけない。そのために彼らは定住民の言語を学び、定住民の宗教も受容し、定住民の好みに合せた音楽を演奏し、踊りを見せる。こうした演技のために彼らと定住民との間の溝はますます深くなる。ジプシーの素顔は、仲間とロマーニ語で話すときにしかみられないという。ヤン・ヨアーズはジプシーの群れのなかで成長し、あるとき果樹園に盗みに入ったところを農民に散弾銃で撃たれ、農民の非人間的行為に大変腹をたてた。そのとき養父がいった。

お前はまだお前を泣かせたり、怒らせたりする相手にうんと愛着をもっている……愛着があるからこそ憤り、彼らから良いことを期待するのだ。……ジプシーにとって人生とははてしのない水の流れであり、形を定めず、ゴールもなく、清濁あわせのむ急流のようなもので、そのなかで人が占める位置とは倦怠と疑惑というあまりに人間的な弱みを許さずに、たえず自己をかたちづくる作業のようなものである。人生における根本的なるものをもとめるあくなき衝動があるかぎり、人はそのさまざまな試練に自分のやり方でたち向かい、自分でなれるものになることは自由だ。これこそ自由というものだ（村上訳、一九七頁）。

ジプシーの生活は二重生活である。定住民が彼らを理解することは絶対にといってよいほどない。その定住民に対して演技しつづける生活と、星空のもと、仲間の集いで歌を唱い、食事を楽しむ心の安らぐ生活、このいずれも彼らにとって不可欠な生活の実体をなしている。

ひとたびすべての人を他者とみたとき、あたかも世界中の樹木や小川が故郷となるように、個々の人間や村への執着から自由となって、人間そのものがジプシーにとっては親しいものにみえてくる。彼らは定住民のすべてからうとまれ、差別されているがゆえに、定住民をも含めた人間全体にかぎりない信頼を寄せるのである。

もとよりこうした彼らの姿勢は素直には表現されない。たとえば次のような民話のなかにそのあらわれをよみとることができるだろう。

セルビアの官吏〔当時の官吏は裁判権をもち、自宅に監獄もあって、ジプシー弾圧の急先鋒であった〕がよその村の宴会に出たあと、帰宅の途中で道に迷い、溝のなかに落ちてしまった。あやうく泥土のなかで溺れ死んでしまうところを、近くに野営していたジプシーが発見して自分たちの天幕まで運んだ。ジプシーは官吏に吐剤と下剤を与えたので、あけ方には意識をとり戻し、夕方には家に帰ることができた。ジプシーが不倶戴天の敵としている官吏にとった態度を聞いて、人が称讃したとき、ジプシーの母親は答えた。「あたしたちはね、子どもたちに豚を近くでよく見せて、傍へ寄らないように教えようとしただけさ」(クラウス、一三四頁)。

12　放浪者・乞食

五〇〇年以上ものあいだジプシーが西欧でうけてきた弾圧と被差別の歴史をふりかえるとき、われわれはなんらのよるべき権力も土地もなかったジプシーが、すさまじい抑圧のなかで今日まで生きのびてきた事実に驚嘆すると同時に、彼らの生存を支えてきた「なんらか」の事情に関心をもたざるをえない。

すでにみたように定住民は皆ジプシーを怖れ、ジプシーの姿がみえると鐘をならして武器をとった。ジプシーは平気で物を盗むといわれる。一片の土地を生存の支えとしている農民にとっては鶏一羽盗まれても大きな打撃であり、ジプシーへの恨みはつのる。現在でもジプシーは盗みを非難されると、「お前さんたちは鉛筆で盗むが、俺たちは腕で盗むだけだ」というといわれている。彼らは盗むとはいわず、「発見する」という。野の草は地主のものではない。神様が与えたものだ、と彼らは考えているのである。

いうまでもなく、このような考え方は定住民の私有財産制の展開した社会で容認されるはずがない。いたるところでジプシーは爪弾きされ、嫌われた。

しかし彼らにも仲間がいた。すでにみたように中世末期から急速にその数を増しつつあった放浪者、乞食たちである。

キリスト教世界における乞食

ヨーロッパ中世において乞食は特殊な地位にあった。キリスト教が入る以前においてはたんなる不自由人、隷属民の一部でしかなかったが、キリスト教の浸透とともに乞食にも社会的意義が認められるようになったからである。乞食は近代社会においては、当然あるべき地位（市民としての地位）からなんらかの事情で脱落した、みじめな憐れむべき存在として位置づけられているが、中世においては人びとが施しをし、善行を積むための手段として不可欠な存在とみなされていた。つまり人びとの彼岸における救済のために乞食はなくてはならぬ存在であり、そのかぎりで社会的地位をもっていたのである。乞食もひとつの生得の身分であり、ひがんだり、他をかえりみて羨むこともない職業でもあるとされていた。

キリスト教会は伝道を開始するにあたってみずからまず乞食や貧民に施しをする一方、人びとに喜捨や貧者保護の必要を訴えた。こうしてキリスト教会は貧民救済の点で画期的な組織となった。教会は特定の日に小さなパンを焼いて貧民に配った。とくに修道院はそのための予算を組んでおり、スイスのヘルメッチュヴィルの修道院では十七世紀初頭に、毎日一・五キログラムの穀物を貧民のためのパンに焼いて配ったという。しかしすでに聖アンブロシウスが嘆いているように、真に必要なものに施すだけでなく、教会に群がる多数の乞食を生む結果をも招いた。だからアヴェ・ラルマンなどはキリスト教の普及とともに乞食集団がドイツに発生したとまでいうのである。

十二、三世紀における都市の成立も、乞食集団形成のきっかけとなった。都市には多くの貧民救済組織が生れた。それは、はじめ通りすぎてゆく巡礼の宿泊所として、豊かな市民の喜捨によってつくられたものであった。豊かな市民が死後の魂の救済のために善行のひとつとして遺産を寄進し、貧民にえんどうのスープや蠟燭、布などを与えた。貧しい市民は貧民に入浴料金を出して風呂に入れ、自分の魂の救済を願った。このような施設はやがて都市の公的施設となり、フランクフルトでは貧民にワインを配ることを市参事会が定めている。一二五六年には、ライン諸都市は貧民税を徴収することをヴュルツブルクで定め、火災で財産を失った者や貧民のために市の金庫に財産をつくった。ジプシーがはじめて一四〇七年にヒルデスハイムで振舞われたワインも、このような金庫から支出されたものであった。

農村でも事態は同様であった。都市と同じく共同体内部で火災やなんらかの理由で財産を失ったり、癩病その他の疾病で貧窮化した者は共同体が面倒をみることになっていた。とはいえ村のばあいは予算をたてることはできなかったから、週三日、たとえば水、金、土曜日が喜捨集めの日と定められ、この日に貧民は家々を廻って喜捨をうけたのである。ところによっては施主の財産によって喜捨に段階があり、富農は週四日、中農は三日、独立した家をもたない者は衣服を与えることなどが慣習として定められていた。村の貧者が戸口に現われたとき、喜捨を拒むことは共同体成員としての、目にはみえない義務のひとつを怠ることになったから、これも共同体の絆のひとつであった。貧者といっても、このばあいは多かれ少なかれみな縁つづきであったから、自分たちも、いつそのような境遇におちるか知れなかったのである。貧者に耕地や牧地などをあてがって耕作させたりすることもあった。

こうして教会だけでなく村落共同体やとくに都市に貧民救済の組織が生れると、貧民の性格に大きな変化が生じた。都市には村落共同体のように顔見知りの乞食だけでなく、見知らぬ余処者《よそもの》の乞食が群がるようになり、ガイラー・フォン・カイザースベルク（一四四五〜一五一〇）もこれらの乞食が厚かましくなり、物乞いの術にたけ、慎しさを失ってゆくことを慨嘆するほどに増加していった。つまりこのころに乞食が職業となっていったことがわかるのである。中世末のフランクフルトの租税台帳ではすでに乞食は職業に数えられていた。

だが乞食の性格の変化の大きな原因は、共同体内の乞食の増加によるというよりは、余処者の乞食が増大したことにあった。ブレスラウ市は一五二五年に教会の庭に群がってい

乞食とジプシーの群れ。フランスの版画家J.カロ(1592〜1635) にならって18世紀にニュールンベルクの銅版彫刻家が彫ったもの。かつて兵士だったが乞食の集団 Orden に入り，団長に選ばれたとか(上から 4 段目右端)，ジプシーの集団 Orden に入ったとあり，社会集団として両者がまとまった組織をもっていたことが分る

る乞食を一人一人審査し、真に助力の必要なものにのみ喜捨を与えようとして、刑吏をさし向けたところ、皆あわてて逃げだしたという。これらの乞食を職業とする者は「シュタルカー・ベトラー」(したたかな乞食)とよばれ、乞食集団の中心をなし、大きな力をもつまでに成長していた。

セバスチアン・ブラント、マルチン・ルター、トーマス・ムルナー、パンフィリウス・ゲンゲンバッハなども、これらの「したたかな乞食」の増大に人びとの注意を促している。これらの乞食は詐欺師(ガウナー)として人間社会の屑とされたのである。

「したたかな乞食たち」は身体上の欠陥のため乞食をしたのではなく、なんらかの理由で自分が属していた共同体から追放されたり、あるいはみずからとび出した人びとであった。裁判によって名誉を失った者、国外追放の刑に処せられた者、フェーデ(私闘)の援兵として出陣し、そのまま放浪と掠奪行をつづけている者などもこれらに加わっていた。

『放浪者の書』にみる職業としての乞食

こうして十五、六世紀は乞食集団の黄金時代といわれるほどに、数多くの乞食や放浪者が全国を放浪して歩いていたのである。これらの乞食、放浪者の実態を詳しく調べることは容易ではない。しかし、前記の著述家のほかにもこのころにこれらの乞食に関心をもっていた人がいて、『放浪者の書』*Liber Vagatorum* 別名『隠語文法書』*Rotwelsche Gram-*

『放浪者の書』の扉の図

手押し車に妻をのせる乞食（マイスターb×8,
1470年以後）

matik といわれる書物を書いている。この書物は一四九四〜九九年ころにバーゼルで出版されたものとみられるが、またたく間に売り切れたらしく、初版本は残っていない。その後十六、七世紀に数多く版を重ね、全体で一四の版を数え、ほかに『隠語文法書』としてもいくつかの版を数えている。

この書物は乞食たちの詐欺行為の実態を詳しく、各職種ごとに描写し、各項目の最後に結論として、対処すべき仕方を教えている。巻末には乞食たちの隠語の辞書までついている大変興味深い書物である。

そこでは全部で二七種の「したたかな乞食」の実態が描写されている。その一部だけをみても足や腕を巧みに縛りつけ、どこからみても不具者にしかみえない者がいる。彼らは腕や足を戦争で失ったとか、長い間おそろしい監獄のなかにいたために足が腐ってしまったなどといって喜捨を求める(クレンカー)。あるいは癲癇をよそおい教会の前で倒れておそろしい声をあげたり、口のなかに石鹼を含んで鼻の穴に藁をつっこみ、口から泡と血を吹きだしてみせる者(グラントナー)などがいた。また癩病をよそおい、癩者の鳴子をつけた者や、馬糞を身体にこすりつけ、黄疸をよそおう者(シュヴァイカー)、あるいは油を身体に塗りたくって病気をよそおう者(ゼッファー)、またある女たちのなかには身体に鎖をつけて人にひかれ、衣服をはだけて気狂いをよそおう者がおり(フォッペリン)、あるいは腹に肌着や枕などを巻きつけて妊婦をよそおい(ビルトレーゲリン)、あるいは二週間前に赤児を失った母親をよそおう者がいた(ドゥッツベッテリン)。またほかの乞食から子どもを借りうけ、子だくさんで養いきれないと訴えて喜捨をせびる者、子どもの数がたりないので子犬を襁褓《むつき》に包んで子どもにみせかける者などもいた。

また放浪の医者は解毒の練り薬や木の葉(薬草)を売り歩き、誇大な効力を宣伝して歩いていた。ほかに放浪して歩く手品師やブリキ職人、鋳掛屋なども扱われている。はじめに女が注文をとりに家々を廻り、何も注文がないと、尖った杖の先でこっそり鍋に穴をあけ、あとからくる夫のための仕事をつくることがあるという。

このほかにエルサレムやコンポステラへの巡礼をよそおい、巡礼であることを示す帆立貝の貝殻をつけた帽子をかぶり、祈りの言葉をブツブツつぶやきながら、雑多な聖遺物と称する物を売り歩く者がいた。エルサレムのイエス・キリストが生れた飼葉桶の一番深いところの藁一本とか、大天使ミカエルの翼の羽毛一本、聖クララの靴の紐などを大真面目で売り歩いていた。また放浪する女 Veranerinnen のなかには洗礼をうけたユダヤ人であると称し、父母が地獄で苦しんでいるかどうか呼びだして調べてあげるといってお礼を貰う口寄せのようなことをおこなう者もいた。

アンネ・マリー・ドゥブラーの研究によると、『放浪者の書』その他で描かれていることれらの乞食たちは、実際にスイスの官庁記録にも残されているという。それによると放浪の乞食たちが村人に嫌われた理由は、彼らが喜捨を拒まれると火を放つと脅したり、口ぎたなくののしったためばかりでなく、生れたばかりの赤児を農家の庭先などに置き去りにするためでもあったという。

自分の家の前に赤児が棄てられているのを発見すると、すぐ棄てた親を探すが、たいていは発見できない。すると誰かがその子を養育しなければならない。一般的には高級裁判権をもつ者（オプリヒカイト）が棄児養育の義務を負っていた。たいていはその代理人たる守護（フォークト）がわずかの食費を貰って養育を引きうけた。オプリヒカイトは棄児が九〜一〇歳になるまで養育費を払い、そのあとはその子は自立しなければならなかった。

修道院の前に子どもが棄てられていたときには、オプリヒカイトと修道院のあいだでしばしば争いが起った。修道院に不輸不入（イムニテート）の特権があるばあいは、棄児が修道院の領域内に棄てられていれば、養育の義務は修道院にあることになるからである。このような修道院の帳簿にはしばしば棄児養育費が記載されている。修道院も食費を出して棄児を農民に育てさせたのである。

追放される余処者

ところで中世以来のキリスト教の教義では、貧者、乞食に助力の手をのべることはキリスト教徒の務めであり、自分の霊魂の救いにとって決定的に重要な善行であった。こうした考え方は十七、八世紀においてもまだ生きていた。実際共同体内の乞食はわれわれも戦前に見知っているように、やはり共同体の仲間として一風変ってはいるが、皆のいたわりと半ば揶揄の対象であったのである。

ところが十五、六世紀に「したたかな乞食」が増大し、都市にあふれ、群れをなして街道を放浪して歩くようになると、放浪者の群れはキリスト教徒の務めを果たす対象であるどころか、社会不安の種ともなってきた。そこで都市や領域君主などのオプリヒカイトは土着の乞食と余処者の乞食とを区別し、前者には食料と衣服と宿を与え、後者は馬車にのせて故郷へ送り返すよう定めたのである(一五七三)。

ところが土着の乞食と余処者の乞食を区別することも困難であった。そこでスイスのフライアムトでは、一五九〇年に喜捨を得る資格のある土着の乞食に証明書を与え、そこにはっきりしたしるしをつけ、それを首からぶらさげているように命じた。それ以前においても火事で家を失った者には共同体が証明書を出し、かくかくしかじかの理由で家を焼失したので喜捨を集めている旨の理由が書かれた木の札を首からぶらさげていなければならなかった。このような処置をとっても十分に土着の乞食と余処者の乞食を区別することはできなかった。しかし、オプリヒカイトは少なくとも両者をはっきり区別する方針は出したのである。

ジプシーはその外見からしてどこの町や村でも余処者の乞食・放浪者とみられた。だからどこにおいても原則として喜捨を与えられないことになり、発見されれば国外追放のうきめにあった。何人《なんぴと》もジプシーを家に泊めてはならないと規定された。それどころかジプシーが現われると、そこで起った盗みや家宅侵入などの犯罪はつねにジプシーに転嫁された。ジプシーを逮捕せずに領域内に入れた共同体は、そこで生じた損害の一部を補償しなければならなかった。一七三二年のスイスの法令ではジプシーが存在すること自体が罰の対象となった。しかしジプシーは乞食ではない。彼らは楽師、見世物師、鋳掛屋、籠造りなどの遍歴手工業者でもあったから、一定の場所にとどまることはできなかった。ところがこのころには、一定の住居をもたず遍歴していること自体が犯罪とみなされるようになっていたのである。一家を構えていない者は定住者の世界では一人前とはみられなかった。一家を構えるとは文字どおり家と土地を所有することにほかならなかったのである。

一七三一年一月二一日にスイスのフライアムトのベットヴィルで乞食狩りがおこなわれ、ケルン生れのジプシー、ルディ・ローゼンベルガーと妻と母、一〇歳と六歳の二人の子どもが逮捕され、ブレムガルテンに送られた。そこで審問がおこなわれ、そののちルディに刑罰（内容不明）が加えられ、額に焼印を押され、母と妻とともに晒台に立たされて笞を打たれた。二人の子どもは両親と祖母の刑を目のあたりに見せられたのである。そののち全員が国境の外へ追放された。彼らの罪は審問書によると、かつて一回カップフで捕えられ、髪を切られて追放されたにもかかわらず、再度入国したことにあった。ルディは新年の寒さにもかかわらず子どもを泊める場所がなかったので、やむなく入国したという。フライアムトではジプシーに対する扱いがほかにくらべてはるかに良いことを知っていたから、と述べたのである。ルディの一行のたどった道筋をみると、年のはじめから一月二三日までに九〇キロメートルを歩き、その間一三カ所に泊まっているが、一度だけヒッツキルヒの村で乞食をしたという。ではあとはどうしたのか。盗みでしのいだのかどうかは審問書には書かれていない。

ルディの陳述から推測されるように、ジプシーでもスイスの寒さのなかでは野宿することは困難である。にもかかわらず三週間以上ものあいだ一日乞食をしただけで一三カ所に泊まっている、ということはドゥブラーも推測しているとおり、スイスの農民たちがジプシーに宿を与え、食物を与えたに違いないのである。だからルディはひとつの農家には一夜以上連続して泊まることはなかった。二日以上泊まってほかの農民に主人が密告されることを怖れたからである。その点では各農家がたがいに離れた散村形式をとっている農民の家のあり方はジプシーに有利であった。密集した集村ではジプシーを泊めることはほかの農民の目を意識するかぎり困難であった。しかし牧畜を主業とする孤立散村の農家では、入口に疲れきって凍えているジプシーの子どもの姿を認めたとき、あてもない街道に追い返すことはできなかった。ここでは周囲の目を気にせずに納屋の隅に泊めることができた。ジプシーについてのどんなに悪い噂も、疲れきって飢え、凍えた子どもの姿をみたときには一瞬消え去り、納屋の隅に案内して温かいスープを飲ませたのであろう。

似たような光景はおそらく、多くの村や町のはずれでくり返されていたと思われる。このような農民の思いやりがなかったとしたら、冬の厳しいヨーロッパ北部で数百年の間、家をもたないジプシーが生きのびることは不可能だったからである。定住民と放浪者の生活は社会的に対立する要因を多くはらんでいる。しかし歴史的に両者の関係をみてゆくと き、国家や為政者の政策にもかかわらず、両者には相互に深い関係があったことがわかるのである。

Ⅵ　遍歴の世界

13　遍歴する職人

遍歴放浪の旅。これこそドイツ・ロマンティークが好んでとりあげたテーマであった。「とうとう春がやってきた。職人たちは気もそぞろ。杖と短剣を手にとって、親方の前に出る。親方、勘定をお願いします。遍歴の時が来たのです。おかげでこの冬をのんびりさせて貰いました」。「狭くてうっとうしい町並みからとび出そう。退屈な毎日の仕事のくり返しをさっぱり投げ出し、やかましい親方やむら気のお内儀《かみ》におさらばして、太陽のさんさんと輝く広野へ、森を通り、緑野をすぎて、高い山々へ、青空のかなたの世界へ出てゆこう。懐には節約してためたお金も音をたてている。さらば恋人よ」。ドイツの文学や遍歴職人の歌などにこのように描かれた遍歴職人の世界は、それだけですでに多くの人びとの心をゆする何かをもっていた。「遍歴こそ粉屋の喜び」の歌はわが国でも多くの高校生に唱われたものである。

遍歴は十八、九世紀には青少年の人格陶冶の手段とみなされてもいた。実際多くの同職組合規約では職人の遍歴の目的を、「若く未経験な職人が他国でいわば他人の飯を食い、新しい技術を習得するため」としており、親方になる前の修業の旅と位置づけていた。たしかに若い職人の卵が未知の国へひとりで旅立ち、そこで職を求め、他人のあいだに混じって働くという経験は、何ものにもかえられない大きな教育の手段であった。だから「遍歴こそ職人の大学だ」とすらいわれたのである。多くの職人が国境を越えて遍歴修業の旅に出たことは、たしかにドイツの各地の技術水準をひきあげ、均質化する結果をもたらした。

しかしこうしたことは遍歴の結果なのであって、本来の目的ではなかった。同職組合の規約は表面を飾っているにすぎないのである。なぜならばドイツ・ロマンティークの魅力的な描写にもかかわらず、職人の遍歴は本来、はるかに厳しい社会経済的な条件に規定されていたからである。

職人の遍歴を定めた最初の規定は一三七五年ハンブルクの皮鞣工組合にみられるが、ここではまだ強制的義務ではなく職人の自由に任されていた。一三八九年のリューベックの靴屋の組合でも、親方昇任作品を完成する前に一年間遍歴することは必須の条件とはされていない。この二つの例から十四世紀末には職人の遍歴が実際におこなわれていたことがわかるが、遍歴が職人の義務となったのは一般的には十五世紀中葉以後である。十六世紀には遍歴義務は全国に広まり、一六一六年にはバイエルンでは法令で定められ、一七三一年にはドイツ全域にわたって法文化された。そして十九世紀に営業の自由が認められると遍歴の慣行も少なくなってゆくが、石工の組合などでは二十世紀にいたるまで遍歴する職人の姿がみられた。こうして十四、五世紀から十九世紀までの四、五百年もの間、ドイツの職人は初期には北はスウェーデン、デンマーク、オランダから、東はボヘミア、ハンガリー、バルト地方からロシアへ、そして十七世紀になると西はフランス、スペイン、南はイタリア、そして北はイングランドにいたるまで、国境を越えて遍歴の旅をつづけていたのである。

ドイツ国内ではこの間に領邦は分立し、三〇〇もの聖俗諸侯がたがいにせめぎあっていた。西欧全域にわたって国民国家擡頭の気運がみなぎっていたこのころに、ヨーロッパ社会の底辺の近くには無数の職人が言語、習慣、国籍の違いを越えてともに働き、旅する社会が形成されていたのである。このようにみてくると、職人の遍歴という社会現象がもたらした直接的・間接的な影響は大変大きかったと想像されよう。職人の遍歴についての研究はきわめて少ないが、まず遍歴の規模について南ドイツのコンスタンツの町を訪れた職人について瞥見することからはじめよう。

なぜ遍歴の旅に

遍歴職人は目的の町で就業するさい市参事会に対して、「市の利益を守り、損害を加えず、法律上の争いにさいしては市の裁判に服し、召喚されたときにはただちに市長のもとに出頭する」ことを誓約しなければならなかった。南ドイツのボーデン湖畔のコンスタンツの町に一四八九〜一五〇二年、一五一九〜七九年にかけて(多少の欠年をふくむ)遍歴職人の誓約記録が残っている。この誓約書には遍歴してきた職人の名と誓約の日付、出身地と親方の名が記載されている。十五、六世紀にかけて詳細な記録がある点でこの史料は貴重なのだが、これを分析したG・シャンツによって次のようなことが明らかにされている。

一四八九年から一五七九年のあいだに(その間二二年間は記録がない)全体で三四〇六名の職人がコンスタンツに遍歴してきており、一四八九〜一五〇二年は年平均六四名、一五一九〜二七年は約六六名、一五二八〜四〇年は約三六名、一五四一〜五一年は約八二名、一五五二〜五八年は約三八名、一五五九〜六二年は約六〇名、一五六三〜六五年は約四二名、一五六六〜七九年は約一七名であった。これらの流入職人数の変化は、まさにコンスタンツ市が直面していた政治的・経済的状況を反映している。すなわち一四九九年には異常に少なく三五名だが、一五〇〇年は著しく多く一〇六名にのぼっている。一四九九年にはコンスタンツがシュヴァーベン同盟の一員として皇帝マクシミリアンのスイスに対する戦いに参加し、コンスタンツ周辺で戦闘がおこなわれていたからであり、一五〇〇年には平和の回復とともに戦時の分を取り戻すためにも新しい労働力が必要とされたからであった。一四八九〜一五二七年は職人数からみても繁栄の時代といえるが、このころコンスタンツに皇帝の宮廷が置かれ、公会議や帝国議会が開催されて、市の収入が増大したことによるものである。また一五二八～四〇年の突然の職人の激減はいうまでもなく宗教改革に伴うものであり、一五二七年にはじまる修道院の解散と、対岸のメルセブルクへの司教の逃亡、カトリックの周辺地区との取引の停止などによるものであった。

このように遍歴職人の数はその町の政治・経済状況に敏感に反応して増減したから、そこから逆に市の経済状況などを診断することさえできるのである。

ところでドイツの南のはずれ、スイスとの国境にあるこの町に遍歴してきた職人たちの出身地はどこだったのだろうか。確認できる出身地のうち、四人以上の職人をコンスタンツに送り出した町は全部で一六〇カ所（総数二一二三名）で、それを地域に分けると、南はミラノ、トリエント一帯、その東のライバッハ、ユーデンブルク、グラーツ、ハンガリーのクラウゼンブルク、ブリュン、オルミュッツ、ブレスラウ、シュレージエンのグローガウ、フランクフルト（オーデル）、ベルリン、ダンチッヒ、ヒルデスハイム、マーストリヒト、ルクセンブルク、バーゼル、ジュネーヴなどの広い範囲にわたっている。ベルリン～コンスタンツ間だけでも七五〇キロあるから、遍歴職人の路程の長さが推測できるであろう。

年度別に出身地のかたよりを調べてみると、十五世紀末～十六世紀初頭を境にして出身地の分布に変化があることがわかる。十五世紀末まではコンスタンツの周辺からライン河沿いの地帯、フランケンからボヘミアまでの地域が多くの職人を送り込んでいたが、十五世紀末以降はそれ以外の地域、とくに東欧の比重が高まっている。同様な結論はシュトラースブルクにおける職人の出身地にかんしても指摘されており、十五世紀初頭まではライン河上流、下流域が主たる職人の供給地だったのが、十五世紀末からは東部全域から職人が流入していることが確認されている。

こうした事実は十五世紀末に全ドイツの都市で遍歴強制が実施された結果とみることができるが、さらに遍歴強制が各都市で一般化していった原因を考えると、十五世紀末にドイツの諸都市が少数の例外をのぞいて経済発展の一応の限界に近づいていたことを物語ってもいる。なぜなら遍歴は決してドイツ・ロマンティークが唱いあげているような、自由な自己教化・修業のための自発的行為であったわけではないからである。各都市における人口増加が頭打ちになり、都市経済の規模が拡大しえなくなった段階で、同職組合は親方株を一定数に限定したのである。とはいえ親方が仕事をつづけるかぎり徒弟や職人を雇い、その希望者も多かった。毎年修業の終った職人が輩出するのに、もはや当分のあいだ親方になれる見通しがなくなってしまったのである。このような状況は職人にとって将来の見通しのたたないやりきれない事態であっただけでなく、親方や同職組合、ひいては市民全体にとっても由々しい事態であった。町のなかに不満にみちた職人の群れを多数かかえこむことになったからである。

そこで考え出されたのが遍歴という手段であった。修業を終えた職人は親方昇任審査をうける前に一年から七年くらい（職種によって異なる）、各地の同職組合をまわって歩き、技術や人生についての経験を深めよ、という提案がだされたのである。実質的には、人口がいまだ増加しつづけ、経済発展のテンポが速い地域への労働力の一時的移動が提案されたことになる。こうして初期には自発的に遍歴がすすめられ、やがて強制となり、法令化されるまでになったのである。しかしこの遍歴強制も、親方の子には課されないか、期間が短縮されていた。

このような経済的条件に規定された現象であった職人の遍歴は、十四、五世紀から十九世紀までのドイツの都市や社会をみてゆくうえで大変重要な役割を果たすことになった。人口二、三万からせいぜい五万どまりの小・中都市に、ドイツ全域と国外からも職人が集まってきて一緒に仕事をしたのである。職人の出身地が違えば言語・習慣も違ったから、彼らはたがいに他国の言語や習慣を学び、未知の土地にまつわる伝説やメルヘンを交換し、言語・民俗・文学にわたる文化の共通の基盤を形成したからである。

父が子に与える遍歴の心得

一〇代の後半のまだ未熟な若者が数年ものあいだ未知の国へ働きに出るのだから、送り出す親の心配も大変なものであった。年代は不詳だがおそらく十九世紀とみられる心得書のなかで、父親が遍歴の旅に出る息子に次のように忠告している。

息子よ、有益に旅をするには途中で詳しく観察できないものに首をつっこんではならない。見る以上にそれが何のためにあり、どのようにして何から出来ているのかを何よりも知らなくてはならないからだ。往々にして人びとの容貌からその人の物の考え方がわかるように、たいていの町や国にも一種の顔があり、それをみれば中味がわかるものだ。村のなかに不釣合なほど多くの居酒屋があったら、そこには節約の心が乏しく、愉快な仲間は多いかもしれないが、家庭の幸福が少ないことを知るべきである。陽が昇るときに畑に農夫の姿をみかけないところでは、きまってとっくに陽が沈んだのちにも多くの農夫が居酒屋の椅子に腰かけているのがみられるだろう。……乞食や放浪者が道端で昼食をつくっているのに出会ったときには用心を怠るな。昼食の休みのあと連中につかまると、彼らは残忍な振舞いに及ぶことが多いのだ。道路に雑草が生えている国や町には商業も人の往来も少ないから、仕事も親方もないだろう。通り過ぎて先を急げ。老人が家で働き、若者が休日でもないのに外で徒党を組んでいるところは、破産すると予言して間違いがない。町の教会が大きく聳えているからその町の住人が信心深いとみてはならないし、村の教会が美しいことが村人の信心の証しでもない。真の信心とは謙虚さにあふれ、ひそやかなものだ。……農夫がへりくだって手に接吻し、高位者の前で道路の埃のなかに身をかがめているところには滞在してはならない。そこには暴君がいるに違いないからだ。宮殿のまわりに崩れかけたような小屋が並んでいるところは貧困の巣であり、飢えが支配している。幸せなのは一人で、残りは皆泣いている国だ。十字を切って先を急げ。国々の事情にはお上次第のことが多い。お上が些細なことにうるさく口を出すところでは、大きな問題についてもこせこせしていると思え。警察で遍歴証書をみせるとき、尊大な態度で鼻であしらわれたら、沈黙を守り、主よ、彼らを許し給え、どんなに威張っても彼らは貧乏籤を引くのだから、とひそかに思え。息子よ、幸せな国を通過するときには新聞には報道されないことに目を配れ。道路に果樹が植えられ、荒れた畑がなく、人びとが余処者に親しく挨拶をし、十字路に乞食の姿がみられず、学校や病院が最も美しい建物であるようなところである。

息子よ、私の忠告に従いなさい。人に返事をするときはつねに短く、知っていることすべてをしゃべるな。そうすればどこでも親切に教えてくれるだろう。称讃に値することはすべて讃えよ。しかし非難に値することのすべてを非難してはならない。異郷人の間にあっては勤勉で節約に心がけ、敬虔で知識欲に燃え、謙虚で沈黙を守り、大胆かつ静かに、そして辛抱強くあれ、そうすればいつか同業社会に役立つ一員となれるだろう。

この心得書を書いた父親も、かつて遍歴の旅に出たことのある手工業職人だったのであろう。下積み職人のものの見方や倫理をはっきりうかがうことができる貴重な史料というべきである。

このような教訓を胸に抱いて故郷の町を出立した遍歴職人は、職種によって特徴のある帽子をかぶり、短剣を腰につけ、杖をもち、背嚢を背負っていた。中世においては、職人を求めている町についての情報も口伝てによるしかなかったから、遍歴職人は同じような服装をした仲間から情報をえては、それぞれのめざす町に向ったのである。

だが自分の故郷の町で親方になれる見通しが遠いために他郷に運命を開拓しに来たのだから、路銀も豊かではなく、めざす町で職人の口がないと、それから先の旅費の工面もつかないのが常であった。このようなとき遍歴職人の支えになったのが職人自身の属する組合であったことは、ヨーロッパ社会を知るうえで大変重要な事実である。

親方・職人組合・遍歴強制

同職組合はなんといっても親方を中心とする組織であったから、職人はそのなかで従属的な地位しか与えられていなかった。親方は職人・徒弟を支配し、職人・徒弟は親方に奉公するという関係が貫かれていた。職人も親方の家で起居をともにし、外泊を許されないなど人格的な拘束をうけていたのである。しかも中世社会は一般的にいって仲間団体のおりなす世界であったから、盛大な祭りに華やかな服装をして行列を組んで歩く親方たちを、職人・徒弟は羨望のまなざしで眺めるのであった。職人には「労働の名誉」がなかった。「労働の名誉」とは、その職業に従事していることが社会的に承認され、それとして尊重されることである。祭りの行列にパン屋の同職組合が行列を組んで練り歩くとき、その行列に加われない者にはパン屋としての「労働の名誉」がなかったことになる。

ところで十四、五世紀になると、親方になる見通しが遠くなった職人たちは、職人という身分のままで社会的地位の上昇を望むようになった。そのためには中世社会においては仲間団体を結成することがまず必要であった。十四世紀から各地の同職組合の職人の組織として生れた兄弟団 Brüderschaft がそれである。

兄弟団は本来宗教的な性格の組織であって、教会に献灯し、職人の病気や死亡、貧窮のさいの相互扶助を目的として結成されていた。兄弟団の結成には、それが純宗教的な目的をかかげているかぎり親方の反対もなかった。本来親方の義務であった職人の病気、死亡のさいの援助が、兄弟団の手に移ったからである。さらに教会は信者の増加による勢力の拡大と収入の増加のために兄弟団を歓迎し、また市当局も、おりから不気味な政治力をもちはじめていた同職組合内部を分断するものとして、職人の組織を承認するところが多かった。さらに大都市においては、市民は本来市民の義務であった軍役を免れるために金を払って職人の組織に肩代りさせる傾向があり、遠征のさいなどの職人の組織がそのまま平時にも残るという形で職人組合が生れることもあった。いずれにしても職人はこうしてみずから集会所をもち、そこで飲みかつ食うことのできる団体をつくったのである。

このようにはじめは宗教的な性格を強くおびていた兄弟団は、当然のことながらやがて世俗的な問題を議論する場となってゆく。すでに一三二九年にブレスラウの職人の組合は賃銀を上げよと要求していた。また一四九五年にコルマールのパン屋の組合の職人が聖体行列のさいの序列をめぐって市参事会と争い、ほぼ二〇年間にわたるストライキを敢行したとき、周辺の職人の組合はコルマールで働かないよう遍歴職人に呼びかけ、コルマールの職人たちに義捐金を送りつづけた。この義捐金はすでに職人の兄弟団の宗教的性格を逸脱したものとして市当局から非難されたのである。

しかしなんといっても職人の組織を強化、促進したのは遍歴強制であった。十四、五世紀には各都市内部で親方と職人との二つの社会的身分が形成され、激しい対立が起っていたから、ひとつの町における対立の様相は遍歴職人によってただちに各地の職人に伝えられてゆき、コルマールのばあいのように職人の団結による反抗が地域を越えた規模で展開されるようになったのである。

こうして地域間の職人の組織が生れ、遍歴職人にとっても大きな支えとなった。遍歴職人はその日の目的の町に着くと同職の職人組合の専用居酒屋を訪れ、後述するような身分証明と挨拶をおこなったのち、その町の職人に案内されて親方をまわって歩く。そこで職がえられれば、市参事会に赴いて誓約をしてその町の職人として働くことになるのだが、その町でたまたま職人の口がないばあい、遍歴職人はこの町の職人組合に対して一夜の宿と飲食物ならびに何がしかの路銀を要求する権利をもっていた。ただしこの贈物を受取った職人は、三日以内にほかの町へ向って旅立たねばならないことになっていた。このように遍歴職人に対して援助するだけの組織をもつ職人組合は、それができない組合とはっきり区別されていたのである。この贈物を与えることは組合の名誉にかけて果たさねばならず、それを怠ると厳しく非難されたといわれる。遍歴職人はこうして各都市の同職の職人組合の援助をうけて数百キロにわたる遍歴の旅をつづけることができたのである。

ところでこのように遍歴職人を媒介として職人組合の都市間の組織がつくられてゆくのに対抗して、同職組合の親方も対職人政策を遂行するために都市間の協定を結ばなければならなくなった。すでに一三二一年にはリューベック、ハンブルクなどハンザ諸都市の桶匠の同職組合は対職人政策について協定を結び、十四世紀になると南ドイツでも多くの都市の同職組合が地域ごとに同盟を結んで職人の組合と対峙することになった。

しかしながら親方になれない職人が増加し、遍歴強制が存続するかぎり、これらの職人組合の力は強まりこそせよ弱まることはなかった。前述のコルマールのパン屋の職人の二〇年間に及ぶストライキも職人の実質的な勝利で終り、同職組合の親方と職人との間に生じた社会的な溝は近代にいたるまで埋められることはなかったのである。

身分証明の儀式——石工のばあい

後世になると遍歴職人は身分証明ともなる修業証書を身につけて歩いたのだが、中・近世においては職人も親方も文字が読めなかったから、このような文字による証明書はなかった。新しい町に着いた職人がたとえば石工であり、石工の職人組合に属していることを証明するには、一定の所作をふくんだ挨拶をしなければならなかった。この所作の規定は大変厳しく、それができないと同職仲間とは認めてもらえなかったのである。

石工の組合では主として足の位置、ステップによる特定の姿勢が身分証明のさいの重要な儀式となった。R・ヴィッセルによると、足の位置は基本的には左足の土踏まずに右足の踵を直角につける型（右方向のイルバンク）と、その逆に左足の踵に右足の土踏まずをつける型（左方向のイルバンク）の二種の型であって、いずれのばあいも顔は右足の方に向けられる。上体はどのようなばあいも一定であり、右腕は左腕の上膊部に、左腕は右腕の前膊部にあてて、胸の前で十字の型をつくる。この二つの基本型から最小限二人以上の人数によって二四五頁の図Iにみられるような図型が描かれる。二人のばあい、縦に並ぶか横に並ぶかが基本である。この図型は職人の人数によってきまっているのだが（同頁図IIはその一例）、それぞれの図型の意味は石工の組合に属している者にしかわからないのである。

さて遍歴職人を迎えたとき、石工の職人たちはそのとき同席していた職人の人数によってきまった図型を描く。そのときは新人は椅子に坐っているのだが、職人たちによってある型の図型が描かれるのをみたら、新人は「御免なすって」Excuse といって立ち上り、戸口の左側三歩のところに立つ。こうして最初の配置がきまると、リーダーが「御免なすって、尊敬すべき石工よ、お受け下さい」という。図型に加わることを「受ける」というのである。そして新人は「御免なすって、皆様方、受けさせて頂きます」といってこの図型に加わるのだが、そのときの作法や順序、言葉は大変厳しく定められている。たとえば比較的簡単な図型に加わるばあいを二四五頁の図Ⅲで示してみよう。

図Ⅲでは、a—cは縦列の型で、b—dは横列の型をつくっている。ただしdの足の位置は意図的に間違った型となっている。新人がAの位置にいるとすると、Aは全体を左側からまわってまずcに右側から近づく。そして右足の先がcの右足の先に直角になるようにおく。このとき「御免なすって」ではじまるきまった挨拶をする。それがすむと新人はcの左側をまわって図型から離れ、再び全体をまわってaのところに行き、cの場合と同様なことをくり返す。aが終ると図型の左側をまわって横列に立っているbのところに行き、同じことをくり返し、それからdのところに行くが、そこではすぐに受けることはできない。まず「御免なすって、尊敬すべき石工よ、よろしかったら私を正しく立てさせて

石工のステップ

図I　基本型

縦列のイルバンク

横列のイルバンク

図II　多人数による職人の配置

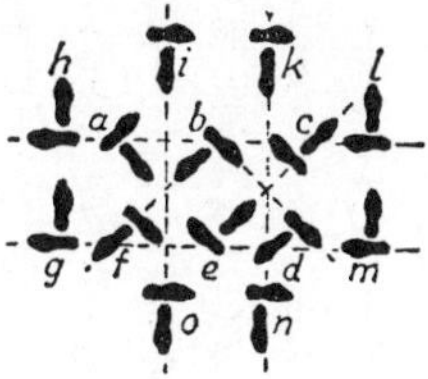

図III

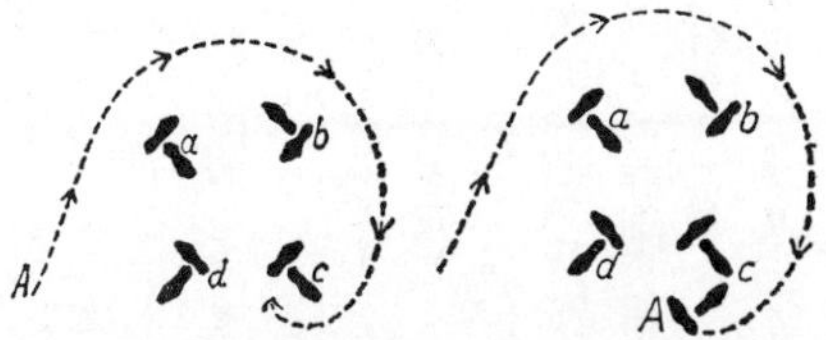

中世の職人宿

石工（ヨスト・アンマン，1567年）

はもらえまいか」とたのむ。返事は「御免なすって、尊敬すべき石工よ、私の位置は間違ってはいない」である。この応答を三回くり返したのち、dの職人は足の位置を正し、左足をひいてその土踏まずを右足の踵につける。こうしてdをも受けてから新人は元の位置に戻る。そこで新人は「御免なすって、皆の衆、私が誤っていたらお許し下さい。私はまだ未熟な石工にすぎません」という。するとリーダーが「尊敬すべき石工よ、あなたは神の許しをえた。ところでわれわれの配置を何とみなすった」と問う。そこで新人は職人たちの配置、図型を説明しなければならない。ここであげた例のばあいなら、「皆の衆、まず縦列と左・右の基本型（イルバンク）です」と答える。ついでリーダーが「ところで尊敬すべき石工よ、あなたは自分の位置を正しくとりなすったか」と問う。新人は「神とともにそうあらんことを望みます」と答える。新人がそのとおり正しく振舞っていれば、「御免なすって」という挨拶と握手によって儀式は終了する。このような儀式ののち、職人の技能の審問がおこなわれる。その詳細を紹介するゆとりはないが、それもきまった問答でなされるのである。石工の組合はこのような身ぶり、ステップを長いあいだ保持してきた。そしてこの石工の組合からあのフリーメーソンの組織が生れたことを思うと、ヨーロッパにおける知的活動が根底のところでこれらの遍歴職人、手工業者層の世界に根差していたことに気付くだろう。

ほかに遍歴職人には立派な酒杯で飲み物が振舞われたが、これは「ヴィルコンメン」

（歓迎の意）と呼ばれ、各組合で大切に保管されていた。石工のような習慣をもっていない組合のばあいは、遍歴職人がこれまで働いてきた経歴について問いただされる。そのさいは自分が通過し、働いてきた町の特徴（ヴァールツァイヒェン）を説明し、その町で働いたことが真実であることを同席の人びとに納得させねばならない。いうならば職人はひとつの町の組合で働いているあいだも、現代の観光客のように案内書にたよって、そこに書かれている町の特色を自分の目で眺めてその町を見たつもりになることはできないのである。なんの観光案内もない時代に自分の目でその町の特色をつかみ、的確にそれを表現しなければならないのである。このような経験をつんだ職人によって、それぞれの町の伝説や特徴がほかの町の職人に伝えられていった。再洗礼派のようなラディカルな信仰もこのような職人によって伝えられたのであり、こうして遍歴職人がヨーロッパの各地の文化を根源のところで媒介し、普遍化していたといえよう。

14 ティル・オイレンシュピーゲル

これまで十数章にわたってヨーロッパ中世の庶民生活を点描してきた。それはあくまでも点描にすぎず、庶民生活の展望といえるようなものではなかった。庶民生活を展望することは、展望する者の足場が十分でないかぎり困難だからである。不十分なものにせよこれまでおこなってきた庶民生活点描の方法は、主として社会経済史の研究成果に民俗学の成果をとり入れながら、できるだけ庶民の生活そのものに近づこうとするためのものであった。しかしこれまでのやり方ではまだ聞えてこない声がある。それは庶民自身の笑い声であり、さまざまな屈折した感情の表現である。こうした声に耳を傾け、感情に接しようとするには、何よりもまず庶民の肉声を求めなければならない。それにはどうしたらよいのだろうか。

ここで「居酒屋・旅籠」の章を想い出してみたい。エラスムスはそこでドイツの旅籠の状況を描写しながら「皆がワインで身体がポカポカしてくると爆発する騒ぎと叫び声のことも話しておかなければね。要するに聾になるほどなのだ。連中のなかには阿呆を振舞う旅者がまじっていて、とにかくいやらしい種類の人間なのだが、信じられないことにドイツ人はこうした連中のことを大変楽しみにしているのだ。連中は唱ったりしゃべったり、叫んだり踊ったりして宿もこわれんばかりの大騒ぎをやらかす。けれども彼らはまったく楽しんでいるらしく、こうして否でも応でも夜おそくなってしまう」と語っている。一体一体旅籠に泊り合せた人びとは何をそんなに楽しそうに語り合っていたのだろうか。

このような庶民の笑いの世界に通ずる道は細々ながらつけられている。その道は「民衆本」Volksbücher の世界をくぐりぬけたところにある。民衆本のなかに盛りこまれた「遍歴職人ティル・オイレンシュピーゲル」Till Eulenspiegel の話こそ、旅籠に泊り合せた遍歴職人の談笑のなかから伝えられていったものと考えられるからである。ところが民衆本は、一筋縄ではいかないさまざまな問題をかかえこんでいる。ティル・オイレンシュピーゲルをふくむ民衆本は著者も不明で、原本とみられるものも現存しておらず、そこに盛られた話をそのまますべて庶民の語り伝えた話を再録したものとみるわけにはいかないからである。民衆本にはこれまでにJ・ゲレス以来O・デブスにまでいたる長い研究史があり、それらをも当然視野のなかにおさめながら民衆の声を聞きとっていかなければならないのである。そこで「ティル・オイレンシュピーゲルの世界」を観察していくにあたって、あらかじめオイレンシュピーゲル民衆本の成立をめぐる諸問題について方法上の手続きをとっておかなければならない。いうならばこれまで文学、音楽や子ども向けの童話の題材であったティル・オイレンシュピーゲルは、歴史学の立場からみたとき、どのような存在として浮んでくるのかを問題にしたいのである。

それと同時に、民衆本をとおして文字で伝えられてきたティル・オイレンシュピーゲルと並んで、今日でもシュレスヴィッヒ・ホルシュタインやニーダーザクセン、ヴェストファーレンその他の庶民の間でその地域の言葉で伝えられているティル・オイレンシュピーゲルについても観察してみたい。現在まで口伝で伝えられているオイレンシュピーゲル話には、必ずしも民衆本にさかのぼらないものも数多くあり、民衆本にさかのぼるとみられる話も口伝をつうじて庶民によって変更を加えられている。この口伝によるオイレンシュピーゲルの分析は、実は謎の多い民衆本の成立をめぐる問題にきわめて大きな示唆を与えるものと考えられる。民衆本の成立をめぐる知識人創作説と民間伝承説の対立は、口伝による浄化作用の結果との比較・分析によって大きな示唆を与えられると考えられるからである。まず民衆本の成立について考えてみることにする。

民衆本をめぐる謎

リヒアルト・シュトラウス作曲の「ティル・オイレンシュピーゲルの愉快ないたずら」によって音楽の世界ではよく知られたティル・オイレンシュピーゲルのいたずら話は、エーリッヒ・ケストナーの翻案などによってわが国のドイツ語教科書の題材ともなり、道化者オイレンシュピーゲルの名はこの国でもかなり知られるようになっている。手塚富雄氏による一部分の訳もすでに刊行されている。

文学作品として『ティル・オイレンシュピーゲル』をみたばあい、それは『ファウスト』と並んで最も注目に値するドイツ国民文学の作品として広く普及した民衆本のなかに盛りこまれていた。十六世紀以来数多く版を重ねた民衆本は、そのつど書きかえられたり、新しい話を追加されたりしながら長い歴史を歩んできた。オランダ、フランス、イギリス、デンマーク、ポーランドでも訳されるにいたった。こうした民衆本の歴史にはじめて学問的批判の鍬を入れたのはJ・M・ラッペンベルクであった。ラッペンベルクは、一五一九年にシュトラースブルクのヨハンネス・グリーニンガー印刷所で出された『オイレンシュピーゲル』の版をゴータ公国図書館員をつうじて発見し、一八五四年に『トーマス・ムルナーのウーレンシュピーゲル』を刊行した。彼は同時にテキストに詳細な分析を加え、それまで不明とされていた民衆本のオイレンシュピーゲルの著者を、トーマス・ムルナーと断定したのである。ラッペンベルクの四七〇頁にもわたる詳細な歴史、素材の研究は、以後のオイレンシュピーゲル研究の基礎をしいたものといえる。

ところがわずか一四年後の一八六八年に、より古い一五一五年版の民衆本が発見されたのである。この版はヘルマン・クヌストによって一八八四年に刊行されている。こうしてオイレンシュピーゲルの現存する最古の版が相次いで発見されたのだが、オイレンシュピーゲルの著者や原本をめぐる謎はいよいよ深まるばかりであった。いずれの版も同じ印刷所から出されており、構成、内容、文体までほとんど同じで、木版画八六枚の挿画をふくみ、一五一九年版は一五一五年版の地名の誤りなどを修正した版とみられる。またいずれの版にも共通の誤り（第四二話の脱落など）があり、C・ヴァルターは両者に先行するテキストがあったとみているのである。オイレンシュピーゲルが活躍する舞台はほとんどがニーダーザクセンを中心とした北ドイツであり、あとでふれるようにその地理的知識はきわめて確かなものである。しかも一五一五、一五一九年のいずれの版も高地ドイツ語で書かれているが、そのなかに低地ドイツ語が未消化の形で数多く残存している。そのうえ九五話のそれぞれにつけられている表題と内容にはしばしば大きなズレがあり、全体に不統一が目立ち、一五一五年版が原本であるとはとうていいえないからである。一五一五、一五一九年のいずれの版も、なんらかの形で存在していた低地ドイツ語版テキストの高地ドイツ語訳と考えられたのである。当然熱心な原本探索がはじまったが、今日にいたるまで低地ドイツ語で書かれたとみられる原本なるものは発見されていない。

著者をめぐる問題も謎につつまれている。ラッペンベルクはシュトラースブルク生れの諷刺詩人トーマス・ムルナー（一四七五〜一五三七）を著者とみた。ラッペンベルクによると、ムルナーは若いころ低地ドイツを旅行し、ブラウンシュヴァイクの旅籠ツーム・ヴィルデン・マン（一九話参照）などでオイレンシュピーゲルの出生と死をめぐる話と遍歴職人としての話を集めたという。これらの低地ドイツ語の話が印刷されていたかどうかは不明だという。いずれにせよムルナーは他の部分については低地ドイツ語のオリジナルから訳したのではなく、みずから創作したのであり、ほかに多くの話が別の書物から借用されていることをラッペンベルクは証明した。しかしすでにふれたように、高地ドイツ語で書かれたシュトラースブルク版がオリジナルだとみる主張には無理があり、K・ゲーデケやW・シェーラーの指摘によって研究はふり出しに戻ったのである。シェーラーは一五三九年のケルン版と一五一五年版とは同じ価値のものであると主張し、ケルン版の序文に一四八三年とあるのを頼りとして、本来この書の原本はザクセン語で一四八三年に書かれ、それが高地ドイツ語に訳されたのだと主張した。

さらにH・レムッケはフランシスコ修道会士J・パウリを高地ドイツ語版の著者とみたが、これも確証のないままに終っている。のちにC・ヴァルターは一四八三年の低地ドイツ語オリジナルの著者を鍛冶屋アルント・ボーテの子ヘルマン・ボーテとみた。ボーテはブラウンシュヴァイクのハーゲンの税関書記で、一五二〇年に死ぬまでハーゲンの市参事会員を諷刺する書やブラウンシュヴァイクにおける叛乱、一揆の歴史（一二九二〜一五一四）を書くなど異色の人物であったが、その『シヒトブーフ』（一五一〇）における叙述からみて、彼が民衆本の原本を書いたはずがないとE・シュレーダーはヴァルター説を批判している。

民間伝承の集成?

ところが二十世紀初頭にはオイレンシュピーゲル研究は大きな進展をみせた。それまでの研究が主として原本と著者の探索と低地ドイツ語的表現の解明に向けられていたのに対し、一九一一年のE・シュレーダーの問題提起をうけて、一九一六年にE・カドレックが九五話のそれぞれについて文体、内容の分析をおこない、シュトラースブルク本(一五一五、一五一九)の編者S以前にO_2なる編者を想定し、さらにO_2が使用したとみられる原本の著者O_1の存在を推定した。Sは現存テキストのうち二九、六一、七五、八三の四話を追加し、さらにそれぞれの話に表題をつけたという。Sが使用したテキストはO_2が編んだものだが、そこには本来は前述の四話のほか一三、一四、一七、二三、二五、二七、二八、三一、三四、四一、五〇、五八、六三、七一、九六の一五話と四〇、九五の話の後半は含まれていなかった。つまりこれらはO_2が追加したものとみられる。しかしO_2が使用したテキストのすべてが民衆本成立以前に民衆の間で語られていたのではない。O_1が世界文学としてすでに著名で人口に膾炙したテーマをオイレンシュピーゲルの話としてとりこんだものもあり、それらには、六、九、二四(?)、二六(?)、三五、五七、六八、六九、七〇、七九、八〇、八一のほか二一、二二、五五も含められる。またオイレンシュピーゲルが三回洗礼をうけたという第一話も、O_1によるものとみられている。第五話もO_1の追加とみられている。こうしてカドレックによると、残った二〜四、七、八、一〇〜一二、一五、一六、一八〜二〇、三〇、三二、三三、三六〜四〇、四三〜四九、五一〜五三、五六、五九、六〇、六二、六四〜六六、七二〜七四、七六〜七八、八二、八四〜九五の五七話が、本来民衆の間で口伝で伝えられてきたオイレンシュピーゲル話の核をなすものということになる。カドレックはオイレンシュピーゲルの以上五七話は、本来特定の作者の創作によるものではなく、低地ドイツの民衆の間で語り伝えられてきた民間伝承にもとづくものだと考えているのである。

カドレックの以上の結論は滑稽話の特質と文体、ロカリゼーション、語彙などの分析にもとづいたものだが、それぞれの編者の性格も同時に浮びあがってくる。Sは一般に認められているように低地ドイツ語に堪能ではなく、おそらく短期間に急いで訳業をしたとみられる。しかるにO_2、O_1ははっきりした個性をもつ存在としてとらえられている。O_2は神学の素養のあるかなり高い身分の者で、民衆本についてはO_1とは対立する立場にあるとみられている。しかるにO_1は民衆のなかから生れ、職業も庶民のものであった。彼は教会内の正・不正、国家社会の正・不正についてはあまり深く考えなかった。だからオイレンシュピーゲルはいつもいたずらをしたのちなんの罰もうけることなく無事に逃げおおせる。また彼は時代の状況についても何も述べてはいない。彼はこれらの話をまったく楽しみのために語り、主人公と内的に結びついている。しかるにO_2は十五世紀末の騒然たる社会の子であり、時代の厳しさは彼に刻印を押していたという。彼はすでに冷静な視野をもち、したがって時代に対して無批判になることはできない。だから彼はある目的をもってこれらの話を享受したのである。つまり彼にとっては諷刺が主たる目的であり、そのために原話を書きかえているという。O_1はこのいたずら者の粗野で自由かつ厚顔無恥な姿を描いている。しかるにO_2の編になると、このいたずら者は社会の有力者や聖職者の前で柔順になっている。これは当時有力者の承認を求めようとする人文主義者によくみられた姿勢だという。彼は一三、四一話や五〇話など民衆から話を汲みとるばあいもあったが、印刷された先行作品から多くの素材をえている。しかし他方でまったくの創作もある(三四、六三話)。語り手としての質はそれほど低くなかったが、構想力に欠けていたと評価されている。

O_1は教養ある人物ではなかったが、民衆本に対してはO_2より内的に深くかかわっていた。彼は先行テキストや史料などをまったく用いず、すべて民衆自身の口から集め、すでに文章化されていたオイレンシュピーゲルの滑稽話を使用したときにも、言葉や文体などの最終的な構成は彼の手になるものであったという。彼は民衆の子であり、民衆のなかに根をおろしていながら、この時代としては注目に値する方法ですでに個性化的観察をおこなうことができたという。彼はのちの校訂者よりもたくみな語り手であり、粗野だが生き生きとしており、つくりものではないユーモアがあったという。O_1の編んだ原本はすでに全体としてのまとまりをもったロマンであり、このことは民衆本の導入部（出生）と結末（埋葬）にはっきり示されているというのである。

知識人の創作？

ところがL・マッケンゼンは一九三六年に、カドレックの以上の結論に対して正面から対立する見解を明らかにした。カドレックがまず民衆の口伝が民衆の身近なところにいた集成者によって集められ、最後に詩人 Dichter が登場すると考えているのに対し、マッケンゼンは「文献学者にとっては有名な〈未発見の手書本〉であるものが……民俗学者の目には〈民衆の口伝〉となってしまう」と批判する。

マッケンゼンは民衆本をかなり教養のある詩人の創作とみているのである。問題はここでも知識人の創作と民衆の創作の関係の問題となって現われる。そしてこの面での対立の前提に、「ティル・オイレンシュピーゲルなるいたずら者は実在の人物であったか否か」という問題がある。

民衆本によるとティル・オイレン（ウーレン）シュピーゲルは、ブラウンシュヴァイク近くのクナイトリンゲン村で農民クラウス・ウーレンシュピーゲルを父とし、アン・ヴィプケンを母として生れたとある。そして各地を放浪したのち一三五〇年にハンブルク近くのメルンの町でペストで死んだとされている。すでにラッペンベルクはオイレンシュピーゲルを実在の人物とみて、ヴィスマールのマリーエン教会の石にみられるオイレンシュピーゲルのものとされる図版（一三三九〜五八ころ）やメルンの墓石、さらに同姓の人物の実在などをその根拠としている。しかし図版でみられるように、ヴィスマールの絵がわれわれのティル・オイレンシュピーゲルを示すという確証はない。またメルンでオイレンシュピーゲルが死んだという事実についても、『低地ドイツ年代記』（一四八六年以後の記述）の一三五〇年の項に、C・アーベルが、ペストがブラウンシュヴァイクを襲い、「そのためにウーレンシュパイゲルがメルンで死に、鞭打苦行者が来た」と書いている。しかしこれは民衆本の原本が成立したとされる一四八三年以後の記述であり、もっとあとの加筆である可能性もあって十分な証拠とはならない。オイレンシュピーゲルの死については民衆本以前の記録は、同時代の年代記などには皆無なのである。R・コックの『リューベック年代記』の一五〇三年の項やゼードルフの牧師D・ドライヤーの『年代記』（一六三一）には、メルンのオイレンシュピーゲルの墓とされるものには当時すでに多くの旅行者がおしよせていたことが記されており、歯痛の守護者として祀られていたことがわかる。そこでは「ルター派の聖人オイレンシュピーゲル」とされている。枢機卿ライモンドが一五〇三年に聖人としたというのである。

また十八世紀には多くの遍歴職人がメルンのオイレンシュピーゲルの墓を訪れ、教会墓地の菩提樹の木に無数の釘を記念に打ちこんだため、この木が枯死してしまったといわれ

1515年版の『ティル・オイレンシュピーゲル』の扉

52話の挿図（1515年版）

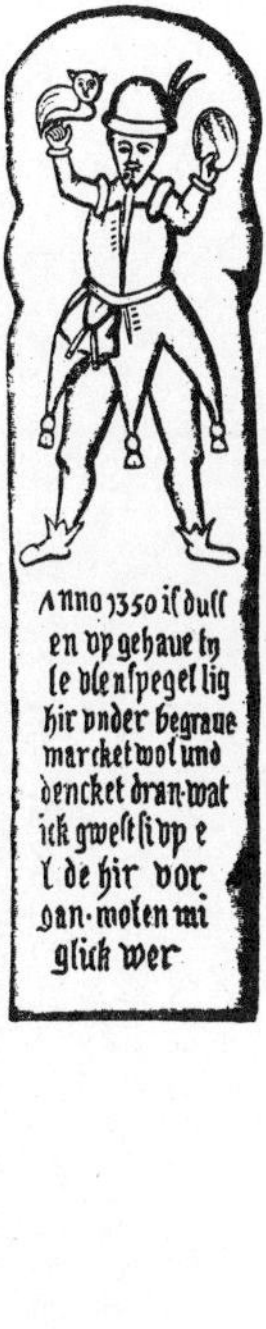

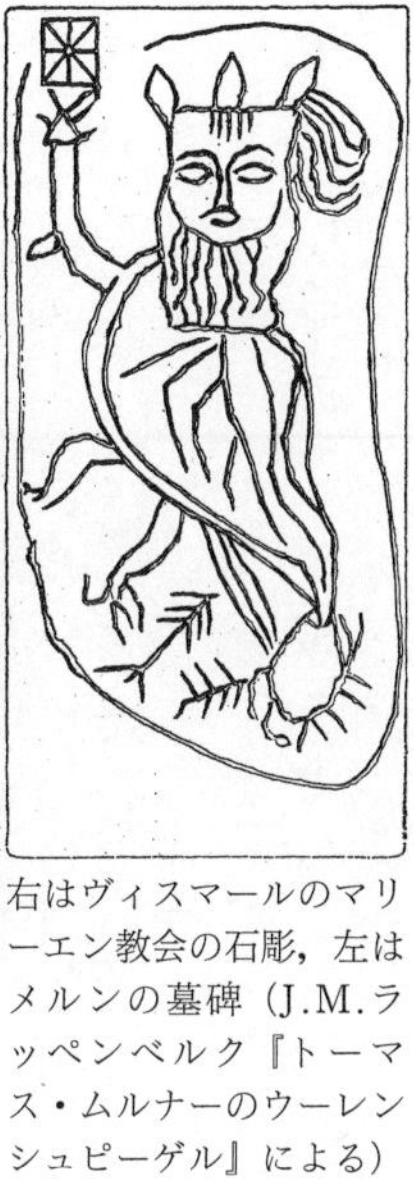

右はヴィスマールのマリーエン教会の石彫，左はメルンの墓碑（J.M.ラッペンベルク『トーマス・ムルナーのウーレンシュピーゲル』による）

るが、これらは民衆本が普及したのちのこととみなければならない。

図版にみられるような墓碑がオイレンシュピーゲルの死の直後にたてられたとしたなら、それはラッペンベルクのいうように、オイレンシュピーゲルが定めた遺産相続人が彼の死の四週間後に、石ころのいっぱい入った遺産の箱を開くまでのことであったと考えられ(九三話参照)、いずれにしても墓碑の信憑性は大変薄いといわねばならない。

たしかにウーレンシュピーゲルという姓は十四〜十六世紀のブラウンシュヴァイクやゾーストの史料には出てくる(一三三五、一三三七、一三五五、一四七三、一四八二、一五四七)。しかし前者は婦人で一軒の家を賃貸していたが、家賃が支払われなかったため債務者をフェーメ裁判所に訴えているのであるから、四週間もパンを食べなかった(五話参照)われわれのティルの母親ではありえない。また後者は貴族の家柄であるから、これも問題にならない。

そのほかクナイトリンゲン村にはオイレンシュピーゲルホーフという名の大きな農家が現存しており、これは一六五四年のメリアンにすでに記載されているが、十七世紀以前にさかのぼるものではない。

いずれにしてもE・シュレーダーやW・ヒルスベルクなど、オイレンシュピーゲルの実在を信じている学者の論拠も前述の史料の範囲を出ず、決してわれわれを満足させるものではない以上、民衆本以外の直接史料でこのいたずら男を歴史的人物とする手だては今のところないといってよいだろう。

マッケンゼンはまさにオイレンシュピーゲルは実在の人物ではないという前提に立って、この書物が教養ある作者の創作であることを論証しようとしているのである。マッケンゼンは民衆本の文献学的考察やオイレンシュピーゲルの歴史的背景の探索には向わず、この滑稽話の構造を問題にする。そしてオイレンシュピーゲルの滑稽話の本質が語呂合せの言戯であることに注目し、すべての話を貫いている基本線は主人公の性格や行動様式やその動機にはない、とみるのである。

たとえば一連の話でオイレンシュピーゲルは予言者 Wahrsager として登場する。しかしこのばあいオイレンシュピーゲルは「真実を述べる者」Wahrheit Sager なのであるが、当然他の者は予言 Wahrsagen を期待する。四一話でオイレンシュピーゲルが鍛冶屋とその妻、下男、下女に予言する wahrsagen（真実 Wahrheit を語る sagen）ことを頼まれ、「鉄と石炭と鞴《ふいご》の風があれば、お前さんは鉄を鍛えることができる」と答え、鍛冶屋は「たしかにそれは真実だ」と認めて蹄鉄を無料でつけなければならなかった。この調子でティルは四つの蹄鉄をせしめるのだが、いずれも Wahrsagen が二義的な言葉であることがこの話の面白さとなっている。三五話でもオイレンシュピーゲルはフランクフルトでユダヤ人に「予言の木の実」Prophetenbeer を売りつける。この実を口にふくめば予言の能力が授かるというのである。実際は人間の排泄物でしかないものを売りつけるのだが、メクレンブルクの方言では Propheten とは Kot（排泄物）を意味し、オイレンシュピーゲルはここでも真実を述べたのであって、それを人がどう誤解しようと彼の責任ではない。そしてこの wahr sagen（真実を述べること）と wahr tun（言葉どおりにおこなうこと）との間にオイレンシュピーゲルの悲劇があるという。つまりオイレンシュピーゲルが手工業の職人として雇われたばあいに、親方のいう言葉どおりに行動して叱責されるのもこのためなのである。民衆本の後半ではオイレンシュピーゲルは、「俺はいつも皆の命ずるとおりにしているのに、どうして感謝の言葉ひとつもらえないのか」と嘆くのだが、言葉の二義性を用いた滑稽話の筋はこうして全篇を貫いているとマッケンゼンはみるのである。

オイレンシュピーゲルの名前自体二義的である。オイレ（梟）とシュピーゲル（鏡）は民衆本の普及以来、一般的にティルの姓としていたずら男の代名詞となったが、それは木版画制作者によるあまり意味のない解釈である。E・ジープによるとオイレンシュピーゲルには、ブラウンシュヴァイクでは Ul'nspeil という形が用いられ、Ul den Speigel とは「尻を洗え」という意味であるという。たしかに六六話でわれわれはその見事な適用例を見出すのである。オイレンシュピーゲルは笛作りとの頓智遊びに勝ったが、負けた男は皮剝ぎを欺してオイレンシュピーゲルの家にやる。いうまでもなく当時は皮剝ぎと接触すると賤民におちるとされていたので、笛作りは卑怯な手に出たわけである。オイレンシュピーゲルは皮剝ぎの前でズボンをおろして尻を出し、「ここをみて帰って笛作りに言え。この小路にはオイレンシュピーゲルはいない」と。つまりオイレンシュピーゲルの尻はとても汚れていたので、「尻を洗え」という名にふさわしいものではなく、この男は「尻を洗ってはいない」からオイレンシュピーゲルではないことになる。あるいは逆に彼の尻がきれいだったと考えても同じことである。ウーレンシュピーゲルという名はすでに述べたように、当時とくに稀な姓ではなかったが、民衆本においてはそれが卑俗にもじられているのである。

このように民衆本の全体を貫く語呂合せ、言戯の特質をみたマッケンゼンは、これらの話が第二次的な蒐集活動の結果とはみられないと考えるのである。まったく明確な目的をもった意識的な文学創作のなかから生れたものに違いないというのである。ということは民衆本の著者がカドレックのいうように「民衆の子」ではなく、ウィットにあふれ、教養があり、時代の流れを十分に知っていた人物であることになる。話の構成を十分に考えぬき、他の多くの先行する滑稽話を採り入れ、史料を利用していることは著者の教養の高さを示しているし、フランス語、イタリア語、ラテン語を解し、F・ゴネルラ、B・ポッジオ、カーレンベルクの司祭などの先行する滑稽話を知っている。それだけでなく、六三話(眼鏡つくりとなって為政者を諷刺する話)などは知識人でなければ書けないものだとまでいうのである。

こうしてオイレンシュピーゲルの滑稽話の原型が民間伝承として庶民の口伝のなかで育まれたと考えるカドレックと、学識ある知識人の創作活動の結果とみるマッケンゼンとは正面から対立することになるのだが、民衆本の構造と編集過程については両者はかなり一致した見解をもっている。マッケンゼンも滑稽話のウィットの質的違いを分析して、編者に新旧二つの層があることを確認する。古い層の編者は Ul den Speigel なる名称の持主を主人公とし、ほとんどみずからの創作にもとづき、特定の型の滑稽話を系統的に集め、全体としてあまり緊密ではない形に仕上げた。そのさい、他の書物の話はほとんど採り入れなかった。しかるに新しい層の編者は Eule mit dem Spiegel（梟と鏡）を象徴とする男を主人公とし、各地を放浪して歩く道化師として登場させている。この男は彼の話し方を馬鹿にした者をだまし、どんな事態をも切りぬけてゆく。この編者は先行する滑稽話から多くの話を採用している。いずれの編者もブラウンシュヴァイクの人間で、教養ある人物であるが、新しい層の編者は同時代の文学作品をよく読み、より現実的で、時代感覚をもち、古い層の編者よりも世界を知っている、という。この二段階の発展段階において、低地ドイツ語のウーレンシュパイゲル本は明らかに上層階層の産物であり、民衆のなかにオイレンシュピーゲルの滑稽話が伝えられているとしても、それはこの作品によってはじめて民衆のなかに注ぎこまれたものだというのである。ここには民衆本の成立について、二つの決定的に対立した考え方がある。マッケンゼンは現在民衆的 volkstümlich とみえる多くのものは、かつては上層階層の生み出したものだったとみているのである。

マッケンゼンが古層に属するとみる話は、一～五、七、八、一〇～一二、一六、一九～二三、二五、二六、三〇、三三、三五、三七、三九～四五、四七、四八、五〇～五四、五六、五九～六四、六六、六七、六九、七二、七四～七六、七八、八一～八四、八九～九一、九四～九六であり、残りはすべて新しい層に属する話とみているのである。この分け方だけをみると、マッケンゼンとカドレックとの間に基本的な違いはないことになる。

果たして実際にオイレンシュピーゲルの話を細部にわたって検討していったばあい、カドレックとマッケンゼンのどちらに近い結論となるのか、それとも別の解釈がなりたつのか、つぎにオイレンシュピーゲルが遍歴職人となって惹き起すいくつかの話を訳出しながら、この点について分析を加えてみようと思う。

遍歴職人ティルの活躍

オイレンシュピーゲル民衆本のいたずら話は多方面にわたっているが、強いて分類すると次のように分けることができる。

一、手品師・宮廷道化師としての話（一七話）

二、手工業者をめぐる話（二八話）、そのうちオイレンシュピーゲルが親方のもとに奉公している話が一六話、その他の話が一二話。

三、司祭をめぐる話（九話）
四、旅籠の主人の話（一四話）
五、農民その他をめぐる話（二〇話）
六、出生と埋葬、導入部と結末（七話）

この分類にみられるように手工業者をめぐる話が最も多い。しかも量的に重要な位置を占めているというだけでなく、手工業者をめぐる話はほとんど先行する著作の影響をうけていないのである。手品師、宮廷道化師についての話は多くが『カーレンベルクの司祭』の話や『プファフェ・アミ』などにもとづいており、それらからの借用である。このほかフランソワ・ヴィヨンのものと伝えられる『ルピュ・フランシュ』や『マルガリータ・ファケティアールム』、『メンサ・フィロソフィカ』、『サロモンとマルコルフ』などの作品、そのほかB・ポッジオ、ハインリッヒ・ベーベル、ジロラーモ・モルリーニ、フランコ・サケッティ、F・ゴネルラなどの作者から直接、間接の借用が確認されているものが多い。カドレックによると、手工業者をめぐる話のなかでなんらかの先行する文献によっていると思われるものは五八話と六一話の二つのみであるが、そのうち六一話は一般に知られたモチーフであったから、直接文献によらなくても借用可能であったと考えられている。その他の手工業者についての話はほとんどすべてオイレンシュピーゲル独自のものであり、しかもそのなかには実際にブラウンシュヴァイクやその周辺で起った出来事を背景としている話もある。

このようにみたとき、「ティル・オイレンシュピーゲル」のいたずら話の核が、何よりもまずティルが遍歴職人として各地で起す事件にあったとみなければならないだろう。遍歴職人ティルをめぐる話がまずなんらかの形で成立し、そののちに他のさまざまな話が加えられていった、とみるのが自然な見方だと思えるのである。そこで手工業職人としてのティルの活躍を示す話を検討しなければならないのだが、紙数の制約上そのすべてを扱うことはできない。まず典型的と思われる話三つを訳出して吟味することにしたい。

以下に訳出する三九、四三、五一のそれぞれの話は、カドレック、マッケンゼンのいずれも、最も古い版、つまりオイレンシュピーゲルの低地ドイツ語版にふくまれていたものとみている。さらにW・クロークマンが最も原本・低地ドイツ語版に近いとみているオランダ語訳(一五一五〜一八年の間という)においても、三九話は二五話として、四三話は二六話として入っている。五一話はオランダ語訳には入っていない。オランダ語訳についてはクロークマンの主張にもかかわらずいくつかの問題点があり、低地ドイツ語版に最も近いとみる解釈にはまだ検討の余地がある、と私は考えている。しかしこの点については機会を改めて論じなければならないだろう。底本は一五一五年版を用い一五一九年版をも参照した。また語句の読みについてはC・ヴァルターの解釈によっている部分がある。呼び名は本来ウーレンシュピーゲルまたはウーレンシュペーゲルだが、すでに慣用化しているオイレンシュピーゲルを用いた。

三九話

オイレンシュピーゲルが鍛冶屋に奉公し、鞴《ふいご》をもって便所についていったこと。

オイレンシュピーゲルはメクレンブルクのロストックにやって来て鍛冶屋の職人として雇われた。そこの親方には一つの口癖があって、職人が鞴をおすときに親方は「ハッホー、鞴といっしょについてこい」と声をかけるのである。さてオイレンシュピーゲルも鞴の上に立って風を送った。すると親方がオイレンシュピーゲルに大きな声で「ハッホー、鞴といっしょについてこい」と声をかけると仕事場から出てゆき、便所に入って小便をしようとした。そこでオイレンシュピーゲルは鞴を一台もちあげて肩にかつぎ、親方のあとをついてゆき、たずねた。「親方、鞴を一台もってきやしたぜ、どこにおきますかね、別の鞴もすぐとりに行きますからね」。親方は振り返って見ていった。「おいお前、わしはそういうつもりでいったのではないんだ。あっちへ行け、そして鞴を元の場所に戻せ」。そこでオイレンシュピーゲルはいわれたとおり鞴を元の場所においた。鼻白んだ親方はどうやって奴に仕返しをしてやろうかと考え、五日間真夜中に起して職人の目をさまさせ鍛冶仕事をさせてやろうときめた。そこで親方は職人を起して鍛冶仕事をさせたのである。オイレンシュピーゲルの相棒は文句をいいはじめた。「こんなに早く起すなんて一体親方は何を考えているんだろう。いつもはこんなことはしないのに」。オイレンシュピーゲルは「あんたがその気なら俺が聞いてみてもいいよ」というと、相棒が「そうしてくれよ」というので、「親方こんなに早く俺たちを起すなんて一体どうしたんですかい。まだ真夜中ですぜ」と聞いた。親方は「はじめの八日間は毎晩半夜以上は寝かせないのがわしのやり方なのさ」と答えた。オイレンシュピーゲルは黙った。相棒は翌日の夜親方がまた起しに来るまで彼と話ができなかったのである。相棒が仕事場に出ていったとき、オイレンシュピーゲルはベッドをもちあげ、自分の背中にしばりつけ、鉄が熱くなったとき屋根裏部屋から出ていって、鉄砧《かなとこ》の前に陣取って向う鎚《つち》を打った。そのために火花がベッドにとび散った。親方はそれをみて「お前はそこで一体何をしているんだ。気でも狂ったか。どうしてベッドを部屋においておかないんだ」とどなった。オイレンシュピーゲルは、「親方怒りなさんな、これがあっしのやり方なんでさあ。はじめの一週間はあっしが毎晩夜中までベッドに横になると、のこりの半夜はベッドがあっしの上で横になるってわけでさ」。それを聞いた親方は怒って「ベッドをもっていって元の場所に片づけろ」といい、そして癇癪を起しながら、「ついでにお前〔ブーベン・職人、オーベン・上という意もあり〕も家から出てゆけ。このべらぼうな悪たれ野郎」とどなった。オイレンシュピーゲルは「ああそうですかい」といって、屋根裏部屋へ戻ってベッドを元に戻し、梯子をもってきて屋根の棟木にかけて登り、屋根に穴をあけて屋根板の上に出て梯子をひっぱり上げると道路側におろしてそれをつたって降り、そのまま出ていってしまった。親方はティルがガタガタいわせている音を聞いて、ほかの職人といっしょに屋根裏部屋へ彼のあとを追ってゆき、ティルが屋根に穴をあけて出ていったのを見た。親方はますます怒り狂って槍を探すと、それを手にしてティルのあとを追って家をとび出そうとした。しかし職人が親方をおさえていった。「およしなさい、親方、彼は親方にいわれたことしかしていないんですぜ。親方が彼（ブーベン）に上から（オーベン）家を出てゆけ、といったから。今見たでしょう。彼はそのとおりにしたんですよ」。親方はそういえばそうだなと思ったが、いまさらどうしようもなかった。オイレンシュピーゲルは出ていってしまったし、親方は屋根を修理させ、あとはあきらめなければならなかった。職人は「あれほどの仲間はめったにいない。オイレンシュピーゲルと会ったことがない者でも、あの男とかかわりをもちさえすれば〔彼のすばらしさ〕がわかるのだ」と語っていた。

三九話ももっぱら言葉の二義性にもとづいた話である。「鞴といっしょについてこい」folge mit den Bälgen というとき、当然「さあはじめるぞ、鞴もおくれをとらずにどんどん風をおくれ」という意味で親方はいっているのだが、オイレンシュピーゲルは mit den Bälgen を文字どおりの意味に解して、鞴をもって便所までついてゆく。また眠ることを「ベッドの上に横になる」auf dem Bett liegen というのを文字どおりにうけとめ、半夜は眠らせないといわれて、それなら「ベッドが俺の上で横になる」というように解釈し、実行したところにオイレンシュピーゲルの卓抜な頭の働きがある。また親方は怒って「ベッドを元の場所(屋根裏部屋)へ戻し、ついでにお前も家から出てゆけ(お前も片づけろ)」といった。この部分は一五一五年版、一五一九年版では und gang mir doben us dem Hus とあり、doben は da oben と読まれているのだが、それでは意味が通じない。「あそこの上から家を出てゆけ」というのでティルは屋根に穴をあけて出ていった、と一般に解されているのである。しかしそれでは、なぜ親方が「上から」といったのか理解できない。ここはC・ヴァルターが示したように und dann mit dir Buben aus dem Haus とよむべきであろう。つまり boven(短音の o : oben)と boven(長音の o : Buben)のかけ言葉の面白さなのである。

さらにこのような言葉の二義性や語呂合せの遊びは知識人の特技であるかにいうマッケンゼンに対しては、本来この話の後半のモチーフが農村において守られ、語りつづけられてきたひとつの慣習にもとづいていることを指摘する必要があるだろう。

オイレンシュピーゲルはボ(ブ)ーベン(職人)をボ(オ)ベン(上)と聞いて、上から、すなわち屋根を破って出ていった。今日のわれわれなら、ただ家を毀し、親方に思いしらせたとしか考えないのだが、当時の一般の庶民はこの話を聞いたとき、腹をかかえて笑ったろうと思われるのである。

なぜなら、屋根を破るという行為には当時は特定のイメージが結びついていたからである。

グリムが『ドイツ古法集』で集めている多彩な慣習法のなかに、「妻に殴られた男」の処遇がある。「男がその妻に殴られたときは家から逃れ、梯子をかけて屋根に登って屋根に穴をあけるべし。……そののち一金貨グルデン相当のものをもち出し、両隣りの隣人二人と飲みつくすべし。そのさい〔罰金の蕩尽にあたっては〕皆が寸分の違いもなく平等に飲むべし。ジョッキに分量を示すためにつけられた溝には、そのつど虱が耳を立ててくぐりぬけるだけの余地を残すべし」。このような規定は、グリムによると十八世紀末まで各地に残っており、現実におこなわれていたという。

家は古来マルク共同体の要であり、自分の家を守ることができない者はマルク共同体員たる資格はない。妻に殴られっぱなしになっているような男は、他の者を雨風から守護する資格がない。そのような男がいることは同時にマルク共同体にとっての危機ともなりうる。したがってマルク共同体員が総出でその男の家の屋根をはがしてしまうという事例も多くみられる。屋根をはがされたり、穴をあけられるということは、家長にとっては何よりも決定的な恥辱であり、世間に顔向けできないことなのである。

十四、五世紀の人びとも威張りくさった親方の家の屋根が破られた話を聞いたとき、妻に殴られた男の話と二重映しにして聞いたことだろう。この話は農村の慣習に通じている者にとっては、腹の皮がよじれるほどの爆笑を誘ったに違いないのである。ついでにいえば、「虱が耳を立ててくぐる」という描写に類する表現は、農村の判告録のいたるところにみることができる。O・ギールケが見事に示しているように、言葉にあらわれたユーモアそのものもまさに庶民のなかから生れているのである。

四三話

オイレンシュピーゲルは靴屋に奉公し、どんな型に皮を裁つかをたずねた。親方は「牧人が市門から追いたててゆくときのように、大きいのと小さいのだ」と答えた。そこで彼は雄牛、雌牛、子牛、山羊などの形を切り抜き、皮を駄目にしてしまったこと。

ある靴屋は仕事中にも市場をぶらつくのが好きだったので、あるときそのあいだにもオイレンシュピーゲルに皮を裁つよう命じた。オイレンシュピーゲルはどんな型に裁ったらよいのかをたずねた。すると靴屋は「牧人が村から〔家畜を〕追いたててゆくときのように、大きいのと小さいのを裁て」と答えた。オイレンシュピーゲルは「ようがす」と返事をした。靴屋が出てゆくとオイレンシュピーゲルは、豚、雄牛、子牛、羊、雌山羊、雄山羊その他のさまざまな家畜の形に皮を裁った。夕方になって親方は戻ってくると、職人が裁ったものをみようとした。そして職人が皮を家畜の形に切り抜いたのをみた。親方は怒ってオイレンシュピーゲルにどなった。「お前は一体何をやらかしたんだ。わしの皮を使いものにならないように切り刻みやがって」。オイレンシュピーゲルは答えた。「親方、あっしは親方のいうとおりにしたまでですぜ」。親方はいった。「そいつは嘘だ。お前が駄目にしてしまったようなものを作らせようとしたわけではないぞ。そんなことは命じなかったぞ」。オイレンシュピーゲルは答えた。「親方、一体なんで怒りなさるのかね。親方はあっしにちょうど牧人が門から追いたててゆくときのように皮を大きいのと小さいのに裁てといったでしょうが。あっしはそのとおりにしたまででさ。あったりまえのことでしょうに」。親方はいった。「わしはそういうつもりではなかったんだ。わしがいったのは大きい靴と小さい靴のことだ。それをつぎつぎと縫えといったんだ」。オイレンシュピーゲルはいった。「親方がそういっていれば、あっしも喜んでそのとおりにしたでしょうに。もちろん今だって喜んでやりますがね」。かくしてオイレンシュピーゲルと親方は仲直りをした。オイレンシュピーゲルが親方の望むものをつくると約束したので、親方は皮を切り刻んだことは大目にみた。そこで親方はさっき命じたものをもう一度つくるようにいった。靴屋は靴底の皮を裁断し、それをオイレンシュピーゲルに示して命じた。「これをみろ、小さいものと大きいのをつぎつぎに die Kleinen mit den großen, ein durch den andern 縫うんだぞ」。ティルは「ようがすとも」と答えて縫いはじめた。親方は心配で外出しかねたが、オイレンシュピーゲルが命ぜられたことを承知したうえで親方の命令どおりに実際どのようにつくるかをあとでしらべてみようと思った。オイレンシュピーゲルは親方の指示どおりに小さい靴と大きい靴をとりあげ、小さい靴と大きい靴とを通して両方を縫いつけてしまった。ところで親方はぶらつきに出かけてもオイレンシュピーゲルが何をやらかそうとしているのか、また実際にするのか心配であったが、帰ってみるとオイレンシュピーゲルが靴をつぎつぎに縫い合せているではないか。親方はいった。「まったくお前は立派な職人だよ。わしがいったことはみなしているな」。オイレンシュピーゲルは答えた。「命ぜられたことを実行する者は、とにかく可能なことならば仕損じるということはないものでさあ」。親方はいった。「お前、それはそうだ。わしの言葉はそのとおりだった。だがわしの考えはそうではなかった。わしがお前にいったのは、まず小さい靴一足をつくって、それから大きな靴を一足つくることだったんだ。あるいは大きな靴を先につくり、小さな靴をあとにつくってもいいがね。お前は言葉に従ったが、わしの考えには従わなかった」。そして腹をたてて裁断した皮をとりあげ、どなった。「注意してよくみろ。ここに別の皮がある。一つの靴型の上で靴を裁断しろ」。こういうと、外出する用事があったのでそれ以上考えずに出ていった。親方は用事で出かけ、ほぼ一時間はたった。

そのとき親方は職人に靴を一つの靴型の上で裁断するように命じたことを思い出した。親方は用事をみなそのままにしてとんで帰った。その間にもオイレンシュピーゲルは坐って皮をとりあげ、すべての皮を小さな靴型の上で裁ち切ってしまっていた。親方は帰ってティルが小さな靴型の上で靴を裁ち切ってしまったのをみた。親方はいった。「小さな靴ばかりつくって、大きな靴もつくったというのか」。オイレンシュピーゲルは答えた。「それもお望みならあとでつくりますよ。大きな靴もあとで裁ちますから」。親方はいった。「わしなら小さな靴を大きな靴のあとに裁っただろう。それから小さな靴のあとに大きな靴を裁つ。だのにお前は一つの靴型を使い、ほかの靴型は役に立てなかった」。オイレンシュピーゲルはいった。「親方、誓っていいますが、親方はあっしに一つの靴型の上で靴を裁てと命じなすったんですよ」。親方は「お前にこんなに長いあいだ命令していたらお前といっしょに絞首台に行かなければならなくなる」というと、駄目にしてしまった皮の代金を払え、別の皮を手に入れたいからとつづけていった。オイレンシュピーゲルは「皮鞣工なら皮をもっとふやしてくれるでしょうよ」というと立ちあがり、戸口のところまで行って、家の敷居のところで振りかえって、「この家には二度と来やしないが、だけどここにあっしは居たんですぜ」というと去っていった。

四三話はオイレンシュピーゲルのいたずら話のなかでも最も人びとに好まれたもので、数多くのヴァリエーションが今でも各地で語られている。一五一五年版では「豚飼い Schweinhirt が村から〔家畜を〕追い立ててゆくときのように」とあるが、実際にオイレンシュピーゲルは豚だけを切り抜いたのではなく、そのほかに雄牛、子牛、羊等々を裁っている。この部分もC・ヴァルターがいうように、Sween, Swene, Swenen が一般に牧人を意味していたことに気がつかないと理解に苦しむところである。

この話のポイントは二つあって、親方が職人に仕事をさせながら、自分はぶらぶら市場を歩き廻るのが好きだったという点と、もうひとつは親方が職人に極めてもってまわった言い廻しで仕事を命じている点である。そしてこのいずれも同職組合（ツンフト）の発展のある段階において生じた事態なのである。

オイレンシュピーゲルのいたずらの多くは、手工業職人として雇われたのち、親方がなんらかの理由で不在のときにおこなわれる。親方が市場へ出かけたり、教会に行ったり、結婚式に招待され、あるいは他家へ客となって出かけている間にいたずらがおこなわれる。親方が眠っている間にいたずらがおこなわれることもある。こうした事態には特定の背景があった。

都市内に同職組合が成立する初期にあっては都市法制も十分に確立してはいなかったから、ツンフト内部の規制も慣習や個人差によってさまざまであった。都市の経済的発展もまだ成長段階にあり、都市人口は増加しつづけ、手工業における労働力も不足気味であった。このころには親方と職人の間の社会的格差はそれほど大きくはなかった。職人もある程度の修業をつめば親方になる見通しもついていた。しかし十四世紀なかごろともなると都市の経済的発展は限界に達し、労働力は相対的に過剰となり、同職組合の組織も硬化しはじめる。このころから同職組合内部で親方と職人・徒弟の間の社会的格差が明瞭になってくるのである。初期には同職組合の宴会にも職人が参加したが、それも親方だけに限定されるようになる。町の祭や結婚式にも親方しか招待されない。かつては親方と職人とは同じ仕事場でともに仕事をしていたのだが、このころには親方は職人に仕事をさせながら、自分は眠ったり、散歩に出たりするようになっていた。この話においてもこうした歴史的状況が前提となっているのである。

親方がもってまわった言い廻しで仕事を命じていることにも歴史的前提がある。十四世紀ころから親方と職人との社会的格差が大きくなってゆくにつれて、親方をふくむ都市上層部は貴族化の傾向を示すようになる。すでに遠隔地商人層には騎馬試合を開いたり、都市外に土地を手に入れ、農民をおき、地代をとりたてて封建的地主となってゆく者がかなり出ていた。彼らはそのうえ日常の立居振舞いも貴族に似せようと努力していた。手工業の親方もこのような傾向を示しはじめ、少なくとも職人に対しては身分の違いを誇示するために独特な言葉づかいを用いるようになっていた。ここでも「大きな靴と小さな靴を縫え」といえばすむところを、わざわざ「優雅」な言い廻しをしてオイレンシュピーゲルにこっぴどくやられるのである。手工業者をめぐる話のなかで親方が不必要に飾った多義的な言い廻しをする例はほかにも数多くある。三九話の「鞴といっしょについてこい」もそれにあたるし、次に扱う五一話でも同じ例がみられる。そのほか四八、五三、五四、五五、五六、六二、六四、七四などの話に同じようなモチーフがある。

五一話

オイレンシュピーゲルは織匠が月曜日を休日にすることを禁じたので、聖なる日に羊毛を打ったこと。

オイレンシュピーゲルはシュテンダルに向けて来たときには織工というふれこみであった。ちょうど日曜日だったので、織匠は「なあお前、お前さんたち職人は月曜日も休みにしているようだが、そんなことをする奴はわしは雇いたくないのさ。職人なら一週間びっしり働くのが当然というものさね」といった。オイレンシュピーゲルは「ようがすとも親方、あっしもその方がすきでさあ」と答えた。こうしてオイレンシュピーゲルは朝から起きて羊毛を打ち〔ととのえ、やわらかくする〕、火曜日にも同じように働いたので、織匠は機嫌がよかった。ところで水曜日は使徒の日〔七月一五日〕で皆が祝わねばならない日であったが、オイレンシュピーゲルは聖なる日のことを何も知らなかったので、朝から起きてガタガタ仕事をはじめ、羊毛をたたいた。その物音は道路中に響きわたったのである。親方はすぐにベッドからとび起きて叫んだ。「こらやめろ、やめろ、今日は聖なる日なんだぞ」。オイレンシュピーゲルは答えた。「でも親方、親方は日曜日に、聖なる日を休めとはいいませんでしたよ。一週間ずっと働けといったでしょうが」。織匠はいった。「なあお前、わしはそういうつもりではなかったのだよ。とにかくやめろ。そしてもう打つな。今日一日の手間は出すからな」。そこでオイレンシュピーゲルも満足して、この日を祝って休み、夕方には親方と食事をして談笑したのである。そのとき親方は、羊毛の打ち方はまずまずだが、もうちょっと高く〔強く〕打った方がいいだろうといった。オイレンシュピーゲルは承知しましたと答え、あくる朝早く起きると羊毛をたたくための台の上に弓〔紡糸用に羊毛をととのえるのに使う梳き具〕を張り、そこに梯子をかけた。彼はそれに登り、たたき棒が乾燥台にとどくようにして、土間から屋根裏部屋にとどくほどの高さの乾燥台から羊毛をとってたたいたので、羊毛は家じゅうにとび散った。織匠はベッドで寝ていたが、その音でまともに打っていないことがわかり、起きてのぞいてみた。するとオイレンシュピーゲルがいった。「親方、どうです。これくらいの高さでよいですかね」。親方はいった。「猿真似野郎め、屋根の上にあがったらもっと高かろうが、羊毛を打ちたければ、梯子の上などでなく、屋根の上に坐ってたたいたらどうかね」。

こういって親方は家を出て教会へ行ってしまった。オイレンシュピーゲルは親方のすすめに従って梳き具をとり、屋根に登って羊毛を屋根の上でたたいた。親方はその物音を小路の向うで聞きつけ、かけ戻ってきてどなった。「なんて馬鹿なことをしているんだ。やめろ。いったい屋根の上で羊毛をたたく奴がいるか」。オイレンシュピーゲルは答えた。「何をいうんですかい。親方が今いったでしょうが。梯子の上よりも屋根の上でたたいた方がよいといったばかりですよ。露台よりここの方が高いですからね」。織匠はいった。「羊毛をたたきたければたたくがいいさ。馬鹿なことをしたければ勝手にしやがれ。だがとにかく屋根からおりろ。乾燥台で糞でもたれやがれ〔口ぎたない悪態〕」。こういうと親方は家に入り便所にいった。オイレンシュピーゲルはやっと屋根からおり、部屋にしゃがむと乾燥台にでっかい糞をたれた。織匠は便所から出てくると仕事部屋に糞をたれたのをみて、「お前はまったくろくでもないことばかりしやがる。てめえのすることは悪たれがやることとそっくりだ」といった。オイレンシュピーゲルは答えた。「親方、でもあっしは親方の命じたこと以外のことはしていませんぜ。親方が屋根からおりて乾燥台で糞をたれろというからしたまでですさ。なんでそんなに怒りなさるんですかね。あっしは親方のいうとおりにしてるんですぜ」。織匠はいった。「お前は命ぜられもしないことを勝手にして糞をたれたんだ。糞を片づけろ。誰もが望まないところへもってゆけ」。オイレンシュピーゲルは「ようがす」

といって、糞を板の上にのせ、食堂に入っていった。織匠は「そこから出せ。食堂に入れてはだめだ」といった。オイレンシュピーゲルはいった。「親方が食堂においてほしくないということは承知していますさあ。誰だって食堂に糞をおいときたくないからね。だからあっしは親方のいわれたとおりにしてるんですぜ」。織匠は怒って板のところへ走ってゆき、オイレンシュピーゲルの頭に板をなげつけようとした。オイレンシュピーゲルは家からとび出し、叫んだ。「あっしはどこでも感謝されないんだからなあ」。織匠は急いで板をつかもうとして糞で指がべっとりと汚れてしまったので、糞をはらいおとし、泉にとんでいって指を洗った。その間にオイレンシュピーゲルは出ていってしまった。

五一話も典型的なオイレンシュピーゲル話といえよう。ここではまず「青い月曜日」が問題となり、そののち五つの命令が意図的に誤解されて親方が虚仮《こけ》にされるのである。

まず親方が職人に月曜日を休日にすることを認めないと最初に申し渡すのだが、月曜日を休日にするという運動は、親方と職人との間の社会的格差が広がり、親方株が制限されたこととあいまって、親方になれる見通しのない職人が増加したころにはじまっている。職人は職人組合を結成して親方に対抗したのである。当時職人は朝四時ころから夜七、八時ころまで仕事場または親方の家に拘束されていたから、自分たちの自由な時間、集会の時間をもつことができず、そのために職人組合の運動は何よりもまず労働時間の短縮を求める運動として展開されたのである。日曜日につづく月曜日を休日にしようという運動は十四世紀にすでに全面的にくり広げられ、いたるところで職人層は勝利をおさめた。こうして休日となった月曜日を「青い月曜日」と呼んだのである。職人層は勝利をおさめた。こうという条件だったものがやがて全日となり、こうした週休二日が各地で普及するようになると、親方も結束して職人組合に弾圧を加えるようになった。この争いは実に十九世紀までつづき、十九世紀に「青い月曜日」が全面的に禁止されるようになると、今度は一日八時間労働を求める運動にかわっていったのである。

なぜ「青い月曜日」と呼ぶのかという点についてはさまざまな見解がある。中高ドイツ語で青は聖なる意味をもっていたから、「青い日」とはその日を「聖なる日」として祝う、つまり休日にして英気を養うともいわれていた。フライベルク（ザクセン）では一四九〇年ころ、「青い月曜日」は「ビール休み」Bierschicht と呼ばれていた。一般的には、日曜日に職人が夜酒を飲んでは大騒ぎをし、あげくの果ては喧嘩騒ぎとなって、月曜日にはみな身体じゅう青痣だらけで仕事場に現われたから「青い月曜日」と呼ぶのだともいわれたが、これは卑俗な解釈というべきであろう。「青い月曜日」という呼び名の由来については、それぞれの職種でそれなりの理由が語り伝えられていた。五一話に出てくる毛織物匠のツンフトでは、大青（染料）で染めるときに、羊毛は一二時間染料桶のなかにつけられたのちに、同じくらいの時間空気に晒して乾かさなければならない。日曜日の間じゅう羊毛をたっぷり染料桶につけると、月曜日いっぱいは空気に晒さなければならない。その間はとくにすることがないから職人はのんびりできる。ここから「青い月曜日」という呼称が生れたと語られていた。

五一話においてオイレンシュピーゲルが聖なる日を知らなかったとある点は興味を惹かれる。「青い月曜日」のことも職人なら知らないはずはないのだから、それを無視して親方をからかうあたりに、のちにふれるようにオイレンシュピーゲルの位置がほのかにみえているのである。

さらに五一話では毛織物匠の仕事場と道具についてかなり立ち入った用語が出てくる。ここで使われる弓とはおよそ二メートルほどの長さの彎曲した、または両端が折れ曲った棒で、その両端に腸弦が張られていて、これで羊毛をほぐし、整えるのである。オイレンシュピーゲルが最初の日に「朝早く起きてガタガタ仕事をはじめ、羊毛をたたいた」という部分は、シュトラースブルク本では und begunnt zu schmieren und schlug Wollen とある。これは文字どおりに訳せば「羊毛をたばねはじめ、そしてたたいた」となる。だが羊毛加工の最初の工程では羊毛をたばねるのではなく、まずほぐさねばならないのだから、たばねる schnieren ではおかしいのである。シュトラースブルク本の編者は羊毛加工の工程を知らないために、このような言葉が訳語とされたとみられるのである。C・ヴアルターはヘルマン・ボーテの『シヒトブーフ』のなかから snarden myt den Wullbogenという言葉を発見した。この snare, snar は腸弦のことであり、snaren とは羊毛加工用の弓を扱うことで、それからおこる騒がしい音をも意味していることをつきとめたのである。snar も snaren も高地ドイツ語ではないので、訳者が理解しえなかったと考えられる。これはいずれにしても羊毛加工業の専門用語なのであり、原作者が少なくとも低地ドイツの羊毛加工業についてかなりの知識をもっていたことを示している。マッケンゼンは、オイレンシュピーゲル民衆本に出てくる手工業者の用語などは当時の人びとならたいていは知っていた言葉であって、格別専門用語とはいえないとし、この話が教養の高い知識人によって創作されたものだ、と主張している。しかし、少なくとも高地ドイツ語版の訳者はこの程度の手工業技術についての知識もなかった知識人だったことになる。

その他五一話では糞がひとつの役割を果たしているが、オイレンシュピーゲルの話の多くにこのモチーフがある。オイレンシュピーゲルの行くところ糞の臭いがついてまわる。中世の滑稽本には必ず出てくるモチーフなのである。そしてまさにこの糞のモチーフを高地ドイツ語版の訳者が十分に理解しえなかったために、シュトラースブルク本ではせっかくの語呂合せの面白さが生かされていないのである。たとえば最後にティルは糞を板の上にのせて食堂にもってゆくのだが、この板はシュトラースブルク本では Stein（石）や Stall（厩）となっている。これでは前後の脈絡がつかないのだが、それを低地ドイツ語の板 Stellkloot と読めば話はつながってくる。この板は織匠が織物を布張り枠の上でのばすときに使う道具のことなのである。さらに親方が「糞を誰もが望まないところへもってゆけ」Nimm den Dreck und trag ihn an ein Ort, da ihn niemans haben will. と命じたのをティルが意図的に曲解したのも、前に述べた親方のもってまわった気取った言い廻しのためであることはいうまでもない。

糞は古来災害除けの効果をもつとされていたから、盗人が現場に糞をのこしてゆき、それがあたたかい間は捕われないと信じられていた。これが糞の山 grumus merdae である。オイレンシュピーゲルの話にしばしば出てくる糞も、中・近世における糞をめぐる民間伝承のなかに位置づけないと十分には理解できないのである。

次に訳出する四話のうち、四〇、五二、五三話は厳しい冬の寒さのなかで遍歴するオイレンシュピーゲルの話となっていて、他の話とはやや異なって特徴がある。四〇話の後半部分はO_2の手になるものとみられるが、その他は四七話も含めてカドレック、マッケンゼンのいずれも最古の版にすでに含まれていたものとみている。しかしクロークマンは以下の四話すべて低地ドイツ語の最古の版には入っていなかったとしている。四七話は民衆本成立以後も民衆が語り伝えてゆくなかで変貌していった典型的な話として注目されるものである。

四〇話

オイレンシュピーゲルが鍛冶屋のハンマーや火ばさみなどを溶接してしまったこと。

こうしてオイレンシュピーゲルが鍛冶屋のもとを離れたとき、もう冬に向っており、この冬は寒くこごえるほど厳しかった。おまけに物価が高くなるころで、働き口にありつけない職人がたくさんいた。オイレンシュピーゲルの飲食の金すらつきてしまった。そこで彼も遍歴をつづけある村にやってきたとき、その村にも鍛冶屋がいてティルを鍛冶職人として雇ってくれた。けれどもオイレンシュピーゲルにはそこでずっと鍛冶職人におさまる気はさらになく、ただ飢えと冬の寒さのためにやむをえず雇われたのである。ティルは考えた。我慢できるだけ我慢しよう。指が再びやわらかい土のなかにさしこめるようになるまでは〔凍った固い土が春の訪れとともに溶けるころまでは〕鍛冶屋のいうとおりにしよう、と。鍛冶屋もティルを雇うことをしぶっていた。物価が高い時期だったためである。そこでオイレンシュピーゲルは鍛冶屋に、仕事をくれればいわれたとおり何でもするし、与えられたものを食べますから、と頼んだ。ところがこの鍛冶屋は心の曲った男で、奴を雇って八日間だけ試してみよう。それくらいの間ならこっちの食事が貧しくなる心配もあるまい、と考えたのである。翌朝から二人は鍛冶仕事をはじめた。鍛冶屋はティルにハンマーと鞴《ふいご》をあずけてせきたて、食事どきまで精いっぱい働かせた。そして正午となった。この鍛冶屋の敷地内には便所があったが、二人が食事に行こうとしたとき、鍛冶屋はティルを庭の便所につれてゆき、「お前はわしが出すものなら何でも食べるといったな。だからわしはお前を雇ったんだ。これをみろ、これは誰も食べないから、お前が全部食べろ」というと家に入って行き、自分は食事をし、オイレンシュピーゲルを便所のところにおきざりにした。オイレンシュピーゲルは黙って考えた。さてまずいことになったぞ。いろいろな連中にしてやったことのつけが今度はまわってくるかもしれんぞ、と。ところでどうやって奴に思い知らせようか。どんなに冬の寒さが厳しくても思い知らせずにおくものか。こうしてオイレンシュピーゲルは一人で夕方まで働いた。ほとんど絶食同然だったあとで、鍛冶屋は夕方にわずかの食べ物をくれた。だが便所へつれてゆかれたことはティルの頭にこびりついていたのである。さてオイレンシュピーゲルがベッドに入ろうとしたとき、鍛冶屋はいった。「明日は朝早く起きろ。下女が鞴を吹くから、あるものを次から次へときたえておけよ。わしが起きるまでに蹄鉄用の平頭釘を打ち抜いておけよ」。オイレンシュピーゲルは眠った。そして目が覚めたとき、何が何でも思い知らせてやるぞと考えた。彼は火を強くおこし、火ばさみをとりあげ、それを大きなスコップと溶接してくっつけてしまい、同じようにしてハンマー二つと火をかき起す長い棒と留め鉤もいっしょに溶接してしまった。ついで蹄鉄用の平頭釘の入っている壺をとると平頭釘を全部出してその頭を切り落し、頭だけを集めて溶接し、無頭釘もまとめて溶接した。そのとき鍛冶屋が起きた物音がしたので、前掛けをとって出ていってしまった。鍛冶屋は仕事部屋に入って平頭釘の頭が切り落され、ハンマー、火ばさみ、その他の道具が溶接されているのをみて、カーッと腹をたて、下女を呼んで職人はどこへ行ったと叫んだ。下女はあの人は戸口の方へ行きましたよと答えた。鍛冶屋はいった。「あいつは悪たれだったんだ。わしは奴が悪たれだということはちゃんとわかっていたんだ。追いかけていってたっぷりひっぱたいてやるぞ」。下女はいった。「あの人は出ていった戸口に何か書いていきましたよ。何か梟のようにみえる顔ですね」。というのはオイレンシュピーゲルは顔を知られていないところでいたずらをしたときには、チョークか木炭で戸に梟と鏡の絵をかき、この上にラテン語でHic fuit［この男がここにいた］と書く習慣があったからである。オイレンシュピーゲルはこれを鍛冶屋の戸口にも描いたのである。鍛冶屋が朝、家から出てみると下女が話した絵があった。でも鍛冶屋には文字が読めなかった。そこで彼は司祭のところへ行って、いっしょに来て戸の文字を読んでくれるよう頼んだ。司祭は鍛冶屋といっしょに戸のところに来て文字と絵をみて、「この意味は、オイレンシュピーゲルがここにいたということだよ」と教えた。司祭はオイレンシュピーゲルがどんな職人かということについてはいろいろ聞いていたので、どうしてわしに知らせなかったのだ、一度会ってみたかったんだといって鍛冶屋をせめた。鍛冶屋は司祭に腹をたてていった。「わし自身が知らないのにどうしてあんたに知らせられますかね。だが奴がわしの家にいたことはわかった。わしの道具をみればすぐわかることさ。でも、奴が来なければそれにこしたことはないね」。こういうと刷毛をとって戸の絵を消し、「わしの家の戸に悪たれの印などつけておきたくないからね」といった。司祭は鍛冶屋をのこして立ち去った。オイレンシュピーゲルも出ていったきり、戻らなかった。

四〇話と次に訳出する五二話とは語呂合せの言戯という点でやや弱いが、ほかの話とは違った特徴がある。いずれも冒頭の部分で冬の遍歴の厳しさが語られている点である。オイレンシュピーゲルのいたずら話には多くの歴史的な核があり、本書では扱えないが歴史的な事件に裏づけられている話も少なくない。さらに地理的知識は正確で、著者がなんらかの形で舞台となった地域を旅していたことが明らかに読みとれる。ところがオイレンシュピーゲルの生活実感が生のかたちで吐露されている部分は大変少ない。幼少時と晩年を除くほとんどの話で、オイレンシュピーゲルはいわゆる滑稽話の主人公らしく奔放に振舞い、血肉を備えた生身の人間であることを忘れさせるほどにつねに軽やかに行動し、疲れを知らない。ひどいいたずらを各地でしでかしながら、自分のいたずらの償いをしたのは一回（六四話）にすぎない。ところが四〇話と五二話の冒頭では冬の遍歴の苦しさが切々と語られている。すでにみたように、職人の遍歴はほとんど七、八月に集中していた。野宿を覚悟しなければならない職人の遍歴生活では、冬は厳しく辛いだけでなく生命の危険もあったからである。それにもかかわらず、冬遍歴をしなければならない職人もしばしばみられた。それは職を首になったばあいであり、その多くは何かの事件を起してその職にとどまれなくなったばあいである。オイレンシュピーゲルもまさにこのケースに当るわけで、冬に遍歴をしなければならない事情はオイレンシュピーゲルの生き方そのものにあったわけである。

しかしここにはもっと深い事情があったと考えられる。つまり正式に職人になり職人組合に加入して、各地の職人宿を訪れて職を紹介してもらったり、職がないときには旅費と飲食の供応をうけて出発することができたのは、いずれにしても正規の職人なのである。正規の職人とはこれもすでに扱ったことだが、両親が当該の町の生れで、賤民出身ではない、身分も素性も明らかな者で、町の親方のもとで真面目に徒弟期間を勤め、職人に採用された者のことをいう。氏、素性も明らかではない農民の子弟には職人になるチャンスもそう多くはなかったのである。正規の職人には、数年の遍歴期間が過ぎれば、保証されているわけではないがどこかで親方になる可能性はあった。しかし本来職人に採用されたわけでもないもぐりの職人には、何年つとめても親方になる可能性はまったくない。こういった連中は社会的上昇の可能性を絶たれているから屈辱に耐えることができない。せいぜい、今日、明日の飲食のためにしばしの屈辱に耐えるのみであって、春が廻って来て遍歴の季節が到来するまで我慢に我慢をかさねて冬をすごし、腹立たしい、憎んでも憎みきれない親方にも礼儀正しく挨拶をして別れを告げ、「人間的に成長してゆく」必要すらないのである。カッと腹をたてれば、「どんなに冬の寒さが厳しくても思い知らせずにはおくものか」と考えて、仕返しをしてとび出してしまう。こうした事情から、すでにここでオイレンシュピーゲルがもぐりの職人であったと推測してほぼ誤りではないだろう。さまざまな職種につくなどということは、すでに十四世紀の段階では正規の職人には不可能だったからでもある。五一話でオイレンシュピーゲルが青い月曜日を無視して働くところにも、彼の位置が示されている。

だがそれだけではない。冬の遍歴の厳しさを描く部分は大変真実味がある。「指が再びやわらかい土のなかにさしこめるようになるまで」という言葉は、ニーダーザクセンの荒涼たる冬景色を知っている者には、そして凍りついた土の硬さを知っている者には胸に迫るほどの実感がある。オイレンシュピーゲルが実在の人物であろうとなかろうと、この言葉を語った者は遍歴の苦しみを知っていたに違いないのである。

四〇話にはもうひとつの問題がある。それは後半でオイレンシュピーゲルが戸に梟と鏡を描きその上に Hic fuit と書きのこした部分である。オイレンシュピーゲルのいたずら話九五話の全体を通じて、ティルの名が梟（オイレ）と鏡（シュピーゲル）というように解釈されているのは、四〇話と九五話（墓碑銘）以外にはない。しかもラッペンベルクがいうように、オイレンシュピーゲルは自分のいたずらが世間で有名になればなるほどそれを隠さなければならなかったのだから、自分の名前を残しておくなどということは不可解である、ともいえる。そのうえ、「オイレンシュピーゲルは彼が知られていないところでいたずらをしたときには、チョークか木炭で戸に梟と鏡の絵を描く……習慣があった」と書かれているのも、ほかの話ではこの習慣についてまったく触れていないことからみて奇妙である。このように第三者がオイレンシュピーゲルについて話の途中で解説をするという例もほかにはない。そこでカドレックは、この後半の部分はO_2が書き加えたのではないかと推定しているのである。この推定はたぶん正しいと思われる。この話がちょうどロストックとヴィスマールの間の村の出来事となっている点で、ラッペンベルクはヴィスマールのマリーエン教会の石彫（二五九頁参照）となんらかのつながりがあるのではないかと推定している。これは面白い推測だが今のところなんの確証もない。

O・デブスが現在口伝で各地で語りつづけているオイレンシュピーゲル話を採録したさいに（一九五二）、民衆本にさかのぼると思われる話のなかで四〇話に相当する話が、ニーダーラウジッツのストレービッツで語られているのを集録している。この口伝の話にはまさに後半の問題の部分がないのである。オイレンシュピーゲルがラテン語を書くなどということ自体、遍歴職人のいたずら話にそぐわないのだが、民衆はたとえこの話を民衆本から得てのちに口伝で伝えていったとしても、インテリがつけ加えたとみられる不自然な要素を年月によっていつの間にか洗い流して原型に近い形で語りつづけてきたのではないかと想像することもできる。口伝の浄化作用の例がここにもみられるのである。

五二話

オイレンシュピーゲルは毛皮匠に雇われて仕事部屋で糞をたれ、悪臭をもって悪臭を制せんとしたこと。

あるときオイレンシュピーゲルはアッシャースレーベンに来た。冬の寒さは辛く、すべてが乏しい時期であった。オイレンシュピーゲルもこの冬を越すために何をはじめたらよいかを考えた。職人を必要としている親方はほとんどいなかったからである。ところが一人の毛皮匠は同業の職人が遍歴してきたら一人雇おうとしていた。そこでオイレンシュピーゲルは考えた。さてどうしたらよいか、冬だし、物価も高い。我慢できるかぎり辛抱しなければならない。冬の間じゅう苦しみ通さなければならないぞ。ということでオイレンシュピーゲルは毛皮匠のもとに職人として雇われたのである。彼は仕事場に入って坐り、毛皮を縫いはじめたが、その臭いに慣れていなかったから、「ペッペッ、お前はチョークのように白いのに糞みたいな臭いを出しやがる」とつぶやいた。毛皮匠はそれを聞いて、「この臭いが嫌で坐っていられるかね。臭うのはあたりまえさ。羊の表皮はみなそうしたものさ」といった。オイレンシュピーゲルは黙った。そして毒をもって毒を制すということがあると考え、えらく臭いおならを一発やらかしたので、親方も親方の内儀も鼻をつままなければならなかった。毛皮匠はいった。「お前は一体何をするんだ。臭い屁をしたけりゃ部屋を出て外の庭でやれ。そこでしたいだけしろ」。オイレンシュピーゲルは答えた。「おならってのは羊の毛皮の臭いよりも人間の健康にとって、ずっと自然なものですぜ」。毛皮匠はいった。「健康に良かろうと悪かろうと、屁をしたけりゃ庭へ出ろ」。オイレンシュピーゲルはいった。「親方、そんなことをしても無駄ですぜ。おならってものはみな寒いところが嫌いなんですぜ。いつも暖いところにいますからね。その証拠には一発やらかしてみなせい。おならのやつはすぐに鼻を通って、もといた暖いところへ戻ってしまいますぜ」。毛皮匠は返事をしなかった。悪たれにしてやられていることに気付いたからである。そしてこの職人をあまり長くは使うまいと考えていた。オイレンシュピーゲルはずっと坐って縫い、ふち取りをしながら、鼻糞をほじったり、咳をしては痰を口から吐き出したりしていた。毛皮匠は彼をときどきじっと眺めていたが、夕方二人が食事につくまでは何もいわなかった。そこで親方は彼にいった。「なあお前、みたところこの仕事があまり好きではないようだね。お前の様子からみてどうも一丁前の毛皮職人ではなさそうだな。それともまだ日が浅くてこの仕事に慣れていないのかもしれんな。この毛皮のなかで四晩も過していたら、臭いに鼻をゆがめもすまいし、文句も出ないだろうよ。それほど嫌ではなくなるからね。そこでだ。もしお前にその気がなければ明日たってもいいんだよ。お前の馬はあそこにいるからね」。オイレンシュピーゲルは答えた。「親方、おっしゃるとおりでさ。あっしはこの仕事について長くはないけど、この仕事に慣れるようにここで〔毛皮のそばで〕四晩過すことを許してもらえるなら、親方にあっしの腕前をみてもらえるんですがね」。そこで親方も満足した。職人は必要だったし、彼は縫うこともできるからである。

五三話

オイレンシュピーゲルが毛皮匠のいうとおりに乾いた毛皮と湿った毛皮のなかで眠ったこと。

毛皮匠は満足して妻とともにベッドに入った。オイレンシュピーゲルは台にかけてあった出来上った毛皮と鞣《なめ》されて乾いている革と、湿った毛皮とをとり、これらをいっしょに屋根裏の床の上にひろげ、そのなかにもぐり込んで朝まで眠った。朝親方が起きてみると台の毛皮がなくなっているのをみて、急いで屋根裏に上ってオイレンシュピーゲルに毛皮を知らないか訊ねようとした。ところがそこにはオイレンシュピーゲルはみえず、毛皮が乾いているものも湿ったものもいっしょに床の上に積み重ねてあった。彼は大変うろたえて泣声をあげて下女と妻を呼んだ。その声で目を覚ましたオイレンシュピーゲルは、毛皮のなかからすばやく抜け出して声をかけた。「親方どうしやした。なんでそんなに大声で呼んでなさるんで」。毛皮匠は毛皮や革のなかに何がいるのか知らずに不思議に思って、「お前はどこにいるんだ」とたずねた。「あっしはここですぜ」とオイレンシュピーゲルが答えた。「お前はいつも面倒を起すな。わしの毛皮を台からおろし、乾いた毛皮と湿った毛皮を石灰のなかから出していっしょくたにしやがって。これでみんな駄目になったじゃないか。一体どういうつもりなんだ」と親方は怒った。オイレンシュピーゲルはいった。「どうして親方、そんなにお怒りになるんで。あっしはたった一夜このなかで寝ただけですぜ。もし四晩以上もこうして寝たら親方はもっともっとお怒りになるでしょうな。昨晩はあっしが仕事に慣れていないといわれたばかりですがね」。毛皮匠は「お前は悪たれらしく嘘をついているんだ。わしはお前に出来上った毛皮を屋根裏の床にもっていって湿った毛皮といっしょにして、そのなかで寝ろなどといったことはないぞ」。こういって棍棒を探すとティルをなぐろうとした。その間にオイレンシュピーゲルは梯子をおりて戸口の方へ走っていこうとした。そこへ内儀と下女がやってきて彼をとめようとした。そのときティルは息せききって叫んだ。「離してくれ、医者へ行くんだ。親方が足を折っちまったんだ」。そこで内儀と下女はティルを行かせて、梯子を急いで登ってきた。

そこへ親方がおりてきて、オイレンシュピーゲルを急いで追いかけようとしてつまずき、内儀も下女もいっしょに三人ともおり重なってころんでしまった。こうしてオイレンシュピーゲルは三人をそのまま家のなかに残して戸口から出ていった。

五二話と五三話は本来一つの話であったと考えられる。五二話の結末はとりたててオイレンシュピーゲルらしいいたずらで終っているわけではない。五三話と合せてアッシャースレーベンにおけるひとつの話となっている。五二話の表題は内容とは違っている。表題では仕事場で糞をたれたことになっているが、本文ではおならをしたにすぎない。すでに述べたように、民衆本の表題は必ずしも本文を正確に要約したものではない。表題と本文が一致しているばあいの方が少ないのであるから、この点は格別特異なことではない。興味深いのは一五一五年版のシュトラースブルク本の挿図であり、この挿図自体、本文ではなく表題だけをもとにして描かれたものであることが明らかである。挿図は手工業技術にも、またオイレンシュピーゲル話にも詳しくない画家の手になるものとみられる。なお、五二話の「縫い、ふち取りをしながら鼻糞をほじったり咳をしては痰を口から吐き出したりしていた」nähet und firfelt und warf us und hüschtet das har us dem Mund の部分にはいろいろな解釈があるが、ここではR・シュプレンガーの解釈によっている。

五二、五三話の主たるテーマは、毛皮職に慣れていないオイレンシュピーゲルが、親方にこの職についてから四晩もたっていないから臭いに我慢がならないのだといわれて、親方の毛皮を完成品も鞣している最中のものも皆いっしょにして重ね、そのなかにもぐって寝て、結果的には親方の毛皮を駄目にしてしまうという点にある。毛皮匠といっても、ここではヨスト・アンマンにみられるように黒貂《くろてん》や栗鼠《りす》、山鼬《やまいたち》などの高級な毛皮を細工するだけではなく、皮鞣しもやっていたとみられる。中世における皮鞣しの方法は主として石灰水に浸けるやり方であった。毛を取り除くために、生皮を消石灰の一連の水溶液に順次に浸けてゆく。ところが五三話に出てくる毛皮匠は、皮鞣しと同時に毛皮加工もやっていたらしい。石灰水に浸けてある皮と完成した毛皮とをいっしょに重ねて一晩おけば、結果はひどいことになるのは明白である。

　ところでいずれの話ももぐりの遍歴職人のいたずら話にすぎないと考えられるから、このままの形でうけとめておけばそれでよいと思われるのだが、昼のあいだ仕事場であれほど生皮の臭いを嫌がって「ペッペッ」とつばを吐いたり、毒を制するには毒をもってするとか称しておならまでやらかしていた同じオイレンシュピーゲルが、そのたまらなく臭い皮を数枚も重ねてその下にもぐって寝ていたときの心境はどのようなものだったのだろうかと、つい余計な想像をしてしまう。こういう想像にはあまり根拠はないのだが、ヨーロッパの民間医術には病人を毛皮でくるむと治るという言い伝えがある。痛風を治すのには清潔な亜麻布の上に病人を寝かせ、その上に羊の毛皮をかけ、発汗剤を与える、という。

中世においてはどこからか落ちて怪我をした者や、未熟で産み落された子どもは、はいだばかりの羊や狼、熊、猫などの皮にくるむとよいといわれた。ヘッセンではラインハルト・フォン・ダルヴィッヒは帝王切開で出生したのち、屠殺したばかりの豚の腹のなかに入れられて、無事成長したと伝えられている。このような例はほかにもある。このほか、毛皮が危険や病気から人びとを守るともいわれている。いずれも動物が人間の生活と深くかかわった身近な存在だったときの慣習である。毛皮のなかにもぐりこむことが幼児期に遡行する記憶をよみがえらせるような時代の言い伝えなのである。このような毛皮をめぐる民間伝承のなかでとりわけ気になるのは、毛皮を屋根裏部屋にかけておいて、それが乾けばホームシックにかからないといわれている点である。これはヴァイラーシュトイスリンゲン・エヒンゲンに残されている話である。明日のさだめも知れないもぐりの遍歴職人ティル・オイレンシュピーゲルは、ある意図をもって親方の毛皮を重ねてその下にもぐりこんだとも考えられるが、臭い毛皮のなかにひそんでいるうちに幼児の記憶をよびさまさなかっただろうか、故郷を思う気持が動かなかっただろうか。オイレンシュピーゲルもホームシックをふせぐために屋根裏部屋に毛皮をもちこんで、その下で寝ていたのかもしれないのである。

オイレンシュピーゲルがアインベックでビール醸造職人となり、ホップという名の犬をホップの代りに煮込んだこと。

オイレンシュピーゲルは再び熱心に仕事に励んだ。彼がかつてアインベックの李に糞をたれたことが忘れられたころになって、再びアインベックに舞い戻り、ビール醸造職人として雇われたのである。あるときビール醸造親方が結婚式に出席することになり、オイレンシュピーゲルに、下女の手をかりてビールを醸造しておくようにいい、あくる日には自分も手伝うから注意深くやるんだぞと命じた。とくに大事なのは怠けずに仕事をして、ホップをうまく煮込んで、ビールの苦みがほど良くきいて、よく売れるような品物にすることだといった。オイレンシュピーゲルは「承知しやした。一所懸命やりまさあ」と答えた。親方は内儀といっしょに戸口から出ていった。オイレンシュピーゲルは熱心に煮込みはじめた。下女が彼にいろいろ指図をした。彼女はティルよりもこの仕事に明るかったからである。さてホップを入れる段になったとき、下女がいった。「ねえ、ホップを入れるのはあんた一人でやってね。一時間ほど出かけてダンスを見てきたいから」。オイレンシュピーゲルは「いいですとも」と答えながら心のなかで思った。下女が出かければいたずらの出番だぞ、さて親方にどんないたずらをしてやろうかと。ところでビール醸造親方はホップという名の大きな犬を飼っていた。お湯が沸騰したとき彼はこの犬をつかまえてそのなかに投げ込み、たっぷり煮込んだので、皮も毛もはがれ、肉も骨からバラバラになった。そうこうしているうちに下女も「そろそろ帰るころだわ、ホップもたっぷりきいたころでしょう」と考えて家に戻り、オイレンシュピーゲルを手伝おうとした。彼女はいった。「あらあんた、もう十分よ。すくい出すのよ」。彼女は篩《ふるい》をおろして長い柄の大きな柄杓《ひしゃく》をつぎつぎに入れてみた。そのとき下女はいった。「あんた、ホップもちゃんと入れたの。柄杓にはまだ見当らないよ」。オイレンシュピーゲルは答えた。「底の方をしゃくってごらんよ。そこにあるよ」。下女が底の方をすくってみると、柄杓に犬の骨がひっかかってきたので叫び声をあげ、「キャー、神様助けて。あんたは何をビールのなかに入れたのさ。首切役人のビールでもつくるっていうの」。オイレンシュピーゲルは答えた。「親方のいわれたとおりにしたまでですぜ。ホップっていうのはうちの犬のことだからね」。こうしている間に親方がかなり酒をきこしめして戻ってきて、「おやお前さんたち、何をしているのかね。結構なことかね」といった。下女が答えて、「どうしてこんなひどいことになったのか私にもわからないんですよ。あたしは三〇分ほどダンスを見に出かけて、新入りの職人にホップをその間に煮ておくようにいったんですよ。そうしたらこの人ったら、うちの犬を煮ちゃったんですよ。ほらここに背骨がみえるでしょう」といった。オイレンシュピーゲルがいった。「そうですとも親方、親方がそのとおりにするようにいわれたでしょう。心配なさることはありませんぜ。あっしは人にいわれたとおりにする男ですぜ。もっとも誰からも感謝されませんがね。親方が何を望んでも、職人が親方の命じたことの半分でもすれば、それでまあまあ満足するってのが相場じゃないですかい」。こうしてオイレンシュピーゲルはいとまをとり、去っていったが、どこでも感謝されなかったそうな。

四七話は原テキスト（低地ドイツ語版）においては明らかに八八話よりもあとにあったと考えられる。アインベックの李……の話は八八話にあり、アインベックの近郊産の李を荷車に積んでアインベックの町に売りに行こうとした農民を、オイレンシュピーゲルがだまして車にのせてもらい、おまけに李に糞をたらして売れなくしてしまういたずらがそこで語られており、その話のあとに四七話が来ることになるからである。

この話のポイントは、すでに四三話のところで述べた親方と職人との社会的格差の増大という背景のほかに、ホップという犬が麦芽汁につけられて殺されるという点にある。しかしビール醸造用のホップと同じ名の犬を登場させたにすぎないとすれば、こんなに間の抜けた話はない。語呂合せの話としても三級品以下である。ところがこの点についてもC・ヴァルターは豊かな方言の研究をとおして新しい面白さを発見している。ブラウンシュヴァイクの方言ではホップ Hopfen の同義語に弱変化女性名詞 rȯde があり、ブラウンシュヴァイク古文書などにもしばしば出てくる。これはホップの雌花 Zapfenhopfen, lupulus femina とその毬果にのみ用いられる。ところで高地ドイツ語の植物名 Läufer（繊匐枝）も同じものを示しており、低地ドイツ語の弱変化男性名詞 rôde（Rüde＝犬の同義語）として知られ使われている単語と同じ形のものと考えられる。つまり弱変化女性名詞 rôde（ホップ）と弱変化男性名詞 rôde（犬）との語呂合せの面白さなのである。

さらに似たような手続きをへてR・シュプレンガーは、この話がまさにアインベックでつくられたものであると指摘している。「下女がそこを探ってみると柄杓に犬の骨がひっかかってきた」Die Magd fischet darnach und uberkam das Reff uff der Schuffen ……の Schuffen, Shuofe とは中高ドイツ語の Schöpfgelte（水バケツ）で、それに該当する低地ドイツ語の Schope はとくにビール醸造用の大きな柄杓のことである。この言葉はゲッチンゲン・グルーベンハーゲンの方言を集成したG・シャムバッハの辞書（一八五八）には出てこないから、あまり一般的なものとはいえないが、この地方の言葉には古くから用いられており、ノルトハイムの町名にも Schopenstêl が現存している。さらに Reff はここでは骨の意味であるが、高地ドイツ語ではしょいこ Stabgestell の意味しかない。こうした点からR・シュプレンガーはこの四七話がアインベックで成立したとみているのである。

アインベックは中世を通じてビールで名高い町であった。ハンブルクはのちにビール醸造で名高くなるが、その市役所のケラーもアインベック・ハウスと名づけられていたほどである。マルチン・ルターがヴォルムスの国会で元気づけにアインベックのビールを送ってもらった話はとくに有名である。しかし四七話が民衆本から離れて口伝で普及していったとき、アインベックを離れて普遍的な、どこにでも起りうる話となっていった。O・デブスの研究によると、四七話は一四話と結合したかたちでラインラント、シュレスヴィッヒ・ホルシュタイン、ヴェストファーレン、メクレンブルクなどに全部で七つの型で語りつづけられている。その一つの型の概要だけを示すと次のとおりである。

オイレンシュピーゲルはバルメンでビール醸造職人として雇われた。醸造親方は旅に出なければならなくなり、「ビールが煮立ったらなかにホップを入れろよ」といいおいて出かけていった。オイレンシュピーゲルはその家のホップという名の犬の首をつかまえて煮えたぎっている麦芽汁のなかに投げ込んだ。親方が戻ってきて「ホップを入れたかね」とたずねたので、ティルは「ええ、ホップの首根っこをつかんで投げ込みましたぜ」と答えた。親方はすべてを知って、一体ビールをどうしてくれるんだと怒ったので、オイレンシュピーゲルは「あっしがビールを売ってみせますよ」といって、自分が空を飛んでみせると人びとに吹聴する。大勢の人びとがティルが空を飛ぶのを見に集まってきたが、おりしも暑い日だったので、ビールが売り切れてしまう。ビールが売り切れるまで人びとをじらしておいて、やがてオイレンシュピーゲルが現われて、「だいたい人間が空を飛ぶなどという話を真に受ける連中は馬鹿者だ」といって人びとを嘲弄する。こういう形で一件が落着した。

ここでは次にみる四三話の口伝と同様に、民衆が口伝のなかで話をつくり変えてゆくときの典型的なパターンがよみとれるのである。民衆本にもとづく話が庶民の口伝のなかで変型してゆくもう一つの例をみよう。

まえに訳出した四三話の、オイレンシュピーゲルが靴屋に奉公して靴皮を雄牛、雌牛、子牛、子山羊などの形に切り刻んで皮を駄目にしてしまった話は、O・デブスの採集によると次のような形で現在も語りつがれている。

オイレンシュピーゲルはある靴屋のもとで働いていたとさ。あるとき親方は市場へ出かけることになっての。そこでオイレンシュピーゲルはいったと。「あっしは何を作ったらいいんで」。親方は「ああ、皮を裁って長靴と短靴を作るんだ。ちょうど豚飼いが市門へ連れてゆくときのように、大きいのと小さいのをな」といったと。親方が出かけるとオイレンシュピーゲルは豚小屋へ行っての、そして大きい豚や、小豚の足の寸法を取ったそうな。それから皮を裁って大きいのやら小さいのやら豚の靴を作っての、皮を皆切ってしまったと。親方が市場から戻って、オイレンシュピーゲルがちょうど作り終ったのをみたと。親方はたまげての、「ああ、なんてこった。何をやらかしたんだ。お前はわしの皮を皆切ってしまったのか」と叫んだと。オイレンシュピーゲルは「なんですって。親方は皮を豚飼いが市門へ連れてゆくときのように、大きいのと小さいのに裁てといわれたでしょうが」といったと。「おお！」と親方はうめいたと。「あの立派な皮が……。もうこれでは何も作れないし、なんの役にも立たない」。オイレンシュピーゲルはいったと。「なんですって、なんの役にも立たないですって。この豚靴はあっしが皆売ってみせまさあ。いっしょにこれをもって市場まで来ておくんなさい」。こうしてオイレンシュピーゲルは市場に屋台を立てて人びとに大声でいったと。「さあいらっしゃい皆の衆、あっしのいうことを信じなせい。今年の冬は寒くなるよ。お宅の豚の靴を買ってらっしゃい。さもないと大事な豚の足が凍えてしまうよ。さあ買った買った。これで豚が助かるんだよ」。人びとはそれをくり返し聞いているうちに信じてしまい、靴屋の屋台のところへ押すな押すなとやって来て、豚の靴をみんな買ったそうな。豚の靴は売り切れて、人間様の長靴や短靴を売ったときよりもお財布にお金がいっぱいになったと。「さあ」とオイレンシュピーゲルがいったと、「これで満足ですかい」。「そりゃそうさ。お前の頭のなかにこんな知恵があるとは誰も思わなかったな」と親方がいったとさ。

以上はシュレスヴィッヒ・ホルシュタインのメルン（オイレンシュピーゲルが死んだ町）で一九二一年にC・ニーランドという人物が語ったものである（シュレスヴィッヒの方言で

語られているため、翻訳にはハンブルクのヒンシ夫妻の御協力を頂いた)。このような形でほかにヴェストファーレン、ハノーファー、アイフェル、オーバーシュレージエン、ブランデンブルク、ニーダーエステルライヒなどに全部で一六の型が語られている。

この口伝の話では民衆本の話の細部はあいまいになっている。つまり、親方が仕事中にも市場をぶらつくのが好きだったという民衆本の話の社会的背景は見失われ、語呂合せの面白さもうすらいでいる。しかしただ家畜の形に皮を切り抜いたのではなく、豚の靴をつくったところに庶民の家畜への愛情も表現されており、全体として質の高い滑稽話になっている。口伝では親方の受けた損害をオイレンシュピーゲルが持前の機知で埋め合せるという話に転化している。民衆本の世界における親方と職人との緊張関係がすでに過去のものとなったとき、親方も救済され、話としてはまるくおさまるような形になったといえる。同様なことは四七話についてもいえよう。低地ドイツ語の röde の語呂合せの面白さはうかがうべくもないが、「ホップの首根っこをつかんで投げ込んだ」というふうに、別な形で新しい面白さが生れている。ただの語呂合せからもっと味のある面白さに変っているのである。四七話でもビール醸造親方は損害をうける一方であったが、口伝の話では一四話と結合することによって、親方の損害をオイレンシュピーゲルが機知で埋め合せるという形に変っているからである。

民衆本に原型がある話でも口伝のなかでは大きく変貌してゆき、民衆は民衆本の二つ以上の話を自由に結合し、さらに親指太郎の話や悪魔の登場するメルヘンなどとも結びつけて、きわめて多様なオイレンシュピーゲル像を構成してゆく。その概略を示す余裕もここではないが、民衆本の話のうち〇・デブスによると、一、二、九、一四、二〇、二六、四三、四七、四八、五〇、六四、七四、七五、九五が、最も数多く口伝のなかに残されているという事実だけは伝えておきたいと思う。

無数の職人の体験と語りのなかから

さて以上、遍歴職人としてのオイレンシュピーゲルのいたずら話を、これまでに邦訳されていないものに限って七話訳出し、多少の解説を試みてきた。最後にオイレンシュピーゲル話の全体についてひと通りの見通しをつけて本章を閉じたいと思う。

リヒアルト・シュトラウスの曲や、エーリッヒ・ケストナーの翻案によって道化者オイレンシュピーゲルの名を知った者も、実際に民衆本の原本に当ってみたとき、その意外な難解さと堅さにとまどうかもしれない。すでに何回も述べたような高地ドイツ語に訳したときの諸事情を割引いて考えても、これらの話はそのままの形では今日の私たちを爆笑の渦に誘いこむものとはいえない。オイレンシュピーゲルの滑稽話の面白さを味わうには、どうしてもオイレンシュピーゲルがおかれていた社会と時代的背景について、ある程度のイメージをもたなければならないのである。古典作品を味わううえで必須なこういう手続きがこれまでとられてこなかったことが、この作品を遠ざけていたひとつの原因ではあるだろうが、より本質的な問題は民衆本のオイレンシュピーゲル話の成立事情に求めなければならない。

オイレンシュピーゲルの滑稽話の成立事情についてはこれまで多くの研究者がさまざまな説をたててきた。しかし以上のわずかの解説からも読みとられるように、私はこれらの話が何よりもまず遍歴職人の間で旅籠や職人宿などで語られていたものであった、と考えている。遍歴職人を主人公とする話のほとんどはニーダーザクセンに集中し、それぞれの町についての知識が非常に正確である点については機会を改めて示してみたい。ここではエラスムスのひそみにならってこれらの話が語られた旅籠を想像してみよう。

埃だらけの長靴や衣類から汗の臭いと大蒜《にんにく》の臭いのただよう大部屋に、次から次へとさまざまな職種の人びとが到着する。なんといっても数が多いのが職人だから、職人たちが集まってひとつのテーブルが出来る。例によって食事がなかなかこない。皆いらいらして待つ間に腹のへった者同士の連帯感が生れ、たがいに職種を紹介しあい、隣りの者同士で自分が渡り歩いてきた町や親方の話をし合う。すると前の席にいる男が、その親方なら俺も知っている、あいつはひどい奴だった、などと声がかかり、徐々に食卓の雰囲気が出来あがってゆき、陽気でおしゃべりな男が食卓の会話をリードするようになる。やがて食事と酒がでて皆くつろいだ気持になったころ、おしゃべり男が立ち上り皆を制して、自分の体験談を面白おかしく語る。その話は同席の者全体を笑わせるような話でなければならないから、特定の職種の職人を愚弄するものであってはならない。そのためには、食卓を構成している正規の職人（それは服装ですぐそれと知れる）ではないもぐりの職人を主人公とし、そのもぐりの職人が素朴な誤りをおかしたり、同音語の意図的な誤解によって親方をこっぴどくやっつける話をするのが最も適切である。皆職人としての苦労を経てきた人間ばかりだから、一見他愛もなくみえる同音語の誤解によって大事件となったり、親方がひどいめにあったりする話を聞くと、それぞれの経験のなかから自分なりのイメージをすぐに思い浮べることができただろう。そしてこのイメージは食卓に坐っているすべての職人に共通のものだったのである。遍歴して歩く職人にとっては、親方の飼っている犬は最初はいやな存在であったであろう。職を求めても犬に追われ、嚙まれるような経験も少なくなかったにちがいない。親方への憎しみが犬に向けられることもあっただろう。だから四七話のように犬を煮込んでしまう話が、これらの職人の間では痛快な話として受けとめられえたのだとも考えられよう。こうしてたちどころに三つや四つの話は何人かの職人によって語られただろう。長いあいだ遍歴職人の生活をしていれば、箸にも棒にもかからないような愚鈍な徒弟の話や鼻もちならない親方の話などは皆いくらでもかかえていただろうから、こうしてたがいに見ず知らずの仲間と酒を酌みかわしながら談笑しているうちに、調子づいて身振りをまじえた話ともなっただろう。それらの話は職人たちが歩んできた旅の長さと体験の重さに裏づけられ、聞く人にあたかもそれぞれの町の出来事として彷彿させるような強い印象を与えたに違いない。ハーメルンの笛吹き男の伝説などもこのような職人によって各地に伝えられていったのである。

こうした職人の食卓の隣りにヘルマン・ボーテとか、トーマス・ムルナーのような人が偶然坐っていたとしても少しも不思議ではない。職人たちの談笑を隣りで聞いていたその人物がその話をいつか書きとめ、次の機会にはその目的で職人宿を訪れるようになり、こうして遍歴職人の間で語られていた話を集めながら、それに類似した話を古今東西の文献のなかに探し求め、それらを集成して最初の民衆本の原型が生れたのではないかと私は推定しているのである。だからこれらの職人の話は本来仲間の前で語られたものであり、文章にして読むためのものではなかった。埃っぽい旅籠で旅の疲労をともにいやしながら、行きずりの仲間と酒を酌みかわして談笑するなかで語られたものなのである。こうした雰囲気のなかで巧みな語り手の口から聞けば、文章にしてしまえばわれわれには堅くつまらなく思われる話でも、皆の大爆笑をひき起したに違いない。

こうして無数の職人の体験と語りのなかから、ティル・オイレンシュピーゲルの姿が浮彫りされていったのである。だからティル・オイレンシュピーゲルが特定の一人の人物である必要もないことになる。一体誰が職人の話を集録したのかは、もとより明らかではない。ただ確かなのは職人の談笑を、「要するに聾になるほどなのだ。連中のなかには阿呆を振舞う者がまじっていて、とにかくいやらしい種類の人間なのだが、信じられないことにドイツ人はこうした連中のことを大変楽しみにしているのだ。連中は唱ったりしゃべったり、叫んだり踊ったりして宿もこわれんばかりの大騒ぎをやらかす。けれども、彼らはまったく楽しんでいるらしく、否でも応でも夜おそくなってしまう」と、嫌悪の念をまじえてみていた隣席のエラスムスのような人ではなかっただろうということである。

（註）

著者翻訳書『ティル・オイレンシュピーゲルの愉快ないたずら』（岩波文庫一九九〇年）の訳注では「民衆本の著者はヘルマン・ボーテ」と記している。

文献目録

以下では本書で引用あるいは参照した文献をあげてある。各章にわたるものも一カ所であげたばあい、再出はさけた（たとえば J. Grimm, *Deutsche Mythologie* や *Rechtsaltertümer* など）。

(1) 道

道について最も基本的な文献としては Birk, Alfred, *Die Strasse. Ihre Verkehrs-und bautechnische Entwicklung im Rahmen der Menschheitsgeschichte.* 1934 (Neudruck. Aalen 1971) がある。他に多くの挿図のある楽しい書物 *Die deutsche Straße. Eine Fibel von Franz Frhr. Karaisl von Karais und Eberhard Schmieder.* (Bilder von Helmut Skarbina) Leipzig 1940 があり、本章もこの書物に多くを負っている。一般的な啓蒙書としてはシュライバー『道の文化史――一つの交響曲――』関楠生訳・岩波書店がある。他に本章で参照したものとして以下の論文がある。Weller, Karl, Die Reichsstraßen des Mittelalters im heutigen Württemberg. *Württembergische Vierteljahrshefte für Landesgeschichte.* N. F. XXXIII Jg. 1927; Bader, K. S., Ländliches Wegerecht im Mittelalter, vornehmlich in Oberdeutschland. *Zeitschrift für die Geschichte des Oberrheins.* N. F. Bd.

49 1936; Bächtold-Stäubli, *Handwörterbuch des deutschen Aberglaubens*（以下 *HDA* と略称）。 Bd. IX 1938/1941. 十字路については *HDA* Bd. V 1932/1933; Wuttke, A., *Der deutsche Volksaberglaube der Gegenwart*. Berlin 1900 を参照。

(2) 川と橋

水をめぐる慣習については Blochwitz, J., *Kulturgeschichtliche Studien. Bilder aus Mythe und Sage, Glaube und Brauch*. Leipzig 1882 の他 *HDA* Bd. IX を参照。橋に関する本章の叙述はもっぱらマシュケ教授の最新の研究Maschke, E., Die Brücke im Mittelalter. *Historische Zeitschrift* Bd. 224 に負っている。他に *HDA* Bd. II 1927; Boyer, M. N., The Bridgebuilding Brotherhoods. *Speculum. A Journal of Mediaeval Studies*. Vol. XXXIX; Black, A., *The Story of Bridges*. New York/London 1936; Warnke, M., *Bau und Überbau. Soziologie der mittelalterlichen Architektur nach den Schriftquellen*. Frankfurt 1976; Paulus, N., *Geschichte des Ablasses im Mittelalter*. 3 Bde. Paderborn 1923 などがある。

(3) 渡し守

本章の叙述はもっぱら Künssberg, E. Frh. v., Fährenrecht und Fährenfreiung. *Zeitschrift der Savigny-Stiftung für Rechtsgeschichte*. Germ. Abt. Bd. 45 1925; Lamprecht, K., *Deutsches Wirtschaftsleben im Mittelalter*. Leipzig 1885. Bd. II; Künssberg, E. Frh. v.,

Deutsche Bauernweistümer, Jena 1926 に負っている。他に Eckert, C., *Das Mainzer Schiffergewerbe in den letzten drei Jahrhunderten des Kurstaates*. Leipzig 1898 がある。

(4) 居酒屋・旅籠

旅籠に関する基本的文献としては Rauers. F., *Kulturgeschichte der Gaststätte*. Berlin 1942 2 Bde. がある。豊富な図版のある楽しい書物である。他に Kachel, J., *Herberge und Gastwirtschaft in Deutschland bis zum 17. Jahrhundert*. Beihefte zur Vierteljahrschrift für Sozial-und Wirtschaftsgeschichte. III. Heft. 1924. なお筆者未見だが Guarinonius, H., *Grewel der Verwüstung*. Ingolstadt 1610 がある。他に Agricola, Johann（アイスレーベン出身でルターの友人。1494 ?～1566）、*Deutsche Sprichwörter* 1528; Sastrow, Bartholomaeus (1520～1603), *Lebenserinnerungen*. 1823 (Neuausgabe. Hamburg 1907) がある。サストロウについては Grote, L., *Bartholomäus Sastrow. Ein merkwürdiger Lebenslauf des sechzehnten Jahrhunderts*. Halle 1860 がある。またこのころのドイツ国内旅行の記録として興味あるものに Michael de Montaigne, *Gesammelte Schriften*. hrsg. von Flake und Weigand. Bd. VII Reisetagebuch. München/Leipzig 1908 がある。

(5) 農民

農民に関する文献をあげればきりがないが、本章の叙述で直接利用したものだけをあげる。 Radbruch, R. M. und Radbruch, G., *Der deutsche Bauernstand zwischen Mittelalter und Neuzeit*. 2. Aufl. Göttingen 1961; Bader, K. S., *Das mittelalterliche Dorf als Friedens- und Rechtsbereich*. Weimar 1957; Epperlein, S., *Der Bauer im Bild des Mittelalters*. Jena/Berlin 1975; Schwendimann, J., *Der Bauernstand im Wandel der Jahrtausende*. Einsiedeln 1945; Gierke, O. v., *Der Humor im deutschen Recht*. Berlin 1886; Gierke, O. v., Über Jugend und Altern des Rechts. *Deutsche Rundschau*. H. 5 1876; Grimm, J., *Deutsche Rechtsaltertümer*. Leipzig 1899 (Neuausgabe. Darmstadt 1974); Franz, G. hrsg. v., *Deutsches Bauerntum im Mittelalter: Wege der Forschung*. Bd. CCCCXVI 1976; Franz, G., *Der deutsche Bauernkrieg*. Darmstadt 1956; Martini, F., *Das Bauerntum im Deutschen Schrifttum von den Anfängen bis zum 16. Jahrhundert*. Halle 1944; Fehr, H., Das Waffenrecht der Bauern im Mittelalter. *Zeitschrift der Savigny-Stiftung für Rechtsgeschichte*. Germ. Abt. Bd. 35 1914. Bd. 38 1917; Achter, V., *Geburt der Strafe*. Frankfurt a. M. 1951; Osenbrüggen, E., *Der Hausfrieden. Ein Beitrag zur deutschen Rechtsgeschichte*. Erlangen 1857; Fehrle, E., *Deutsche Feste und Volksbräuche*. Aus Natur und Geisteswelt. Leipzig/Berlin 1920; Künssberg, E. Frh. v., Rechtsbrauch und Kinderspiel. Untersuchungen zur deutschen Rechtsgeschichte und Volkskunde. *Sitzungsberichte der Heidelberger Akademie der Wissenschaften*. Phi.-Hist. Kl. Jg. 1920 7. Abt. Heidelberg 1920; Künssberg, E. Frh. v., *Rechtsgeschichte und Volkskunde*. Köln/Graz 1965; Bindschedler, G., *Kirchliches Asylrecht (Immunitas ecclesiarum localis) und Freistätten in der Schweiz*. Kirchenrechtliche Abhandlungen. H. 32, 33 Stuttgart 1906; Grimm, J., *Deutsche*

Mythologie. 3 Bde. 1835.

(6) 共同浴場

浴場についての基本的文献は今でも Martin, A., *Deutsches Badewesen in vergangenen Tagen. Nebst einem Beitrage zur Geschichte der deutschen Wasserheilkunde*. Jena 1906 である。他に重要な文献として Gail, W., *Die Rechtsverfassung der öffentlichen Badestuben vom 12. bis 17. Jahrhundert*. Diss. Bonn 1940; Kurtze Nachricht von denen Badstuben und derselben Gebrauch bey denen alten Preussen. *Preußische Sammlung*. I. Danzig 1747; Kriegk, G. L., *Deutsches Bürgertum im Mittelalter*. Frankfurt a. M. 1868; *Regimen Sanitatis. Dis ist das Regiment der gesuntheit durch all monat des gantzen iors wie man sich halten soll mit essen vnd trincken vnd ouch von lossen*. Impressun Argentine per Mathiam Brant im Rosengarten u. Anno dni. im V. ior (1505); Zappert, G., Ueber das Badewesen in mittelalterlicher und späterer Zeit. *Archiv für österreichische Geschichts-quellen*. Bd. 20, 21 1858; Schlosser, V., Die Bilder-handschriften Königs Wenzels. *Jahrbuch der kunsthistorischen Sammlungen des allerhöchsten Kaiserhauses*. Wien 1893 などがある。

(7) 粉ひき・水車小屋

基本的文献としては Bloch, Marc, Avènement et conquêtes du moulin à eau. *Annales*. no. 36 1935, Vol. VII (English Translation in *Land and Work in Mediaeval Europe*.

London 1967); Koehne, C., *Die Mühle in Rechten der Völker. Beiträge zur Geschichte der Technik*. 1913; Koehne, C., *Das Recht der Mühlen bis zum Ende der Karolingerzeit*. Breslau 1904; Kisch, G., Das Mühlenrecht im Deutschordensgebiete. *Studien zur Rechts- und Sozialgeschichte des Deutschordenslandes*. Sigmaringen 1973; Moldenhauer, R., Mühlen und Mühlenrecht in Mecklenburg. *Zeitschrift der Savigny-Stiftung für Rechtsgeschichte*. Germ. Abt. Bd. 79 1962; Steffen, H., Das ländliche Mühlenwesen im Deutschordenslande. *Mitteilungen des Coppernicus-Vereins für Wissenschaft und Kunst zu Thorn*. H. 35, Thorn 1927; Schultz, A., *Deutsches Leben im XIV. und XV. Jahrhundert*. Wien 1892 などがある。他に *HDA* Bd. VI 1934, 1935; Danckert, W., *Unehrliche Leute. Die verfemten Berufe*. Bern/München 1963; Beneke, O., *Von unehrlichen Leute. Cultur=historische Studien und Geschichte*. Hamburg 1863; Meyer, Chr., *Die unehrlichen Leute in älterer Zeit*. Hamburg 1894.

(8) パンの世界

基本的文献としては Maurizio, A., *Die Geschichte unserer Pflanzennahrung von den Urzeiten bis zur Gegenwart*. Berlin 1927 がある。他に Badtke, W., *Zur Entwicklung des deutschen Bäckergewerbes. Eine wirtschaftsgeschichtlichstatistische Studie*. Jena 1906; Schmauderer, E., *Studien zur Geschichte der Lebensmittelwissenschaft*. Vierteljahrschrift für Sozial-und Wirtschaftsgeschichte. Beihefte. Nr. 62 1975; *HDA* Bd. I; Berlepsch, H. A.,

Chronik vom ehrbaren Bäckergewerk nach den Rechtsquellen und historischen Überlieferungen des deutschen Mittelalters. Chronik der Gewerke Bd. 6 1851. (Neudruck 1966).

(9) 牧人・羊飼い

基本的文献として Hornberger, Th., *Der Schäfer. Landes-und volkskundliche Bedeutung eines Berufsstandes in Süddeutschland*. Stuttgart 1955 がある。他に Carlen, L., *Das Recht der Hirten. Zur Rechtsgeschichte der Hirten in Deutschland, Österreich und der Schweiz*. Aalen 1970; Hugger, P., *Hirtenleben und Hirtenkultur im Waadtländer Jura*. Schriften der Schweizerischen Gesellschaft für Volkskunde. Bd. 54, Basel 1972; Wackernagel, H. G., *Altes Volkstum der Schweiz. Gesammelte Schriften zur historischen Volkskunde*. Schriften der Schweizerischen Gesellschaft für Volkskunde. Bd. 38, Basel 1959; Wackernagel, J., *Die Viehverstellung*. Weimar 1923; Sartori, P., *Sitte und Brauch. Handbücher zur Volkskunde*. 3 Bde. Leipzig 1910; Mendelson, F., *Die volkswirtschaftliche Bedeutung der deutschen Schafhaltung um die Wende des neunzehnten Jahrhunderts*. Jena 1905; *Hirtenkulturen in Europa*. Schweizerisches Museum für Volkskunde. Basel 1967; Mone, F. J., Zur Geschichte der Viehzucht vom 14. bis 16. Jahrhundert. *Zeitschrift für die Geschichte des Oberrheins*. Bd. III 1852; Vajda, Laŝzlő, *Untersuchungen zur Geschichte der Hirtenkulturen*. Wiesbaden 1968.　なお邦語文献として谷泰『牧夫フランチェスコの一日』NHKブックスがある。

⑽ 肉屋の周辺

基本的文献に Potthoff, O. D., *Illustrierte Geshichte des Deutschen Fleischer=Handwerks vom 12. Jahrhundert bis zur Gegenwart.* Berlin 1927 がある。他に Rothe, A., *Das deutsche Fleischergewerbe.* Jena 1902; Berlepsch, H. A., *Chronik vom ehrbaren Metzgergewerk nach den Rechtsquellen und historischen Überlieferungen des deutschen Mittelalters.* Chronik der Gewerke. Bd. 5 1851 (Neudruck 1966) がある。

⑾ ジプシー

ジプシーについては Gypsy Lore Society から多くの研究が出ている。ここではドイツに関するその他の文献のみをあげる。 Clêbert, J. P., *The Gypsies.* Penguin Books. 1963 (原著名は *Les Tziganes.* Paris 1961); Mode, H., Wölffling, S., *Zigeuner. Der Weg eines Volkes in Deutschland.* Leipzig 1968; Aichele, W., *Zigeunermärchen, unter Mitwirkung von M. Block und J. Ipsen.* Jena 1926; Ebhardt, W., *Die Zigeuner in der hochdeutschen Literatur bis zu Goethes »Götz von Berlichingen«* Diss. Göttingen 1928; Krauss, F. S., *Zigeunerhumor.* Leipzig 1907; Pischel, R., *Beiträge zur Kenntnis der deutschen Zigeuner.* Festschrift der Universität Halle-Wittenberg. 200 jähriges Jubiläum. Halle 1894; Wittich, E., *Blicke in das Leben der Zigeuner, von einem Zigeuner.* Striegau 1911; Breithaupt, R., *Die Zigeuner und der deutsche Staat.* Diss. Würzburg 1907; Areco, V., *Das Liebesleben* der *Zigeuner*. Leipzig o. J.; Kendrick, D., Puxon, G., *The Destiny of Europe's Gypsies*. Sussex UP. 1972; Trigg, E. B., *Gypsy Demons and Divinities*. London 1975. 邦語文献にはジュール・ブロック『ジプシー』木内信敬訳・クセジュ文庫、ヤン・ヨアーズ『ジプシー』村上博基訳・ハヤカワ文庫、マルチン・ブロック『ジプシーの魅力』相沢久訳・養神書院（のち第三文明社から新版）などがある。

⑿　放浪者・乞食

放浪者研究の基本的文献は今でも Avé-Lallement, F. Chr. B., *Das deutsche Gaunerthum in seiner social-politischen, literarischen und linguistischen Ausbildung zu seinem heutigen Bestande*. 4 Bde. Leipzig 1858; Hampe, Th, *Die fahrenden Leute in der deutschen Vergangenheit*. Leipzig 1902 である。この他に最新の研究としては Küther, C., *Räuber und Gauner in Deutschland. Kritische Studien zur Geschichtswissenchaft 20*. Göttingen 1976; Dubler, A.-M., *Armen-und Bettlerwesen in der Gemeinen Herrschaft »Freie Ämter«*. Schriften der Schweizerischen Gesellschaft für Volkskunde. Bd. 50, Basel 1970 がある。Zallinger, O. v., *Das Verfahren gegen die landschädliche Leute in Süddeutschland*. Innsbruck 1895 も注目すべき著作である。

⒀　遍歴する職人

基本的文献としては Schanz, G., *Zur Geschichte der deutschen Gesellen-Verbände*.

Leipzig 1877 と Wissell, R., *Des alten Handwerks Recht und Gewohnheit*. hrsg. v. Konrad Hahm. 2 Bde. Berlin 1929 (Neudruck. hrsg. v. E. Schraepler. Berlin 1971. 3 Bde.) がある。他に Schanz, G., Zur Geschichte der Gesellenwanderungen im Mittelalter. *Jahrbücher für Nationalökonomie und Statistik*. 5. Jg. 12 H. 1877; Lerner, F., Eine Statistik der Handwerksgesellen zu Frankfurt a. M. vom Jahre 1762. *Vierteljahrschrift für Sozial-und Wirtschaftsgeschichte*. Bd. 22 1929; Stock, Ch. L., *Grundzüge der Verfassung des Gesellenwesens der deutschen Handwerker in alter und neuer Zeit*. Magdeburg 1844; Winzer, J., *Die deutschen Brüderschaften des Mittelalters*. Gießen 1859; Scheffler, K., *Lesebuch aus dem Handwerk*. Berlin 1942; Baumbach, R., *Lieder eines Fahrenden Gesellen*. Leipzig 1884 (これは小冊子だが大変興味深い職人の歌集である)。

⒁ ティル・オイレンシュピーゲル

オイレンシュピーゲルのテキストとしては Lappenberg, J. M., *Dr. Thomas Murners Ulenspiegel*. Leipzig 1854; Knust, H., *Till Eulenspiegel*. Halle 1884 (Neudrucke deutscher Litteraturwerke des XVI. und XVII. Jahrhunderts. Nr. 55, 56); Schröder, E., *Ein kurtzweilig lesen von Dyl Ulenspiegel*. Leipzig 1911 (これは1515年版のファクシミリ版); Krogmann, W., *Till Ulenspegel, Veertich Geschichten uut sien Leven*, Hamburg 1947; Krogmann, W., *Ulenspegel*. Drucke des Vereins für niederdeutsche Sprachforschung XI. Neumünster 1952 などがある。この他に現代語訳として Steiner G., *Ein kurzweilig Lesen von Till Eulenspiegel*. Berlin 1955 がある。これは新しい版画を使用した楽しい書物である。

オイレンシュピーゲル研究の数は大変多いが、一部だけをあげると Kadlec, E., *Untersuchungen zum Volksbuch von Ulenspiegel*. Prag 1916; Mackensen, L., Zur Entstehung des Volksbuches vom Eulenspiegel. *Germanish-Romanische Monatsschrift*. XXIV Jg. 1936; Sprenger, R., Zum Volksbuch von Eulenspiegel. *Jahrbuch des Vereins für niedersächsische Sprachforschung*. XXI, XXVII; Schattenberg, K., *Till Eulenspiegel und der Eulenspiegelhof in Kneitlingen*. Braunschweig/Leipzig 1906; Hilsberg, W., *Der Aufbau des Eulenspiegel-Volksbuches von 1515*. Diss. Hamburg 1933; Brie, F. W. D., *Eulenspiegel in England*. Palaestra XXVII. Berlin 1903; Langosch, K., *Die deutsche Literatur des Mittelalters. Verfasserlexikon*. Bd. IV, Berlin 1953; Debus, O., *Till Eulenspiegel in der deutschen Volksüberlieferung*. Marburg 1951; Walther, Chr., Zur Geschichte des Volksbuches von Eulenspiegel. *Niederdeutsches Jahrbuch*. Jg. 19 1893.

あとがき

前著『ハーメルンの笛吹き男――伝説とその世界』を刊行したあとで、『月刊百科』に連載した「中世庶民生活点描」を集めて一書とした。新たに、「道・川・橋」の1、2、「旅と定住の間に」の3、「定住者の世界」の5、「ジプシーと放浪者の世界」の11と12、の六項目を加筆した。「中世庶民生活点描」は一九七五年五月号から一九七七年九月号まで一〇回にわたって連載されたものだが、再録にあたって必要な部分にわずかの修整を加え、図版を追加した。

連載時の枚数は平均一回二五枚くらいだったが、必要な文献史料のほとんどをマイクロフィルムで入手するほかなかったため、この二年間連載のために多くの時間を費した。もとより研究といえるようなものではないが、未知の分野を調べる楽しみを終始味わいながら、いつの間にか二年間がたっていた。

集めてみると多くの不備が目につく。庶民生活の点描にすぎず、展望ではないのだが、都市における市民生活、とくに職人の生活についてもまとまった形で論じてみたかった。

市民生活を加えると紙幅が大幅に増加してしまうためにやむをえず割愛したが、別の機会に改めて「都市史」として扱ってみたい。ユダヤ人について論じられなかったことも心残りである。ユダヤ人にかんする研究史は厖大であって、それをトレースするだけでかなりの日時を要する。都市史を社会史の一環として具体的な場で論ずるときに、ユダヤ人についても詳しく扱いたい。

連載をつづける間に私にはいくつもの問題が生れてきた。前著が私に課した、庶民生活をできるだけ掘り起してゆくという課題には、この書物はまだわずかに答えているにすぎない。この分野をこれからも深めていきたいと思っている。民衆史を中心にすえた社会史という課題は、本書を書くかたわらおこなってきた「アジールの研究」と「中世における刑罰の変化」という二つの研究分野をあわせるとき、ようやくひとつの方向をとりはじめている。人間と人間の関係の変化を探ろうとするこの試みを今後追求してゆくなかで、社会史の構想に少しでも内容を盛りこんでいきたいと考えている。

研究といえるようなものではないにせよ、本書も多くの人の協力のなかで生れた。連載の間、平凡社の方々から細心の配慮を頂いた。とくに編集部の方々を通じて研究上の刺戟をうけることができたのも幸せであった。また本書の編集にあたっては竹下文雄氏のお世話を頂いた。心から感謝の意を表したい。

清書には妻晨子をわずらわせた。

一九七八年四月二六日

阿部謹也

解説　近代を挟んで、向こうの麓とこちらの麓

平野啓一郎

『中世を旅する人びと』を最初に読んだのは、大学二年の終わり頃で、丁度、『日蝕』を書くための準備を進めていた時のことである。

中世のヨーロッパに対する私の興味は、元々は、当時のキリスト教にあった。盛期から末期にかけてのスコラ学と神秘主義とに、神学的、あるいは哲学的というよりは、思想史的な関心を寄せていた私は、他方で、ミルチャ・エリアーデの宗教史・比較宗教学の影響から、錬金術を中心とする同時代のオルタナティヴな思想運動にも面白味を感じていて、必然的に教会史に於ける異端審問の問題へと関心を広げていった。そうした現象が同期的に生じていた時代に対する自分なりの理解が、熟しつつあるという手応えが、結果的には、一篇の小説という形を取ることとなった。

地方出身の京都の一大学生にとって、そんな話が、どうして重大な関心事になり得るのかと、小説家としてデビューした後も多くの人が怪しんだが、そうした飛躍を求める心情は、九〇年代末期のあの何とも言えない閉塞感に苛まれていた世代の人間に特有だったの

だろうと私は納得している。

とにかく、これだ！　と感じて、私は手探りながら――ネット検索はまだ一般的ではなかった――『中世の秋』や『ふらんすデカメロン』といった本を読んでゆき、エリートの神学僧たちとはまた違った、当時の「民衆」をようやく発見しつつあったが、そうした中で手に取ることとなったのが、この『中世を旅する人びと』だった。その意味で、私は、本書が書かれた当時、「新しい歴史学」の登場を新鮮に受け止めた人びとの興奮を、二十年を経て、反復的に実感していたのかもしれない。

今、そのハードカヴァーの本の奥付を見てみると、「一九七八年六月一四日　初版第1刷／一九九五年一一月二九日　初版第26刷」となっている。刊行時に二歳だった私は、その26刷目の、恐らくは増刷したての一冊を購入したのだが、既に出版業界に十年以上身を置いている現在私は、大学生だった当時は気にもしなかった、「よく売れたんだなァ。」というような生々しい感想を、つい抱いてしまう。単純に計算すれば、毎年一回以上はコンスタントに増刷されていたことになる。

著者自らが、「主として社会経済史の研究成果に民俗学の成果をとり入れながら、できるだけ庶民の生活そのものに近づこうとするためのものであった」と記すように、本書の主人公は、中世という時代を生きていた「庶民」であり、その生活である。「ジプシー」についての章でも、「社会史の研究においてはちゃんとした人間だけが対象となるのではない。社会史研究の対象は、どんな生活形態をとろうとも、生きてゆく意志をもった人と人とのつながりの世界」だと語る通り、全篇に連載時にはまだ四十歳になったばかりであった著者の、新しいジャンルの開拓者としての爽やかな意気込みが感じられる。

とはいえ、決して力み返ったような本ではない。文学にも造詣の深かった著者の筆致は、豊富な実例をフェアに論じてゆきながら、必ずしも無愛想ではなく、自らが日頃親しんでいる世界を、親しみを込めて読者に語りかけるような穏和なトーンを持っている。それが、本書が長年、歴史の専門家や学生といった限られた人たち以上の多くの読者を継続して獲得してきた理由のひとつだろう。

初読の際には、私は、専ら中世の「庶民」の生活の雰囲気を感じ取りたいと思いながらページを捲っていたが、今回の再読に当たっては、むしろ、内容を現在の日本と引き比べたい欲求にずっと駆られていた。

七八年当時の読者も、「村の道と街道」という最初の一章を読むと、恐らくはそれが、地方の村落の生活道路と、高度経済成長期に全国に整備されていった道路網との関係と類比されて、時間と場所とを遠く隔てた世界を俄かに近しく感じ、また、歴史という厳めしいジャンルとも気安くつきあう術を苦もなく心得たように感じたのではあるまいか。

道路については、現在も道路特定財源を巡って連日メディアを賑わせている。

著者は、「街道」の開通は、閉鎖的な村落共同体の内部からは起こらず、飽くまで領主や領域君主の側から、影響力を行使するための政策として実施されたことを指摘する。そして、やがて「村の道」と「街道」とが、相互の排他性を解消してゆく時こそは、中央集権が地方の隅々にまで行き渡る時である。

この現象は、現代のインターネット環境の整備と比較すると示唆的である。その場合、村落共同体に当たるのは個人の自宅であり、更に言うならば、個人の頭の中である。

村落共同体が長年築き上げてきた文化は、「街道」の設置によって情報の風通しが良くなるにつれ、一定の解体は免れ得ず、少なくとも相対化を強いられることとなるが、このことは、個人の知識や生活慣習が、ネット空間の拡充によって被った不可逆的な変化と比せられるのではないだろうか。検索を通じて、世界中の情報に常にアクセスできるということは、便利であるには違いないが、逆に言えば、ネット上の〈正しい知識〉によって、我々の頭の中は、常に平均化・標準化を被っているとも言える。

かつての文化は、伝搬された先で、一定期間、〈正しい知識〉から遮断され、それ故に誤解を推し進める時間が十分にあった。だからこそ、オリジナルとは似て非なる新しい何ものかを産み出すことが可能だった。メキシコに渡ったスペインのバロック様式の教会建築が、土着の信仰と混ざり合って、ウルトラ・バロックと称される過剰な様式を誕生させたのは、その一例である。現在のようにオリジナルの参照が容易な時代には、しかし、分からないという暗中模索の中で知らず識らず不思議な何かが創造されるという事態を、我々は最早期待できない。むしろオリジナルは百も承知という環境の中で、敢えて意識的に作り変えるという作業以外は困難となってしまっている。そうした狙いのハッキリした、意図的な創造が、我々を幾分、退屈させ始めていることは事実である。

　公共事業という意味では、道路と同様に橋もまた、造るべきか、造らざるべきかと、常にそのムダを巡って盛んな議論が起こっている。その意味で、我々の関心を引くのは、財源に関する記述である。

　現在ならば、公共事業費の不足は、国債の発行で賄われるところで、だからこそ、途方もない負債を抱えている国家の財務事情を鑑みて、それが批判の的となるわけだが、橋の宗教的性格が認知され、聖界諸侯が積極的に橋梁造営に乗り出していた中世では、十二世紀以降、贖宥符の発行こそが、その莫大な費用を捻出していたことを著者は指摘している。ルターによる宗教改革のきっかけともなった贖宥符が、いかに大きな収益事業であったかがよく分かる話である。

　両者には、構造的な類似がある。現代人が国債を購入する動機は、その利子がもたらしてくれる将来の利益にあるが、贖宥符もまた、過去の罪の贖いを軽減してもらうという利益をもたらしてくれる。現代人が、労働の結果としての賃金を貯め、それを増やすことによって未来の幸福を夢見るとするならば、中世人は、負債のように貯まってしまっていた罪の贖いを縮小することで、未来の不安を取り除こうとした。いずれも、時間が累積させるものを操作する技術であり、本来は限度があるはずの国債だが、現在ではほとんど贖宥符的な際限のなさで発行され続けている。

橋梁建築というのは、川の向こう岸に行けない、という絶望的な不可能を可能にしてくれるという意味で、単に利便性を高めてくれるというだけではなく、死後の幸福を願う中世人にとっては、容易に此岸世界と彼岸世界とを繋ぐもののメタファとして感得されたであろう。その意味では、救いの手を差し伸べるのが、教会であるというのは、まったく合理的であり、現代のように渡る必要もない対岸に、国家が無理にでも渡す計画を立てているとなると、むしろそれは計画立案者の利益のためなのではないかと見透かされてしまうというのもまた道理である。

別の意味で、これまた極めて現代的なトピックとしては、食肉偽装問題も取り上げられている。一三九七年のベルリンの上層市民は、毎日平均三ポンド（一ポンドは三七三・二グラム）もの肉を食べていたというデータには驚かされるが、パンと肉とが主食だった当時、行政がその円滑な供給にいかに気を配っていたかは、冷凍庫もなかった時代にどうしていたのだろうという素朴な疑問を抱く我々にとって、なかなかの読みどころで、「肉屋が表皮と肉のあいだに空気を吹きこんで分量を多くみせ」るのを禁止する法令があったというような事例は、振り返ってみると、なんとなくおかしい。昨今顰蹙を買っている食品偽装事件も、時が経ってみれば、時代の滑稽な逸話の一つとなっているのかもしれない。

その「肉屋」が、定期的に近隣の農村を回るついでに、郵便業務を行っていたというのも、さらりと書かれた箇所ではあるが、興味深い。職種の意味というところから発想すると、思いつかないような組み合わせだが、生活の現実は、常にこうした飛躍的な合理性を発揮するもので、カメラ付携帯など、ガジェットの発明が得意な日本人も、昨今では、コンビニがATMを設置するなど、サーヴィス産業でこうした類の意外な業種横断が進んでいる。

中世の「庶民」に対する著者の愛情に満ちた視線が、ヨーロッパの歴史の暗渠を潜り抜けて、二〇世紀ドイツの最も陰惨な出来事へとダイナミックに直結させるのは、「ジプシー」という存在である。今日でも、日本にいると、まったくリアリティを感じることができない「ジプシー」だが、ヨーロッパに行けば紛れもない現実である。とは言え、ここに書かれてあるのと変わらず、我々も彼らと深い接触を持つことはなく、大抵は、見て見ぬフリという態度だが。「西欧におけるジプシーの歴史は弾圧と受難の歴史であった」と語る著者の姿勢は、本章に於いて、他章とは異なる明確な倫理性を打ち出している。「ナチ支配下にアウシュヴィッツでユダヤ人、ポーランド人に次いで大きな犠牲を出したのがジプシー」という事実は、本書の刊行から三十年を経た現在でも、必ずしも広く一般には知られていない重要な指摘である。

他方、「乞食」の職業化に、彼岸世界での救済を希うキリスト教徒らの、救済すべき

「貧民」を求める需要があったというのは、アイロニカルではあるが、より複雑な政治的課題を提示している。

本書では、あまり深入りはしていないが、著者の研究を語る上では、アジール（避難所）についての件も見逃せない。フランク時代の武装権の記述を読むと、国家に収奪される以前のプライヴェートな警察権が、どのような形で準備されていたかがよく分かるだろう。

「刑罰」の具体例は、いずれも極めて残酷で、腹を裂いて腸を引っ張り出したり、頭をスキで削り取ったりと大変だが、著者によると、実際に執行された例は少ないとされている。それ故にこそ、そうした想像力は、現代に於いて、凶悪犯罪者に向けられるネット上の非難の声の過剰さと、相通じるものがあるかもしれない。

こうして個別に見てゆくと、我々は、「庶民」と権力システムの有り様という観点から、本書をまったく今日的に読解する可能性を発見する。

著者が、中世にはまだ、地方の共同体とそこに暮らす人びとに委ねられていた様々な機能が、中央集権化によって国家に収奪され、あるいは、規制を受けて、画一化されてゆく過程を丹念に描き出すのとは丁度逆に、現代の政治課題は、その中央集権構造を解体して、いかに地方分権と規制緩和とを推し進めるかということにある。

我々は、近代化という大きな山を登り切って、中世の人びととは、反対側の麓へと向けて下りてゆこうとしているところである。無論、その間にテクノロジーは社会の条件を大きく変更させ、人びとのものの考え方も変わった。現代という時代が、単純に中世に戻るなどということは無論あり得ず、その直接の導入が有効であるとも思えない。しかし、権力がそうして脱中心化され、分散してゆこうとしている中で、時代に先んじたこの著者の〈近代以前〉の分析は、人間の有り様の今後を考える上で、様々な示唆を与えてくれる。

国家が解体されゆく一方で、資本主義のグローバリゼーション、また個人のインターネット利用による、ある意味ではそれと対抗的なグローバリゼーションは、ますます地球の「一個性」を強固なものとしつつあるように見える。

そうした時代に、形而上学にも、神の世界に飛躍しない中世を、飽くまで人間の具体性に着目しながら描き出す本書は、かつての歴史学の泰斗が、壮年の時代に書いた充実した研究書であるという以上のアクチュアルな意味を備えて、今日の我々の前に差し出されているのではあるまいか。

本書は二〇〇〇年一月に小社より刊行された『阿部謹也著作集　第三巻』所収の「I　中世を旅する人びと――ヨーロッパ庶民生活点描」を底本とし、一九七八年六月に平凡社より刊行された『中世を旅する人びと――ヨーロッパ庶民生活点描』を参照した。

北一輝　渡辺京二
明治天皇制国家を批判し、のち二・二六事件に連座して刑死した日本最大の政治思想家北一輝の生涯。第33回毎日出版文化賞受賞の名著。（臼井隆一郎）

中世を旅する人びと　阿部謹也
西洋中世の庶民の社会史。旅籠が客に課す厳格なルールや、遍歴職人必須の身分証明のための暗号など、興味深い史実を紹介。（平野啓一郎）

中世の星の下で　阿部謹也
中世ヨーロッパの庶民の暮らしを具体的、克明に描き、その歓びと涙、人と人との絆、深層意識を解き明かした中世史研究の傑作。（網野善彦）

中世の窓から　阿部謹也
中世ヨーロッパに生じた産業革命にも比する大転換――。名もなき人びとの暮らしを丹念に辿り、その全体像を描き出す。大佛次郎賞受賞。（樺山紘一）

1492 西欧文明の世界支配　ジャック・アタリ　斎藤広信訳
1492年コロンブスが新大陸を発見したことで、アメリカをはじめ中国・イスラム等の独自文明は抹殺された。現代世界の来歴を解き明かす一冊。

憲法で読むアメリカ史（全）　阿川尚之
建国から南北戦争、大恐慌と二度の大戦をへて現代まで。アメリカの歴史は常に憲法を通じ形づくられてきた。この国の底力の源泉へと迫る壮大な通史！

専制国家史論　足立啓二
封建的な共同団体性を欠いた専制国家・中国。歴史的にこの国はいかなる展開を遂げてきたのか。中国の特質と世界の行方を縦横に考察した比類なき論考。

暗殺者教国　岩村忍
政治外交手段として暗殺をくり返したニザリ・イスマイリ教国。広大な領土を支配したこの国の奇怪な活動を支えた教義とは？（鈴木規夫）

増補 魔女と聖女　池上俊一
魔女狩りの嵐が吹き荒れた中近世、美徳と超自然的力により崇められる聖女も急増する。女性嫌悪と礼賛の熱狂へ人々を駆りたてたものの正体に迫る。

ムッソリーニ　ロマノ・ヴルピッタ

統一国家となって以来、イタリア人が経験した激動の歴史。その象徴ともいうべき指導者の実像とは。既成のイメージを刷新する画期的ムッソリーニ伝。

資本主義と奴隷制　エリック・ウィリアムズ　中山毅訳

産業革命は勤勉と禁欲と合理主義の精神などではなく、黒人奴隷の血と汗がもたらしたことを告発した歴史的名著。待望の文庫化。（川北稔）

文天祥　梅原郁

モンゴル軍の入寇に対し敢然と挙兵した文天祥。宋王朝に忠義を捧げ、刑場に果てた生涯を、宋代史研究の泰斗が厚い実証とともに活写する。（小島毅）

歴史学の擁護　リチャード・J・エヴァンズ　今関恒夫／林以知郎／與田純訳

ポストモダニズムにより歴史学はその基盤を揺るがされた。学問を擁護すべく著者は問題を再考し、論議を投げかける。原著新版の長いあとがきも訳出。

増補 中国「反日」の源流　岡本隆司

「愛国」が「反日」と結びつく中国。この心情は何に由来するのか。近代史の大家が20世紀の日中関係を解き、中国の論理を描き切る。（五百旗頭薫）

世界システム論講義　川北稔

近代の世界史を有機的な展開過程として捉える見方、それが〈世界システム論〉にほかならない。第一人者が豊富なトピックとともにこの理論を解説する。

インド文化入門　辛島昇

異なる宗教・言語・文化が多様なまま統一された稀有な国インド。なぜ多様性は排除されなかったのか。共存の思想をインドの歴史に学ぶ。（竹中千春）

中国の歴史　岸本美緒

中国とは何か。独特の道筋をたどった中国社会の変遷を、東アジアとの関係に留意して解説。初期王朝から現代に至る通史を簡明かつダイナミックに描く。

大都会の誕生　喜安朗　川北稔

都市型の生活様式は、歴史的にどのように形成されてきたのか。この魅力的な問いに、碩学がふたつの都市の豊富な事例をふまえて重層的に描写する。

兵士の革命　木村靖二

キール軍港の水兵蜂起から、全土に広がったドイツ革命。軍内部の詳細分析を軸に、民衆も巻き込みながら帝政ドイツを崩壊させたダイナミズムに迫る。

女王陛下の影法師　君塚直隆

ジョージ三世からエリザベス二世、チャールズ三世まで、王室を陰で支えつづける君主秘書官たち。その歴史から、英国政治の実像に迫る。（伊藤之雄）

共産主義黒書〈ソ連篇〉　ステファヌ・クルトワ／ニコラ・ヴェルト　外川継男訳

史上初の共産主義国家〈ソ連〉は、大量殺人・テロル・強制収容所を統治形態にまで高めた。レーニン以来行われてきた犯罪を赤裸々に暴いた衝撃の書。

共産主義黒書〈アジア篇〉　ステファヌ・クルトワ／ジャン=ルイ・マルゴラン　高橋武智訳

アジアの共産主義国家は抑圧政策においてソ連以上の悲惨を生んだ。中国、北朝鮮、カンボジアなどでの実態は我々に歴史の重さを突き付けてやまない。

ヨーロッパの帝国主義　アルフレッド・W・クロスビー　佐々木昭夫訳

15世紀末の新大陸発見以降、ヨーロッパ人はなぜ次々と植民地を獲得できたのか。病気や動植物に着目して帝国主義の謎を解き明かす。（川北稔）

民のモラル　近藤和彦

統治者といえど時代の約束事に従わざるをえなかった18世紀イギリス。新聞記事や裁判記録、ホーガースの風刺画などから騒擾と制裁の歴史をひもとく。

台湾総督府　黄昭堂

清朝中国から台湾を割譲させた日本は、新たな統治機関として台北に台湾総督府を組織した。抵抗と抑圧と建設。植民地統治の実態を追う。（檜山幸夫）

新版 魔女狩りの社会史　ノーマン・コーン　山本通訳

「魔女の社会」は実在したのだろうか？　資料を精確に読み解き、「魔女」にまつわる言説がどのように形成されたのかを明らかにする。（黒川正剛）

増補 大衆宣伝の神話　佐藤卓己

祝祭、漫画、シンボル、デモなど政治の視覚化は大衆の感情をどのように動員したか。ヒトラーが学んだプロパガンダを読み解く「メディア史」の出発点。

明の太祖　朱元璋　檀上寛

貧農から皇帝に上り詰め、巨大な専制国家の樹立に成功した朱元璋。十四世紀の中国の社会状況を読み解きながら、元璋を皇帝に導いたカギを探る。

ハプスブルク帝国1809-1918　A・J・P・テイラー　倉田稔訳

ヨーロッパ最大の覇権を握るハプスブルク帝国。その19世紀初頭から解体までを追う。多民族を抱えつつ外交問題に苦悩した巨大国家の足跡。（大津留厚）

歴史（上）　トゥキュディデス　小西晴雄訳

野望、虚栄、裏切り――古代ギリシアを殺戮の嵐に陥れたペロポネソス戦争とは何だったのか。その全貌を克明に記した、人類最古の本格的「歴史書」。

歴史（下）　トゥキュディデス　小西晴雄訳

多くの「力」のせめぎあいを通して、どのように諸々の政治制度が確立されてきたのか？　透徹した眼差しで激動の古代ギリシア世界を描いた名著。

日本陸軍と中国　戸部良一

中国スペシャリストとして活躍し、日中提携を夢見た男たち。なぜ彼らが、泥沼の戦争へと日本を導くことになったのか。真相を追う。（五百旗頭真）

世界をつくった貿易商人　フランチェスカ・トリヴェッラート　玉木俊明訳

東西インド会社に先立ち新世界に砂糖をもたらし西欧にインドの捺染技術を伝えたディアスポラの民。その商業組織の全貌に迫る。文庫オリジナル。

カニバリズム論　中野美代子

根源的タブーの人肉嗜食や纏足、宦官……。目を背けたくなるものを冷静に論ずることで逆説的に人間の真実に迫る血の滴る異色の人間史。（山田仁史）

インド大反乱一八五七年　長崎暢子

東インド会社の傭兵シパーヒーの蜂起からインド各地へ広がった大反乱。民族独立運動の出発点ともいえるこの反乱は何が支えていたのか。（井坂理穂）

帝国の陰謀　蓮實重彥

一組の義兄弟による陰謀から生まれたフランス第二帝政。「私生児」の義弟が遺した二つのテクストを読解し、近代的現象の本質に迫る。（入江哲朗）

増補 モスクが語るイスラム史　羽田正

モスクの変容——そこには宗教、政治、経済、美術、人々の生活をはじめ、イスラム世界の全歴史が刻み込まれている。その軌跡を色鮮やかに描き出す。

交易の世界史（上）　ウィリアム・バーンスタイン　鬼澤忍訳

絹、スパイス、砂糖……。新奇なもの、希少なものへの欲望が世界を動かし、文明の興亡を左右してきた。数千年にもわたる交易の歴史を一望する試み。

交易の世界史（下）　ウィリアム・バーンスタイン　鬼澤忍訳

交易は人類そのものを映し出す鏡である。圧倒的な繁栄をもたらし、同時に数多の軋轢と衝突を引き起こしてきたその歴史を圧巻のスケールで描き出す。

フランス革命の政治文化　リン・ハント　松浦義弘訳

フランス革命固有の成果は、レトリックやシンボルによる政治言語と文化の創造であった。政治文化とそれを生み出した人々の社会的出自を考察する。

戦争の起源　アーサー・フェリル　鈴木主税／石原正毅訳

人類誕生とともに戦争は始まった。先史時代からアレクサンドロス大王までの壮大なるその歴史をダイナミックに描く。地図・図版多数。（森谷公俊）

近代ヨーロッパ史　福井憲彦

ヨーロッパの近代は、その後の世界を決定づけた。現代をさまざまな面で規定しているヨーロッパ近代の歴史と意味を、平明かつ総合的に考える。

イタリア・ルネサンスの文化（上）　ヤーコプ・ブルクハルト　新井靖一訳

中央集権化がすすみ緻密に構成されていく国家あってこそ、イタリア・ルネサンスは可能となった。ブルクハルト若き日の着想に発した畢生の大著。

イタリア・ルネサンスの文化（下）　ヤーコプ・ブルクハルト　新井靖一訳

緊張の続く国家間情勢の下にあって、類稀な文化と個性的な人物達は生みだされた。近代的な社会に向かう時代の、人間の生活文化様式を描ききる。

増補 普通の人びと　クリストファー・R・ブラウニング　谷喬夫訳

ごく平凡な市民が無抵抗なユダヤ人を並べ立たせ、ひたすら銃殺する——なぜ彼らは八万人もの大虐殺に荷担したのか。その実態と心理に迫る戦慄の書。

叙任権闘争
オーギュスタン・フリシュ
野口洋二訳
十一世紀から十二世紀にかけ、西欧では聖職者の任命をめぐり教俗両権の間に巨大な争いが起きた。この出来事を広い視野から捉えた中世史の基本文献。

ナチズムの美学
ソール・フリードレンダー
田中正人訳
ナチズムに民衆を魅惑させた、意外なものの正体は何か。ホロコースト史研究の権威が第二次世界大戦後の映画・小説等を分析しつつ迫る。（竹峰義和）

大航海時代
ボイス・ペンローズ
荒尾克己訳
人類がはじめて世界の全体像を識っていく大航海時代。その二百年の膨大な史料を、一般読者むけに俯瞰図としてまとめ上げた決定版通史。（伊高浩昭）

衣服のアルケオロジー
フィリップ・ペロー
大矢タカヤス訳
下着から外套、帽子から靴まで。19世紀ブルジョワジーを中心に、あらゆる衣類が記号として機能してきた実態を、体系的に描くモードの歴史社会学。

20世紀の歴史（上）
エリック・ホブズボーム
大井由紀訳
第一次世界大戦の勃発が20世紀の始まりとなった。この「短い世紀」の諸相を英国を代表する歴史家が渾身の力で描く。全二巻、文庫オリジナル新訳。

20世紀の歴史（下）
エリック・ホブズボーム
大井由紀訳
一九七〇年代を過ぎ、世界に再び危機が訪れる。不確実性がいやますなか、ソ連崩壊が20世紀の終焉を印した。歴史家の考察は我々に何を伝えるのか。

アラブが見た十字軍
アミン・マアルーフ
牟田口義郎／新川雅子訳
十字軍とはアラブにとって何だったのか？　豊富な史料を渉猟し、激動の12、13世紀をあざやかに、しかも手際よくまとめた反十字軍史。

バクトリア王国の興亡
前田耕作
ゾロアスター教が生まれ、のちにヘレニズムが開花したバクトリア。様々な民族・宗教が交わるこの地に栄えた王国の歴史を描く唯一無二の概説書。

ディスコルシ
ニッコロ・マキァヴェッリ
永井三明訳
ローマ帝国はなぜあれほどまでに繁栄しえたのか。その鍵は〝ヴィルトゥ〟。パワー・ポリティクスの教祖が、したたかに歴史を解読する。

ちくま学芸文庫

中世《ちゅうせい》を旅《たび》する人《ひと》びと　ヨーロッパ庶民生活点描《しょみんせいかつてんびょう》

二〇〇八年七月十日　第一刷発行
二〇二三年六月二十日　第八刷発行

著　者　阿部謹也（あべ・きんや）

発行者　喜入冬子
発行所　株式会社　筑摩書房
東京都台東区蔵前二―五―三　〒一一一―八七五五
電話番号　〇三―五六八七―二六〇一（代表）
装幀者　安野光雅
印刷所　株式会社厚徳社
製本所　株式会社積信堂

ISBN978-4-480-09157-4 C0122

オリンピア　村川堅太郎

古代ギリシア世界最大の競技祭とはいかなるものであったのか。遺跡の概要から競技精神の盛衰まで、綿密な考証と卓抜な筆致で迫った名著。（橋場弦）

古代地中海世界の歴史　本村凌二／中村るい

メソポタミア、エジプト、ギリシア、ローマ――古代に花開き、密接な交流や抗争をくり広げた文明を一望に見渡し、歴史の躍動を大きくつかむ！

大衆の国民化　ジョージ・L・モッセ　佐藤卓己／佐藤八寿子訳

ナチズムを国民主義の極致ととらえ、フランス革命以降の国民主義の展開を大衆的儀礼やシンボルから考察した、ファシズム研究の橋頭堡。（板橋拓己）

英霊　ジョージ・L・モッセ　宮武実知子訳

第一次大戦の大量死を人々はいかに超克したか。仲間意識・男らしさの称揚、英霊祭祀等が「戦争体験の神話」を構築する様を緻密に描く。（今井宏昌）

ヴァンデ戦争　森山軍治郎

仏革命政府へのヴァンデ地方の民衆蜂起は、大量殺戮をもって弾圧された。彼らは何を目的に行動したか。凄惨な内戦の実態を克明に描く。（福井憲彦）

増補　十字軍の思想　山内進

欧米社会にいまなお色濃く影を落とす「十字軍」の思想。人々を聖なる戦争へと駆り立てるものとは？その歴史を辿り、キリスト教世界の深層に迫る。

インド洋海域世界の歴史　家島彦一

陸中心の歴史観に異を唱え、海から歴史を見る重要性を訴えた記念碑的名著。世界を一つにつなげた文明の交流の場、インド洋海域世界の歴史を紐解く。

向う岸からの世界史　良知力

「歴史なき民」こそが歴史の担い手であり、革命の主体であった。著者の思想史から社会史への転換点を示す記念碑的作品。（阿部謹也）

イギリス社会史　1580-1680　キース・ライトソン　中野忠／山本浩司訳

変わらないと思われていた社会秩序が崩れていく激動の百年を描き切ったイギリス社会史不朽の名著。近代的格差社会の原点がここにある。